청년, 동학을 짓다

MZ, 다시 세계를 만나다

서문

봄 바람이 불어 간 밤에 일만 나무 일시에 알아차리네.

하루에 한송이 꽃이 피고 이틀에 두 송이 꽃이 피네.

삼백 예순 날이 되면 삼백 예순 송이가 피네.

한 몸이 다 바로 꽃이면 온 집안이 모두 바로 봄일세.

春風吹去夜 萬木一時知

一日一花開 二日二花開

三百六十日 三百六十開

一身皆是花 一家都是春

『동경대전』「시편」 중 일부입니다.

봄바람이 불어옴을 느낍니다. 어두운 시절이지만 달빛 담긴 봄바람에 이곳저곳에서 꽃 피는 한 몸들을 목격합니다. 한 꽃, 한 몸 그 자체로 하늘이기에 한 송이 피었으나 온 우주가 피어나는 듯합니다.

형형색색 청년 저자들, 방방곡곡 흐름이 이 책을 통해서 모였습니다. 자신만의 빛깔과 향기를 마음껏 드러내면서도 조화롭습니다. 그들이 따로 또 같이 만들어 내는 흐름도 바람과 물처럼, 달과 태양처럼 서로 다른 듯 보이나 각자의 역할을 하며 조화롭게 흐릅니다. 너와 내가 흰 그늘과 같이 다르나 다르지 않아 보입니다.

혼자 같아 외롭던 시절. 한 송이 꽃 필 때 시들까봐 조마조마한 마음도 이제는 계절이 바뀌듯 거스를 수 없는 큰 흐름으로 느껴집니다. 다르게 피어나고 다른 길로 흘러가도 커다란 하나의 흐름입니다. 든든하고 반가우며 기쁩니다.

이 책에서 꽃 같은 저자들을 만날 수 있고, 봄바람 같은 흐름을 느낄 수 있습니다. 저자들은 독특한 자신의 영역을 가지면서도 그것을 넘나듭니다. 또한 공통적으로 전환을 꿈꾸며 동학 또는 한국 사상과 문화에서 전환의 힌트를 얻고자 합니다.

서문에서는 저자들과 그 글에 대한 소개보다는 제가 직접 만나거나 글로 만난 '흐름'을 중심으로 엮어 소개합니다.

먼저 소개할 흐름은 개벽학당입니다. 개벽학당은 『개벽파 선언』의 공동 저자이신 이병한 선생님의 기획으로 하자센터의 어딘 님과 여행학교 로드스꼴라 친구들이 함께 만들었습니다. 『개벽파 선언』을 공저하신 조성환 선생님도 강사로 참여하였습니다. 동학과 한글, 기술과 지구학 그리고 미래학 등 경계를 오가며 배우는 장이었습니다. 이곳에서 박상희 님, 이효정 님을 만났습니다. 이 책에서는 각각 '2022년 어린이 선언'과 '동학과 한반도 평화, 그리고 어린이'를 쓰셨습니다. 동학에서도 강조했던 어린이의 권리와 중요성을 이 시대에 다시 말합니다. 두 분의 글을 통해 미래 세대와 함께하는 희망찬 내일을 볼 수 있을 것입니다.

학문의 영역에서는 개벽학파의 흐름을 소개하고 싶습니다. '개벽학'이라는 용어는 원광대 강성원 교무님이 처음 사용하였고, '개벽파'는 이병한 선생님이 처음 사용한 말입니다. 이후《개벽신문》을 통해 담론화되고 확산되었습니다. 조성환 선생님은 개벽학파를 '19세기 말~20세기 초의 개벽정신을 되살려 20세기와 같은 서구 중심주의에서 탈피하고 한국적 상황에 맞는 신문명을 모색·생각하는 그룹'이라고 하였습니다.

저 또한 원광대에서 공부하며 박맹수, 조성환 선생님을 비롯한 분들께 많은 배움과 영감을 얻었고 개벽학파의 뜻에도 공감합니다. 이 책의 저자 중에도 학문의 영역에서 이분들에게 영향을 받거나 이러한 흐름에 공감하는 분들이 있습니다. '스물두 살 여름, 파랑새, 동학'이라는 글을 쓰신 김용한 님은 조성환 교수님과 같이 학문을 하면서도 '동학하는' 분들에 대해 썼고 그분들을 통해 치유 받은 경험을 적고 있습니다. 또 '동학에 이르는 길, 그리고 한국 사상사와 동학'을 쓰신 임시헌 님의 글에도 '개벽파 학인으로서의 비주류 삶을 응원해 주신' 박맹수 선생님에 관한 이야기가 등장합니다. '별자리를 바꾸는 별'을 쓰신 홍박승진 님은 박길수(발행인)·조성환(편집인) 선생님과 함께 『개벽』지를 복간한 『다시개벽』의 편집장을 맡는 등 교류하고 있습니다. 학자로서 또 동학하는 사람으로서 '동학에 관심을 가지게 된 이야기'를 담으셨습니다. '사람다운 삶과 사회로 가는 마중물'을 쓰신 백진솔 님도 동학하는 선생님들과 교류하며 연구와 활동을 하고 있습니다. '인공지능 시대의 동학의 가치를 생각하다'를 쓰신 박제형 님도 경희대 철학 교수이신 이상임 교수님의 동학 강의를 듣고 이 책에 참여하게 되었습니다.

개벽학파와 같이 범(번)개벽파라는 이름으로 활동하는 이들도 생겨났습니다. 범(번)개벽파는 영역을 넘어 함께한다는 의미의 '범(汎)'과 위급한 현실에 빠르게 대응하자는 의미로 '번개'의 '번'을 따와 지은 말입니다. 세계의 토착적 철학과 연대하고 다양한 동학들을 소개하는 '동학과 동학들'을 쓴 장윤석 님, 동학을 통해 정체성을 그려나가는 '동학과 정체성'을 쓴 이희연 님 그리고 동학검무를 현대적 워크샵으로 상상하고 시도해 본 '동학 플로우(Flow), 동학을 춤추고 노래하다'를 쓴 제가 연구와 활동, 예술의 경계를 넘어 함께 하고 있습니다.

문화예술 영역에서는 풍류회(Wind & Flow Society)의 활동이 고무적입니다. 풍류회는 저자인 전범선 님의 밴드 '양반들'의 자체 레이블입니다. '한류는 풍류다'라는 비전, '신명나는 세상'을 미션으로 풍류를 위한 모든 일을 도모하고 있습니다. 저 또한 풍류회와 함께 '흐름'이라는 축제에서 역할하며 풍류회의 비전과 미션에 큰 신명과 희망을 느꼈습니다. '바람과 흐름의 길'을 쓴 전범선 님은 풍류회를 만든 장본인이기도 합니다. 범선님의 글에서 풍류에 대한 깊은 사유를 읽을 수 있습니다. 풍류회에서 함께하는 정은수 님은 '하늘마음, 하늘정치, 하늘문명'이라는 글을 썼습니다. 정은수 님의 글에서는 마음으로부터 정치, 문명까지 다루고 있습니다. 범선 님과 은수 님이 함께하는 풍류회는 단순한 엔터테이먼트 회사라기보다는 풍류로서 문명을 발효하는 회사 같습니다.

저는 매트릭스(혁명하는 신선들)를 열린 대화의 장(場)으로 만났습니다. 예술, 기술, 철학, 정치, 자본 등 영역의 다양한 분들이 모여 대화하며 꿈을 나누었습니다. 그 장에는 미술관장, 한류스타들의 의상을 디자인한 패션디자이너, 부국강병을 꿈꾸는 투자자, 블록체인 기술로 새로운 커뮤니티와 문명 전환을 꿈꾸는 기술자, 성수동의 부흥과 문화를 만든 기획자이자 사업가, 새로운 세상을 꿈꾸는 정치가, 예술가, 활동가 등이 참여하였습니다. 이 자리를 공동 기획하고 운영했던 문영훈 님은 이런 활동의 구상을 「매트릭스 백서」에 담았습니다.

매트릭스를 함께 기획하고 운영했던 김덕중 님은 이 책에서 '바이브 네트워크'에 대해 쓰고 있습니다. 매트릭스에서의 활동을 포함한 흐름을 덕중님의 글에서 읽을 수 있을 것입니다. 덕중 님의 글 '바이브 네트워크'에서 알 수 있듯이 이 책의 저자들도 자신만의 진동과 주파수로 흐르다가 만나고 헤어집니다. '굿판에서 만난 동학'을 쓰신 양애진 님은 굿판에서 만난 동학과 사람들에 대해 아름답고 탁월하게 기록해 주셨습니다. 글과 술을 맛있게 빚는 고무정 님은 '전봉준, 혁명의 기록'을 통해 시간을 건너 갑오년 전봉준 선생님과 만나고 있습니다.

이화서원은 '동아시아 인문 공동체'로 곡성에 거점을 두고 동아시아에서 활동합니다. 동학, 주역, 도덕경 등 동학과 동아시아 사상에 기반한 교육과 공부를 하고 있습니다. 이화서원에는 청년들도 함께 활동합니다. 그중 고석수 님은 일본의 전 시의원이자 숲을 가꾸는 후지몽님과 동학을 주제로 편지를 주고받으셨습니다. 그리고 이것을 엮어 '동아시아와 동학의 꿈'을 쓰셨습니다. '참여형 사회와 동학'을 쓰신 타하라 님도 이화서원을 통해 만난 일본의 교육자이자 활동가입니다. '참여형 사회를 위한 활동'이 어떻게 동학과 연결 되었는지 써주셨습니다.

독자 여러분도 이 책을 통해 이런 작으면서도 크고, 다양하면서 하나로 연결되는 '한 흐름'과 '한 사람'들을 만날 수 있을 것입니다. 책을 읽어 나가면서 때로는 같은 흐름에 힘을 얻고, 때로는 새로운 흐름에 반가움을 느끼시면 좋겠습니다. 그리고 독자 여러분과도 연결되어 흐를 수 있으면 좋겠습니다.

이 책은 '도서출판 모시는사람들' 박길수 대표님의 제안에 조성환 선생님과 제가 참여한 기획으로 만들어졌습니다. 동학을 창도하신 최제우 선생님의 탄생 200주년을 기념하여 이 시대에 '동학하는 청년들'의 이야기를 담았습니다. 200년의 시간을 건너 다시 개벽을 이야기하는 청년들의 사상적·문화적 구도기(求道記) 그리고 미래 동학의 희망을 봅니다.

지난 2024년은 동학농민혁명 130주년이기도 하였습니다. 일 년이 지난 지금 한 송이 피고 두 송이 피고 삼백예순 송이 피어나는 꽃들을 보며 씨앗과 뿌리와 줄기가 되어 준 분들을 생각합니다.

개벽의 씨앗을 심었던 최제우 선생님과 단단한 뿌리를 내려주신 최시형 선생님. 모두가 하늘인 세상을 꿈꾸며 역사의 굵직한 줄기를 남겨주신 동학농민군. 그리고 그 뜻을 연구와 글로 우리에게 이어 주신 모든 선생님께 감사의 큰절을 올립니다.

또한 박맹수, 이상임, 조성환, 이병한, 박길수, 김재형, 주요섭 선생님 등 일일이 거론할 수 없으나 동학하는 청년들로 꽃피울 수 있게 도움 주신 모든 분께 감사드립니다.

2025년 5월 지용 모심

차례

4   서문

제1부 청년, 동학을 만나다

15   사람다운 삶과 사회로 가는 마중물 / 백진솔
35   별자리를 바꾸는 별 / 홍박승진
55   스물두 살 여름, 파랑새, 동학 / 김용한
71   동학과 정체성 / 이희연
85   동학과 동학들 / 장윤석

제2부 청년, 동학을 말하다

109   하늘마음, 하늘정치, 하늘문명 / 정은수
127   『전봉준, 혁명의 기록』, 읽다 / 고무정
151   동학에 이르는 길, 그리고 한국 사상사와 동학 / 임시헌
177   참여형 사회와 동학 / 타하라 마사토
191   편지_ 동아시아와 동학의 꿈 / 후지몽 · 고석수

청년, 동학을 짓다

제3부 청년, 동학하다

- 209   2022년 어린이 선언 / 박상희
- 219   동학과 한반도 평화, 그리고 어린이 / 이효정
- 237   인공지능 시대의 동학의 가치를 생각하다 / 박제형
- 247   매트릭스 백서 / 문영훈

제4부 청년, 동학을 그리다

- 267   동학 플로우(Flow), 동학을 춤추고 노래하다 / 송지용
- 287   굿판에서 만난 동학 / 양애진
- 307   바람과 흐름의 길 / 전범선
- 321   바이브 네트워크 / 김덕중

청년, 동학을 만나다

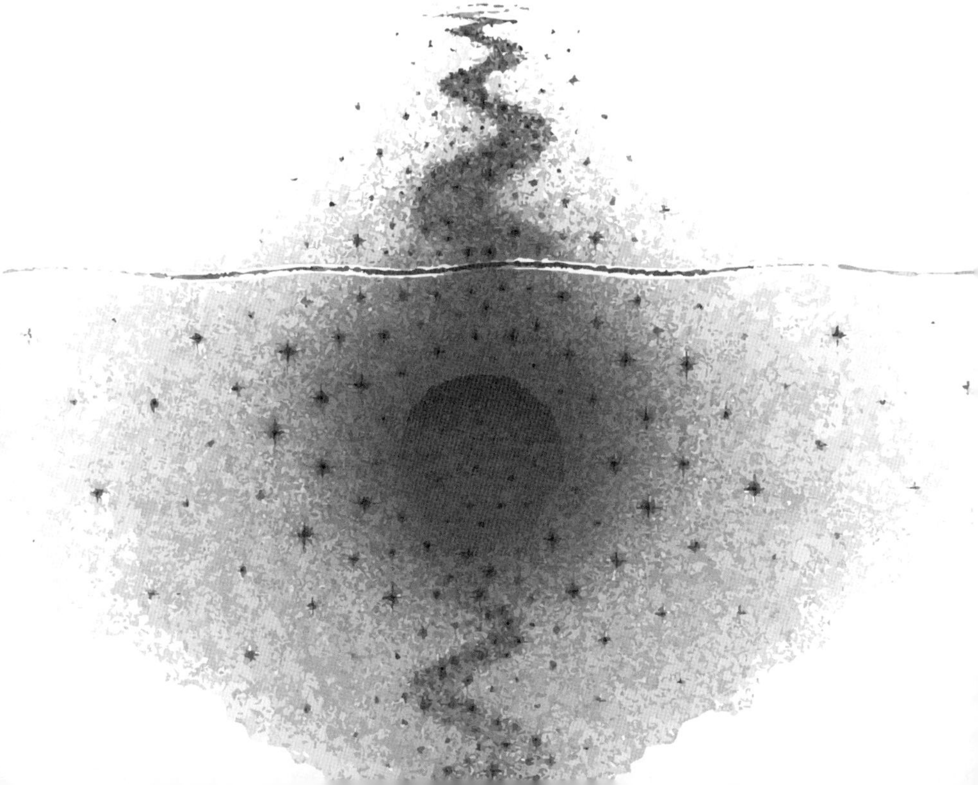

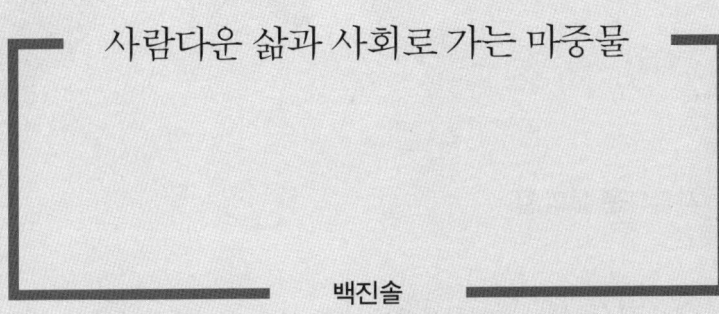

사람다운 삶과 사회로 가는 마중물

백진솔

백진솔_참된 사랑이 있고 난 후에 참된 사람이 있고, 참된 사람이 있고 난 후에 참된 사랑이 있다는 말을 좋아합니다. 사람다운 삶과 사람다운 사회로 나아가기 위한 연구를 하면서, 참사랑, 참삶, 참사람의 길을 고민하고 실천하며 살아가고 싶습니다.

사람다운 삶의 길

나의 이십 대는 나라는 사람과 내가 살아가는 사회에 대한 질문의 연속이었다.

나는 그동안 왜 이렇게 살아왔는가? 내가 살아가고 있는 사회는 왜 이러한 모습인가? 그러한 물음 속에서 나는 나 스스로가 생각하는 '사람다운 삶과 사회'란 무엇인지에 대한 고민을 이어 왔다. 그러다 서른 즈음에 처음 책으로 동학을 만났다. 19세기 후반 조선에서 남녀노소 사람들이 서로 깊은 '맞절'을 하였다는 기록을 보고, 당시 신분, 직업, 성별, 나이에 따른 구별과 차별이 존재했던 시대에, 이를 초월하여 사람과 사람 사이에 깊은 존대와 공대를 가능하게 했던 그 사상적 근원은 무엇일까라는 물음을 따라가다, '수운 최제우'와 '해월 최시형'이라는 두 어른과 '동학사상'을 만났다.

수운 최제우는 동학사상을 창도한 어른이요, 해월 최시형은 자신의 온몸으로 동학사상을 살아낸 어른이다. 나에게 수운과 해월은 '선생(先生)', '나보다 먼저 삶을 살아간 님'으로서, 사람답게 살아가는 길이 무엇인지를 자신의 삶을 통해 보여준 그런 선생님이었다. 당시 사회 속에서 소외받았던 사람들을 향해 가닿는 그들의 시선과 사람과 만물을 정성과 공경으로 대하였던 수운과 해월의 삶은 내가 '사람다운 삶과 사회'의 길을 고민하는 과정에서 만났던 소중한 마중물이었다. 수운과 해월 두 선생이 자신의 삶과 글을 통해 남기신 '동학사상'에 내가 깊이 끌렸던 이유는 어쩌면 내가 그동안 살아오면서 가장 귀중하게 여겼던 사람의 모습, 가장 아름답다고 생각하는 사람의 모습, 그런 사람다운 삶의 모습의 뿌리를 동학사상에서 발견하였기 때문인지도 모르겠다.

돌아보면 내 삶에도 수운과 해월 같은 여러 선생님이 계셨다. 어릴 적부터 들어왔던 '사람답게 살아야 한다', '바르게 살아야 한다', '콩 한 쪽도 나눠 먹을 줄 알아야 한다'는 말을 그저 말뿐만이 아니라 자신의 삶으로 먼저 보여주며 살아가셨던 할머니와 부모님, 자신을 낮추어 어렸던 나를 높여주시고 존대해 주셨던 여러 선생님이 계셨다. 각자의 자리에서 보이지 않는 정성과 사랑으로, 헤아림과 배려로, 따스한 미소로 어리고 모자랐던 나를 묵묵히 기다려주고 돌보아 주셨던 사람들이 있었다. 작은 한마디의 말에도 마음을 기울여 들어주는 모습, 만나면 마음으로 반가이 맞아주며 환대해 주는 모습, 다른 사람을 깊이 위하며 공경할 줄 아는 모습, 다른 사람의 상황과 처지를 깊이 헤아려주는 모습, 다른 사람이 힘들고 어려운 처지에 처했을 때 자신 또한 그 마음에 묵묵히 함께 머물러주는 모습, 작은 일에도 정성을 다하는 사람의 모습, 나는 그런 사람의 모습에 깊이 감동하며 자라왔다. 그들은 나에게 또 다른 수운이며 해월이었다.

나는 지금도 날마다 사람답게 살아가는 길이 무엇인지에 대해 부단히 되묻는 삶을 살고 있지만, 여전히 자신의 마음을 바르게 쓰며 살아가는 길보다 더 소중한 삶의 길에 대해 알지 못한다. 매 순간 정성과 공경으로 진솔하게 나와 내 주변의 사람들을 대하고, 그들과 함께 더불어 살아가는 것, 내 안의 하늘마음과 기운을 지키고 바르게 하며 살아가는 것, 나는 그 속에 사람이 사람답게 살아가는 길이 있다고 생각한다. 내가 이해하는 동학은 바로 그 길에 대해 이야기하고 있었다.

돌아봄

동학은 나에게 성찰의 언어요 돌아봄의 언어였다.

지금의 나는 '나 자신'과 '내가 살아가고 있는 이 세계'를 어떻게 바라보고 있는가. 나 자신의 삶을 어떻게 살고 있으며, 어떤 마음으로 살고 있는가. 나는 나와 함께 동시대를 살아가고 있는 사람들과 자연 만물을 어떻게 바라보고 있으며, 그들과 어떤 관계를 맺으며 살아가고 있는가….

내게 동학은 지금의 내 모습을 비추어내는 거울과도 같았다. 동학과의 만남 속에서 나 자신을 되돌아보는 시간은 '나 자신'을 새롭게 깨닫게 되는 시간이기도 했다. 그 깨달음이란 나 자신의 뿌리에 대한 자각이요, 지금의 나와 관계를 맺으며 살아가는 수많은 존재와 생명의 발견이며, 지금까지 내 삶을 떠받치고 있었던 사람들과 자연·만물에 대한 감각이었다.

서른이 넘어 나의 삶을 돌아보니, 나는 머리만 커 버린 어른아이의 모습으로 살고 있었다. 다른 사람과 생명 만물에 기대어 살아가고 있으면서도, 이를 당연한 것으로 여기고 그 소중함을 제대로 자각하지 못했던 아이였다. 부모님께서 베풀어주셨던 삶의 무게와 무조건적으로 내어주는 그 사랑의 깊이를 모르는 아이는 커서 자신이 독립한 이후가 되어서야 조금씩 천천히 그 사랑의 무게를 깨닫게 된다. 그동안 자신이 받아왔던 돌봄과 사랑이 당연한 것이 아니었고, 자신이 그동안 아무런 대가 없이 계속 받기만 했었다는 사실을, 그리고 그런 귀한 사랑과 돌봄을 받으며 자라왔음에도 그에 대해 조금도 자각하지 못하고 있었다는 사실을 말이다.

동학은 그런 부모의 은덕을 주변 사람들과 만물의 은덕, 천지부모(天地父母)의 은덕으로 확장한다. 동학사상은 내게 지금의 내가 있기까지에는 헤아릴 수도 없을 만큼 수많은 사람과 만물의 돌봄이 있었고, 지금도 내가 다른 사람들의 노동과 자연의 운동에 기대어 살아가고 있을 뿐만 아니라, 매 순간 밥과 만물의 존재에 의지하며 살아가고 있다는 사실을 일깨워 주었다. 그들은 나의 또 다른 부모요, 나의 하늘이었다.

나는 그런 자각 속에서 자연스럽게 나 자신이 천지와 사람, 자연과 만물과 맺고 있는 상호유기적인 관계를 더 깊이 생각해 보게 되었다. 생명과 만물이 맺는 상호유기적인 관계에 대한 자각과 감각이 더 깊어질수록, 내가 나 자신과 세계를 바라보는 시각도 날마다 달라졌다. 동학은 태초의 가장 근원적인 생명이 다른 생명을 낳고 기르는 마음, 즉 그런 천지의 마음이 최초의 부모로부터 지금의 부모님과 나에게까지 이어져, 나를 비롯한 모든 인간 안에 자리하고 있다고 이야기한다. 동학은 우리 자신의 안과 밖에 그런 '천지의 마음'이 활동하고 있으며, 우리에게 그런 천지의 마음을 따라 살아가자고 이야기했다.

천지의 마음은 비어 있음으로써 모든 생명과 만물을 품어내는 하늘과 땅의 마음을 닮았고, 모든 생명의 안과 밖에서 저마다의 생기를 살려내는 마음, 모든 생명과 만물의 마음을 밝게 살리어내는 그런 마음을 닮았다. 마치 부모님의 사랑처럼 머리로는 아는 것 같으나, 나 자신이 그 마음에 이르지 못하면 차마 제대로 느낄 수 없는 것처럼, 오직 나라는 세계에만 빠져 있을 때는 그 사랑이 나를 감싸고 있어도 제대로 깨닫지 못하는 그런 깊고도 넓은 사랑을 닮았다. 그렇기에 나의 아둔한 마음은 그동안 나라는 존재의 안과 밖에서 나를 먹이고 길러내었던 그런 '천지의 마음과 작용'의 소중함을 제대로 느끼지 못하며 살아왔던 것 같다. 나는 그동안 '나'라는 존재를 떠받쳐 주고 있었으나 그저 당연하게만 여겨 왔던 사람들과 만물들에 대한 돌아봄, 그 돌아봄의 시간들 속에서 느꼈던 감사와 고마움, 그 감사하는 마음에서 자연스럽게 피어나는 사랑의 마음에서, 나는 동학에서 말하는 하늘마음을 어렴풋이 느껴왔던 것 같다.

그런 하늘마음을 잊고 살아가는 우리에게 수운은 '수덕(修德)'과 '포덕(布德)'을 이야기했다. 우리 모두의 마음 안에 하늘마음이 이미 자리하고 있으니, 우리의 마음과 덕을 하늘의 마음과 덕처럼 바르게 가꾸어, 그 마음과 덕을 세상에 함께 나누며 살아가자고 했다. 우리가 서로 하늘마음으로, 하늘모습으로 만나, 서로에게 하늘이 되어주자고, 그렇게 살아가자고…. 해월은 그런 새로운 삶의 형식으로써 '동학하는 삶'을 먼저 살아갔던 선생님이었다. 동학은 우리가 잊어버리고 잃어버린 우리 자신의 하늘마음을 찾아가는 길, 그 방법으로써의 '학(學)'에 대한 이야기였다.

'나'의 발견과 성숙의 길

　동학은 '나'의 새로운 발견이었다.
　새로운 '너'의 발견이고, 새로운 '우리'의 발견이기도 했다. 새롭게 발견한 '나'는 어떤 '나'인가. 천지의 마음을 함께 모시고 있는 '나'이다. 그렇기에 한 사람의 존엄하고 자율적인 주체로서의 '나'이다. 다른 수많은 생명 및 만물과의 관계 속에서 살고 있는 '나'이다. 그렇기에 나의 존엄성과 자율성만을 중시하는 것이 아니라, 다른 생명과 만물의 존엄성과 자율성도 함께 인정할 줄 알며, 동시에 그 관계 속에서 내가 저지를 수 있는 폭력성을 최소화하고, 또 그 관계에 책임을 다하고자 하는 '나'이다. 그동안 나를 먹이고 살려 왔던 다른 하늘(천지, 사람, 만물)을 깨닫고 그에 감사하는 '나'이며, 더 나아가 나 자신 또한 그런 하늘마음을 따라 살아가기 위해, 일상 속에서 일관성이 있는 자기윤리적(양심적) 실천을 이어가는 '나'이다. 세상 다른 하늘들과 더불어 '또 다른 하늘'의 모습으로 살아가고자 하는 '나'이다. 하늘마음으로, 하늘의 모습으로 살아간다는 것은 어쩌면 규범적 차원에서 도덕적인 인간의 삶을 살아가는 것이라고 말할 수 있을지 모른다.
　그러나 동학은 나의 외부로부터 미리 정해지고 강제된 그런 도덕규범을 따라 살아가는 삶이 아니라, 무위(無爲)적 차원, 즉 자신

본래의 마음에서 우러나오는 그런 마음을 따라 행하는 도덕적 삶에 대해 이야기했다. 그러한 무위적 차원에서의 도덕적 삶은 이미 자신 안에 존재하는 '하늘마음'에서 피어나는 것이면서 동시에, 그런 하늘마음을 따라 살아가기 위해 일상 속에서 '자기 수양적 삶'을 살아갈 때 비로소 생동한다. 그렇기에 동학은 일상 속에서의 '수도(修道)'와 '수덕(修德)'을 강조했다. 동학은 '수도와 수덕하는 행위자'에게서 새로운 도덕적 주체와 인간 정신과 마음 성숙의 길을 발견한 것이다.

동학에서 '수도'는 사람과 천지만물의 이치라고 할 수 있는 '천도(天道)'를 깨닫고자 하는 것이고, '수덕'은 자신의 덕을 하늘의 덕(天德)과 일치하도록 가꾸는 것이라고 할 수 있다. 동학에서 말하는 무위적으로 자연스럽게 도덕적 삶을 살아가는 경지는(無爲而化) '천도'에 대한 깨달음을 전제로 한다. 수운은 자신이 새롭게 깨달은 천도를 누구나 쉽게 이해하고 깨달을 수 있도록 삼칠 자(21자)로 간명하게 정리하였다. 삼칠 자 속에 담긴 '천도'의 이치는 천지만물 화생(化生)의 근본 원리(천지부모의 마음과 운동)이자, 사람과 천지만물이 맺고 있는 상호유기적 관계에 대한 세계관이자 담론이다. 이는 인간이 자신의 안과 밖으로 맺고 있는 총체적 관계성의 의미를 인식하는 것을 뜻하며, 생명과 만물이 맺고 있는 '상호연결성, 호혜성, 상호의존성'을 더욱 깊게 자각하는 것을 뜻한다. 동학은 인간의 천도에 대한 깊은 성찰과 이해(깨달음) 속에서 자연스레 천덕이 피어난다고 보았다.

보이지 않는 곳에서 나를 묵묵히 돌보아주었던 '천지부모의 돌봄'과 그저 당연한 것으로 여겨왔던 '가족과 사회의 돌봄'이 가지는 의미를 깨닫는 것은 오랜 돌아봄의 시간을 필요로 한다. 돌아봄의 시간이 더 깊어질수록, 그에 대한 고마움과 감사한 마음도 함께 깊어진다. 동학은 천지·사람·자연만물이 서로 맺고 있는 상호유기적 관계와 그로부터 내가 입고 있는 은덕에 대한 깨달음 속에서, 내 안의 하늘마음이 되살아나리라 보았고, 그런 천도에 대한 자각으로부터 인간이 사람답게 살아갈 수 있는 길이 시작되리라 보았다.

동학은 천도에 대한 깨달음뿐만 아니라 일상 속에서 정성과 공경의 삶을 통해 자신의 덕을 가꾸는 '수덕'하는 삶도 함께 중시했다. 동학은 모든 인간이 태어날 때 하늘마음을 가지고 태어나 제 안에 하늘을 모시고 있다고 보면서도, 인간이 그 하늘마음을 중심으로 살아가기 위해서는 수덕을 통해 자신 안의 하늘마음을 지키고 자신의 기운을 바르게 하는 노력(守心正氣)이 필요하다고 보았다. 동학은 수덕하는 삶의 방법으로써 인간이 일상 속에서 매사에 정성과 공경의 태도로 살아가는 삶, 그리고 다른 사람과 자연만물을 (나를 먹이고 길러주신) 부모님과 같이 존대하고 공경하며 살아가는 삶을 제시한다.

특히 동학에서 말하는 '수덕'은 개인적 차원의 수양일 뿐만 아니라, 다른 사람과 만물을 정성과 공경으로 대하는 사회행위를 통한 '수양'이라는 점에서 중요하다. 그렇기에 사람(혹은 자연·만물)과의 관계 맺음에 있어서 정성과 존중, 경애(敬愛)의 태도를 중시하고, 자신이 다른 사람들에게 저지를 수 있는 폭력을 두려워할 줄 알며(畏), 다른 사람과 더불어 살아가는데 중요한 진술하고도 신뢰할 수 있는(信) 언행과 삶을 중시한다. 동학의 '수덕'은 다른 사람 및 만물과의 관계 속에서 자신의 '마음과 정신(靈性)의 성숙'을 지향하고 있는 것이다. 동학은 개인이 일상 속에서 개인적·사회적 행위의 실천과 연습을 통해, 자기윤리적 삶을 형성해나가는 삶에서 인간의 새로운 성숙을 전망했다. 이러한 수양하는 삶을 통해서 사람이 제 안의 하늘마음을 중심으로 살아갈 수 있게 되고, 사람의 덕 또한 하늘의 덕과도 합일하여 살아갈 수 있으리라 보았던 것이다.

동학은 '영(靈)'과 '기(氣)'라는 개념을 통해 천지와 사람, 자연과 만물을 이해한다. '영'은 하늘의 마음이요, '기'는 하늘의 몸이다. 인간의 몸과 마음은 '영'과 '기'를 모신 성전이며 그 화현(化現)이다. 동학은 인간과 천지·만물이 정신적·물질적 차원에서 '영'과 '기'로 이루어져 있고, 이를 통해 서로 감응을 한다고 보았다(氣接, 氣化). 동학은 총체적인 관점에서 '영'과 '기'에 기초한 인식을 바탕으로, 인간과 인간은 상호부조(相互扶助)를 통해, 인간과 만물은 이천

식천(以天食天)을 통해 서로를 키우며 살아간다고 보았다. 생명과 만물을 낳고 기르는(化生) 마음이 인간에게도 있음을 알고, 그런 하늘마음과 조화를 이루어 사람과 만물을 모시고 살리며 살아가는 삶, 자기 자신이 다른 사람 및 만물과의 상호관계성 속에서 살아감을 깨달아 사람과 만물을 정성과 공경으로 대하는 삶에서 '사람다운 삶'의 길이 있다고 본 것이다. 동학은 만물이 맺고 있는 상호유기적 관계의 이치를 깨닫는 '수도(修道)'와 하늘마음을 체득하고 체현하는 '수덕(修德)'을 통해, 자신의 마음과 덕을 하늘을 닮은 마음과 덕으로 가꾸어, 이를 온 세상에 함께 나누며 살아가자고 이야기하였다(布德天下).

사람다운 사회로 가는 길

동학은 인간이 '수도'와 '수덕'을 통해 '천도'와 '천덕'에 가까운 삶을 살아가고자 했던 우리의 학문이자 사상이었을 뿐만 아니라, 사회를 구성하는 개개인의 삶의 변화를 통해 새로운 사회적 변혁을 모색했던 운동이었다.

이는 동학이 사람들로 하여금 저마다 사람다운 삶을 살아갈 수 있도록 그 바탕이 되는 '사람다운 사회'를 함께 만들어가기 위한 사상이자 학문이기도 했다는 것을 의미한다. 동학 및 동학사상은 본래 수운 최제우(1824~1864)가 마주했던 현실 속 사회문제와 위기 상황을 극복하기 위해 고투하는 과정 속에서 탄생했다. 수운의 문제의식은 다음과 같았다. 첫째, 신분과 직업에 따라 귀천을 구별하고, 유교적 규범에 따라 남녀노소를 구별했던 사회 체제, 둘째, 안으로는 전염병이 창궐하고 밖으로는 외세의 위협이 확대되는 상황에서 정치를 독점한 관료와 국정을 운영하는 사람들(治者)이 제 역할을 못했던 상황, 셋째, 정신문명이 쇠락하여 사람들이 자기윤리와 도덕을 잊어버린 채 오로지 자기 이익에만 매몰되어 각자도생에 골몰하였던 세태. 수운이 논하였던 동학의 '시천주(侍天主)', '보국안민(輔國安民)', '다시개벽(혹은 布德天下)' 사상은 이러한 사회적 문제를 극복하기 위한 수운의 사상적 차원의 응답이자 실천이었다.

동학은 지금과는 전혀 다른 19세기 중후반 조선 후기의 사회 모순 및 위기 상황을 극복하기 위해 태동한 사상이지만, 나에게는 지금도 여전히 생명력이 있는 사상처럼 느껴진다. 신분제는 사라졌지만 여전히 돈과 직업을 중심으로 한 사회적 구별과 차별이 존재하고, 현재의 대의민주제와 관료제 하에서 소수의 정치인과 공무원들만으로는 국내외의 여러 사회 모순과 위기 상황에 대응하는 데 한계가 있으며, 신자유주의 체제 하에서 적지 않은 사람들이 최소한의 자기윤리와 도덕적 삶의 가치를 도외시한 채 각자도생 혹은 자기중심적 삶에 골몰된 채 살아가고 있다. 수운이 제기했던 문제들은 여전히 오늘날에도 해결되지 못한 문제로 남아 있다. 그런 점에서 수운이 제기했던 질문과 문제의식은 지금도 유효하고, 현시대 속 사회문제를 해결하는 과정에서 참조해 볼 필요가 있다.

수운은 '시천주' 사상을 통해, 천도와 천덕을 자각하고 내면화하는 '인간의 성숙'의 길과 상호주체성(존엄성과 자율성) 및 상호관계성(상호연결성, 상호호혜성, 상호의존성)에 기초한 '새로운 사회적 인정관계'의 길을 제시했다. 그리고 '보국안민' 사상을 통해, 국내외적 사회적 모순과 위기를 '수양하는 행위자(수도와 수덕)'를 중심으로 한 사회변혁을 통해 극복하고자 했다. 더 나아가 '다시개벽(혹은 포덕천하)' 사상을 통해, 천지·인간·만물의 총체적 성장과 성숙을 지향하는 새로운 이상사회의 길을 제시했다. 동학은 새로운 사회변혁과 이상사회로 나아가는 사회적 행위와 실천의 원천을 사람의 '마음', 즉 사람의 하늘마음에서 찾고 '제 안의 하늘마음을 지키고 가꾸어 나가는 삶'을 방법으로 하여, 사람들 간의 자율적 연대와 돌봄, 그리고 집합적 사회행위를 통한 사회변혁을 지향했다. 사람이 제 안에 어떠한 마음을 중심으로 살아가느냐에 따라, 그 사람의 행위와 그가 맺는 인간관계의 모습이 달라진다. 동학은 사람이 제 안의 하늘마음을 제 삶의 중심으로 삼아 이를 지키며 살아갈 때(守心正氣), 그런 사람의 삶에서 생명과 만물을 살리고 돌보는 행위성과 책임성이 자연스레 피어난다고 보았다(無爲而化). 동학은 하늘마음을 따라 정성과 공경으로 생명과 만물을 대하는 사람들이 모여서 집합적으로 사회행위를 할 때, 참된 사회변혁이 가능하리라고 본 것이다. '하늘마음으로 살아가는 사람'과 '그런 사람들이 자율적으로 만들어가는 사회'로의 전환, 이것이 동학이 '다시개벽'이라는 이름으로 꿈꾸었던 이상사회의 모습이었다. 이러한 시각은 오늘날 우리가 당면한 인간과 인간, 인간과 만물이 맺는 왜곡된 관계와 그로부터 말미암은 위기('인류세')를 극복하고, 우리 자신의 사람다운 삶과 우리 모두의 사람다운 사회를 만들어가는 마중물로 삼을 수 있는 관점이라고 할 수 있다.

동학사상은 다시개벽으로 나아가는 사회적 변화가 바로 '지금', '여기'에서 '나'로부터 시작될 수 있고, 시작되어야 한다고 보았다. 수운과 해월은 어쩌면 지금의 시대 및 환경보다 더 막막했을 상황 속에서도 그들 자신만의 삶과 실천을 통해, 그들 자신이 생각하고 바라는 이상사회의 길을 만들어가고자 했다.

수운은 재가녀의 자녀로 태어나 과거제도(科擧)에 응시할 수 없는 사회구조적 차별을 받았으며, 스무 살 즈음 경제적으로 어려움에 처하였을 때 생계를 해결하기 위해 장삿길에 나서기도 했다. 수운이 살았던 1850-60년대는 삼정(三政)의 문란으로 여러 지역에서 백성들의 민란이 끊이지 않았고, 가뭄, 기근, 수해와 같은 자연재해가 일어나고 전염병이 돌았으며, 서구 제국의 중국 침범으로 외세에 의한 경각심이 고조되고 있었다. 수운은 그러한 상황 속에서도 당시 자신이 목도한 사회현실에 기초한 문제의식과 우환의식을 바탕으로, 동학사상을 창도하고 새로운 삶과 관계의 형식을 바탕으로, 그에 기초한 사회변혁을 모색했다.

해월은 수운이 세상을 떠난 후, 관의 탄압을 피해 삼십여 년간 보따리를 메고 경북·강원·충청 내륙의 오지로 도망 다니는 와중에도 동학공동체를 재건하고 경전을 발행했으며, 전국적 조직화를 이루어내어 동학혁명의 토대를 마련하였다. 수운과 해월은 자신이 처한 상황에 굴하지 않고 사람다운 삶의 길과 사람다운 사회로 나아가기 위한 변혁의 길을 모색하였다. 그들의 삶은 곧 사람다운 사람과 사회로 나아가는 새로운 길이었다.

지금 여기, 나로부터

동학은 지금 여기, 일상 속 우리가 행하는 모든 일 중에 '도(道)'가 아닌 것이 없다고 하였다(日用行事 莫非道).

사람을 하늘과 같이 대하고(事人如天), 일상 속에서 작은 어떤 언행을 하더라도 진솔한 마음으로 정성과 공경을 다한다면, 그러한 사람의 삶은 곧 천도에 부합하는 또 하나의 하늘의 삶과 같다고 보았던 것이다. 이러한 관점에서 동학에서 사람답게 산다는 것은 하늘답게 사는 것이라고 할 수 있다. 제 안의 하늘을 깨달아 제 안의 하늘다움을 잊지 말고 그 하늘다운 모습으로 살아가자는 것이 곧 동학에서 말하는 사람답게 사는 길인 것이다. 동학은 우리 자신이 먼저 그러한 하늘다운 모습으로 삶을 살아갈 때, 우리 주변의 다른 사람들 또한 스스로 바르게 되리라고 보았다(吾道正則 彼必自正矣).

수운과 해월은 사람과 만물을 정성과 공경으로 대하고, 다른 사람과 만물이 겪고 있는 고통을 마치 자신의 고통으로 느끼는 그런 공명적 삶을 통해 다른 사람을 감화시키는 삶을 살았다. 수운은 두 노비를 해방하여 수양딸과 며느리로 맞아들였고, 수운의 부인에 따르면 수운이 부인과 자식에게 대하는 태도는 참으로 지극하였다고 한다. 해월 또한 나이가 어린 사람들을 비롯하여 만나는 사람들을 깊이 공대하였는데, 『백범일지』에 따르면 김구가 황해도 접주로서 다른 접주들과 함께 해월을 찾아 뵙고 절을 하였을 때, 나이가 지긋했던 해월 또한 답례로 상체를 구부려 손을 바닥에 짚고 절을 하였다고 한다.

해월은 사람뿐만이 아니라, 땅도 소중히 여겨야 함을 강조하고, 새소리 또한 하늘의 소리(시천주의 소리)라고 말하기도 했다. 모든 사람과 자연 만물을 정성과 공경의 마음으로 대하는 두 사람의 태도와 다른 사람들의 입장과 처지를 헤아리는 마음이야말로, 사람다운 삶과 사람다운 사회로 나아가기 위한 가장 우선적인 전제가 아닐까 한다.

　만약 지금의 우리 역시 각자가 저마다의 '사람다운 삶'과 우리 모두의 '사람다운 사회'로 나아가기 위하여, 이러한 문제의식에 공감하는 사람들과 함께 자신의 자리한 곳에서 일상 속의 작은 연습과 실천을 이어간다면, '지금, 여기'에서 '나'로부터 새로운 변화를 만들어갈 수 있지 않을까. 동학에서 말했던 것처럼, 우리가 사람이 저 홀로 살아가는 것이 아니라 다른 사람 및 만물들과의 상호관계성(상호연결성, 상호호혜성, 상호의존성) 속에서 살아간다는 사실을 인정할 수 있다면, 우리는 자신이 속한 크고 작은 사회집단 속에서 '개인의 주체성(존엄성과 자율성)'을 인정하고 '사회적 인정관계'를 형성하기 위해 노력할 수 있다. 나 자신의 사회적·정치적 의사결정을 다른 사람에게 위임하거나 방관하는 의타적 삶을 넘어, 한 사람의 문화적, 사회적, 정치적 주체로서 일상 속에서 내가 할 수 있는 작은 사회적 행위를 도모해볼 수도 있을 것이다. 더 나아가 물질과 기술, 과학에 경도된 현대 사회에서 이를 바르게 운용할 수 있도록 인간 정신(靈性)의 성숙을 함께 지향하고, 다른 사람(혹은 만물)과의 관계 속에서 자신의 삶을 성찰하며, 보다 사려 깊은 언행으로 다른 사람(혹은 만물)을 대할 수도 있다.

　나에게 있어 동학에 대해 더 깊이 알아가는 시간은 나 자신과 인간과 세계를 더 깊이 이해하는 시간이자, 어릴 적부터 나의 부족하고 모자란 부분들을 이해해주고 헤아려준 사람들로부터 받아온 배려와 사랑을 더 깊이 깨닫게 되는 시간이었다. 부모님과 조부모님, 친구들과 벗들, 내가 알지 못하지만 동시대를 함께 살아가는 수많은 사람의 노동과 수고, 자연과 만물의 존재 속에서 오늘의 내가 있을 수 있었음을 떠올려 보게 되는 시간들이었다. 그들과의 만남을 돌아보았을 때, 특히 내 마음을 밝히고 또 살리어주었던 것은 한 사람 한 사람을 향한 정성과 존중이 있는 말, 상대방을 있는 그대로 인정하고 배려하는 행동, 하늘마음에서 피어난 듯한 사람의 맑은 미소였다. 이는 나에게 또 다른 하늘의 소리요, 하늘의 몸짓이며, 하늘의 얼굴이었다. 그동안 받아왔던 사랑들을 되돌아본다. 그동안 내가 받아왔던 사랑을 나 또한 조금이나마 다른 사람들과 함께 나누며 살아갈 수 있기를 바란다. 나의 마음과 기운을 하늘의 마음과 기운으로 바르게 가꾸어, 앞으로 생명 만물과 함께 더불어 살아가는 나 자신이기를 바란다. 나 자신이 먼저 변할 때, 그곳에서 사회의 변화도 시작될 수 있으리라.

  동학은 나에게 있어 지금의 내가 살아가고 싶은 삶과 사회로 나아가는 하나의 방법이요, 내가 앞으로 삶 속에서 지켜나가고 싶은 우리네 정신이자 사상이며, 일상 속에서 정성과 공경의 실천을 통해, 사람다운 삶과 사람다운 사회를 향해 나아가고자 하는 바람이 담긴 열쇳말이다.

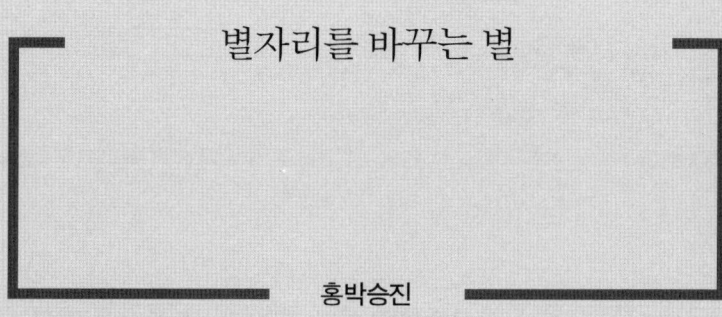

홍박승진 _국어국문학과에서 한국 현대 시를 배우고 가르치고 익히는 데 정성을 들이고자 합니다. 다른 것으로 환원되지 않으며 대체될 수도 없는 유일무이한 것들을 받들어 모십니다. 유일무이한 것은 우주 전체가 복잡하게 얽히고 독특하게 맺힌 자리라고 믿습니다.

1.

어쩌다가 동학에 관심을 기울이게 되었느냐는 물음을 받고는 한다.

이 질문에는 그동안 성실하게 답을 하려고 한 듯하다. 질문을 던진 사람이 나의 답변을 듣고 나서 행여 동학에 조금이라도 가까워지기를 바라는 마음으로. 그런데 이 이야기를 꺼내는 일은 매번 힘이 든다. 짧지 않은 이야기이기 때문이다. 실제로 답변을 하기 전에는 밤을 새워 떠들어도 모자라리라는 허풍을 경고처럼 말머리에 붙인다. 말을 마친 후에는 혀를 얼마간 뽑아두고 싶다. 더구나 그렇게 애써 내뱉은 말이 누구의 마음을 얼마나 두드리는지, 두드리기는 하는지, 도무지 모르겠다는 느낌은 나를 번번이 무너뜨린다.

그러다 이 글의 청탁을 받았을 때 묘수가 한 가지 생겼다는 생각이 들어, 선뜻 원고 집필을 수락하였다. 어쩌다가 동학에 관심을 두기 시작하였느냐는 물음을 받을 때마다 이 글을 찾아보라고 답하면 되겠다는 꾀가 퍼뜩 떠오른 것이다. 일석삼조의 아이디어 같다. 가십거리 뉴스를 머리기사만 넘겨보듯 자기 삶에 아무런 의미나 가치가 없더라도 별스러운 남의 일을 궁금해 하는 자들을 손쉽게 걸러낼 수 있다. 내가 동학하는 까닭에 관한 그들의 궁금증은 이 글이 실린 책을 몸소 찾아서 읽을 만큼 크지는 않을 것이기 때문이다. 이 글을 정말로 찾아서 읽는 사람들에게는 말보다 글로 더 또렷하고 넉넉한 답변을 들려줄 수 있다는 점 또한 이득이다. 덕분에 내가 아끼는 출판사에서 펴낸 책이 한 권이라도 더 팔린다면 더욱 좋은 일이고.

2.

여기까지 읽은 당신은 나에게서 무언가를 알고자 하는 사람이겠네.

그러한 당신의 머리를 부둥키고 싶네. 임동확 시인이 그에게서 시를 배우려 하였던 청소년 시절의 나한테 그러하였던 것처럼. 1980년 5월 광주를 노래한 시집 『매장시편』으로 시인이 된 그는 자신이 어떠한 문제의식에 이끌려 동학을 공부하게 되었는지를 이따금 나에게 들려주었다. 80년 5월 광주에서 시민들과 함께 싸

김수영문학관(2016).
왼쪽에서 다섯 번째가 임동확 시인. 오른쪽 끝이 필자.

우며 그는 커다란 물음에 휩싸인다. 어째서 사람들은 더불어 앞으로 나아갈 때는 덩어리(전체)이다가 뒤로 물러날 때는 낱낱(개체)인가? 이 물음을 풀 하나의 실마리를 시인은 인내천(人乃天)에서 찾았다는 것이다.

  인내천은 동학의 고갱이를 나타내는 낱말 가운데 하나이다. 적지 않은 사람들은 인내천을 만인이 하늘처럼 고귀하고 평등하다고 말하는 민주주의나 평등주의의 구호쯤으로 여긴다. 나도 그렇게 알고 있었으니까. 그러나 인내천은 그저 정치 개념에만 그치지 않고 더 넓은 뜻을 품는다. 그것은 사람들이 권력을 어떻게 나누고 부려야 하는가에 관한 주장이기에 앞서, 우주를 이루는 모든 것이 어떻게 살아가고 있는지를 밝힌 진리와 같다. 여기에서 두 가지가 중요하다. 첫째로 인내천은 주장을 내세우는 형식이라기보다도 진리를 드러내는 형식에 더욱 가까우며, '~는 ~해야 한다'라는 식의 당위 명제보다도 '~는 ~이다'라는 식의 사실 명제에 더 가깝다고 이해될 필요가 있다. 왜냐하면 인내천은 '사람이 곧 하늘'이라는 말을 한자로 쓴 것이기 때문이다.

둘째로 '사람이 곧 하늘'의 주어인 사람은 호모 사피엔스만을 가리키는 말이 아니라 우주를 이루는 모든 것의 대명사 또는 대표자로 이해되어야 한다. 이때 사람은 우주를 이루는 모든 것으로서의 낱낱(개체)을 나타내는 말이며 하늘은 우주 덩어리(전체)를 나타내는 말이라는 것이다. 참고로, 인내천은 동학의 1대 교조인 수운 최제우와 2대 교조인 해월 최시형이 쓴 적은 없고 일제 강점기에 들어서 의암 손병희가 동학의 후신인 천도교를 이끈 시기에 생겨난 개념이다.* 최시형의 가르침을 모았다 하는 문헌에는 인내천과 뜻이 같은 인시천(人是天)이라는 구절이 나온다.**

인시천과 인내천 같은 개념은 최제우가 동학의 핵심으로 제시한 시천주(侍天主) 개념에 바탕을 둔다고 볼 수 있다. 시천주라는

・・・・・・・・・

* 손병희, 『의암성사법설』 「대종정의」; 「성령출세설」; 「신앙통일과 규모일치」; 「기타」.
** 최시형, 『해월신사법설』 「천지인・귀신・음양」; 「대인접물」; 「개벽운수」.

말은 '하늘님을 모신다'라는 뜻인데, 여기에서 생략된 주어는 우주의 모든 것이라고 볼 수 있다. 해월 최시형의 다음과 같은 설법은 '하늘님을 모신다'의 주어가 우주의 모든 것임을 또렷이 보여준다. "천지 만물은 하늘님을 모시지 않음이 없다. 저 새가 우는 소리도 하늘님을 모신 소리이다."* 요컨대 인내천은 모든 것이 하늘님을 모신 존재자이며, 따라서 모든 것이 하늘님이듯이 사람도 하늘님을 모시고 있는 존재자이며, 따라서 사람도 하늘님이라는 뜻이 된다.

    사람을 비롯한 모든 것이 곧 하늘이라고 할 때, 전자는 낱낱(개체)을 가리키고 후자는 덩어리(전체)를 가리킨다고 할 수 있다. 바로 이 점이 '사람들은 어째서 함께 나아갈 때는 덩어리이다가 흘러 물러날 때는 낱낱인가?'라는 임동확 시인의 문제의식과 맞닿는다는 것이다. 이 이야기는 나의 귓등 너머로 건성건성 흘러간 줄 알았는데, 가슴속 한구석에 몰래 스며들어 있었나 보다. 한참 뒤에 한꺼번에 거기서 폭발이 일어났기 때문이다. 그러므로 당신이 부디 이 글을 건성건성 읽었으면 좋겠다. 당신과 나도 낱낱이면서도 덩어리일 것이라 믿기 때문이다.

                    · · · · · · · ·

* "天地萬物皆莫非侍天主也. 彼鳥聲亦是侍天主之聲也(최시형, 『해월신사법설』, 「영부주문」)."

3.

    2002년에 중학교 2학년인 신효순과 심미선이 주한미군 장갑차에 깔려 죽었다.

    그들은 나와 나이가 같다. 그 장갑차를 몰았던 두 미군 병사는 주한미군이 한국에서 군사훈련과 같은 공무 중에 범죄를 저지르더라도 한국이 아니라 미국이 재판권을 갖는다는 협정(協定)에 따라 미 군사법원에서 무죄를 선고받고 미국으로 떠났다. 아무리 고의가 아니었다고 하더라도 사람들을 죽였는데 무죄일 수 있을까? 학교에서는 강화도 조약의 대표적인 불평등 조항이 치외법권이라고 가르치지 않았나? 죽은 둘이 나하고 동갑내기라는 사실은 우연이자 필연 아닐까? 초등학교 6학년 때 윤동주의 시집을 읽고 시인이 되겠다고 마음먹은 나는 이 현실을 부끄러워해야 하지 않는가?

    부끄러워하려고 나는 그해에 눈 내리는 고갯길을 걸어서 녹번역 지하철노조 사무실을 빌린 민주노동당 은평지구당에 찾아가 당원 가입을 신청하였다. 한국과 미국 사이에 맺은 협정을 시민단체의 힘만으로 바꾸기는 어려울 것이 당연하다고 생각하였다. 정당의 힘이 마땅히 필요하다고 생각하였다. 정당들 가운데에서 그 협정을 바꾸자고 외치는 정당을 찾아보면 민주노동당만 찾을 수

두발제한폐지를 위한 광화문 집회(2005.5.14). 왼쪽이 필자.
(사진: 《은평시민신문》 윤돈휘 기자)

있었으므로, 민주노동당에 매달 5천 원씩 당비를 내는 일은 올바른 일이라고 생각하였다. 이렇게 나는 사람으로서 마땅히 지키고 따르고 행해야 할 가치를 마땅히 지키고 따르고 행함으로써 사람이 사람답게 사는 세상을 이루고 싶다는 생각에 끌려왔다. 인간이 인간답게. 민주노동당 당가(黨歌)에서 가장 가슴 뭉클한 대목이다.

나에게 사람다움은, 강한 것이 제 잇속만을 위하여 약한 것을 짓밟는 폭력에 맞서 싸우려 하는 마음 같다. 이 마음이 모든 사람에게서 드러나기를 바란다. 상대주의적 논리에서는 누구에게나 똑같이 받아들일 수 있는 진리 따위란 어디에도 없다고 말한다. 나 또한 모든 진실은 관계에 따라서 끊임없이 달라진다고 생각한다. 그럼에도 여리고 무른 것들을 함부로 아프게 하는 것들에게 성내고 대들려는 마음만큼은 모두가 언제든 품어야 할 마음이며 어디에서든 나타내야 할 마음이라고 생각한다. 한국군의 이라크 파병을 괴로워하고, 학교 급식을 돈벌이의 수단으로 삼는 짓에 아파하고, 사람이 조금 더 빨리 다니려고 얼마 남지 않은 도롱뇽의 터전에 뚫은 터널을 슬퍼해야 한다.

하지만 그런 마음을 품는 사람은 다수일 때보다 소수일 때가 많았다. 받아들이기 힘들었다. 하지만 대학교에 들어가 보니 선배들 가운데에 민주노동당 당원이 여럿 있었다. 정신을 가누기 어려울 만큼 들떴다. 선배들과 거의 날마다 엄마 돈으로 술을 마시고, 엄마 돈으로 택시를 탔다. 다수 의견과 무관하게 언제나 보편타당한 관념만이 진리라는 플라톤 철학이 눈앞에 펼쳐지는 느낌이었고, 만인이 자유로워야 하고 만인이 평등해야 한다는 마르크스주의가 손으로 만져지는 느낌이었다. 누구나 따를 수 있고 따라야 할 보편성이 거기에 살아 숨 쉬는 것 같았고, 사람들은 낱낱을 넘어 덩어리가 될 수 있으며 덩어리가 되어야 한다는 이념이 온몸을 꽉 채우는 것 같았다.

이듬해에 선배들은 나를 어느 자취방으로 데리고 가더니 자신들이 사실은 사회주의 그룹의 멤버이며, 정기적으로 이곳에서 후배들을 어떻게 끌어들일지 등에 대해 머리를 맞대고 있으니, 우리 그룹과 함께할지 말지를 선택하라고 말하였다. 선배들과 보낸 나날이 사실은 눈에 보이지 않는 촘촘한 거미줄이었음을 맞닥뜨린 충격은 그들 속에서 그들이 되고 싶다는 생각으로 덮어버릴 수 있을 것 같았다. 세상을 바꾸려면 낱낱보다는 덩어리가 필요하다고 믿는 나였으니까. 그 거미 같은 방 안에 들어가면 나도 동지라는 이름의 눈알을 굴리면서 후배들에게 거미줄을 어떻게 뿜어낼지 갸웃거렸다. 거미의 눈을 이루던 선배 두 명이 갑자기 차례차례 연락을 끊고 모습을 감추었다. 그럴 때마다 남은 눈들은 사라진 이의 자취방에 거듭 찾아가 문을 두드리거나 끝없이 문자와 전화를 남겼다. 두 선배에게서는 군대에 간다는 편지가 하나씩 날아왔다. 우리는 그들을 이해하는 데 쏟을 힘을 거미줄 치는 데 쏟아부었다.

내가 쳐놓은 거미줄에, 더 적확히 말하면 거미줄이 된 나에게 먹잇감이 하나 걸렸다. 그녀에게서는 나를 좋아하는 몸짓과 냄새가 풀풀 풍기기 시작하였다. 거미의 감각기관과 신경조직이 거미줄의 떨림에 빠르게 반응하듯이, 나는 그 냄새와 움직임을 동지들에게 털어놓았다. 동지들은 내가 그녀와 연애해야 한다고 판단하였다. 나는 그녀를 사랑하는 마음이 없었음에도 그녀의 고백을 받아들였다. 그녀는 데이트를 하고 싶어 하였지만 나는 후배들을 어떻게 만날지 토론하자고 강요하였다. 그녀는 나와 기쁜 시간을 보내려고 애쓸수록 스스로 괴로워지는, 그렇게 몸부림칠수록 얽매이고 옥죄이는 관계에 울부짖었다. 다행히도 그녀의 눈물은 거미줄을 녹여서 그녀가 다시 날아갈 수 있게 하였다.

너무 미안하다. 먹잇감의 눈물에 거미줄이 찢어진 때 비로소 나는 내가 거미의 눈들도 아니었고 다리들도 아니었으며 거미의 배 속에 삼켜져 녹았다가 필요에 따라 뱉어지는 거미줄이었음을 깨달았다. 그녀 덕분에 나 자체가 갈가리 찢겼으니까. 나는 연락을 끊고 숨어 다녔다. 사라진 두 선배를 찾는 거미 다리들의 더듬거림이 집요하였듯이, 두 선배의 자리에 선 나에게도 끝없이 문자와 전화가 왔다. 사람들더러 덩어리가 되라고 졸라대는 논리는 그 덩어리가 제아무리 강자 중심의 세상을 바꾸는 힘인 척하더라도 근본적으로 약자를 만들어내고 희생시키는 논리와 다르지 않구나. 군대에 들어가서도 편지는 남기지 않았다.

4.

거기에서는 니체 전집을 한 권씩 읽어나갔다.
마르크스의 사회주의가 덩어리를 앞세우는 논리로 다가왔다면, 니체의 사상은 낱낱을 앞세우는 논리로 다가왔다. 전자는 주인과 노예의 차별을 때려 부수자는 외침과 같았는데, 후자는 천민으로 살지 말고 귀족으로 살라는 도움말과 같았다. 이때 천민과 귀족은 사회적 신분이나 경제적 계급과 아무런 관계가 없는 삶의 가치관을 뜻한다. 천민은 이미 만들어져 있는 규범이나 고정된 질서에 만족하며, 자기 현재 상태에 머무르고자 하며, 남들과 다르게 살기보다는 비슷하게 살려는 태도라 할 수 있다. 우리 삶을 거머쥐고 흔드는 약육강식 논리와 황금만능주의를 따져보지 않고 얌전히 받아들이거나 떠받드는 자들은, 그자가 약자이든 강자이든, 빈자이든 부자이든, 다 천민과 다르지 않다. 그런데 유의할 점은 자본주의 구조를 문제 삼으며 평등 사회의 실현 가능성을 찾으려 하는 마르크스주의 또한 천민 논리를 벗어난다고 보기 힘들다는 점이다. 왜냐하면 내가 군대에 가기 전에 겪어보았듯, 사회주의 또한 남들과 다르게 살기보다는 비슷하게 살도록 만드는 사고방식으로 굳어지기 쉽기 때문이다.

그와 달리 귀족은 이미 남이 만들어 놓은 가치관에 나를 맞추길 견디지 못하며 멀리한다. 따라서 흔해지기보다는 더 드물게 되기를, 옳고 그름에 대한 기성의 판단과 타협하기보다는 좋고 나쁨에 관한 척도의 변화와 창조를 즐거워하기를, 안전히 머무르기보다는 두려워도 달라지기를, 이 두려움마저 사랑하기를 끊임없이 바라는 사람이 귀족이다. 이러한 니체의 눈으로 보면, 나는 천민이었다. 모든 사람을 덩어리로 만들어 주리라 기대한 논리에 따르느라 딱딱한 덩어리가 되고 만 것 같았다. 덩어리로 굳어지려 하는 나를 건져내기 위하여 휘적이는 손끝엔 내가 품었던 꿈 알맹이가 더듬어졌다. 꺼내어보니 그 알맹이는 시인이 되어야 한다는 목소리의 결정체로서 반짝였다. 세상을 늘 새롭게 표현하지 않고선 시인이라 할 수 없었다. 그러므로 귀족의 삶은 시인의 삶을 가리키는 지침 같았다.

군 복무를 마친 뒤엔 그렇게 시를 쓰려고 했다. 사람들을 딱딱한 덩어리로 굳어지게 만드는 모든 시도는 나쁜 거니까. 세상을 낱낱이 끊임없이 변화하는 과정 자체로 표현하는 시를 쓰고 싶었다. 누구도 쓴 적 없는 언어를 빚어내고 싶었다. 그러나 그렇게 시를 쓰려고 흰 화면에 글자를 새겨 넣을 때마다, 흰 화면이 나에게 어떠한 말도 요구하지 않는 것처럼, 그러므로 내가 흰 화면에 꼭 응답해야 할 아무런 까닭이 없는 것처럼, 글자들이 그대로 희디희게 휘발되었다. 왜 이러지?

새로움만을 위한 새로움에 무슨 가치가 있는지는 누구도 보증해줄 수 없고 나조차도 확신할 수 없었다. 새로움은 그것 자체만을 위하지 않고 언제나 그것 바깥의 무언가를 위할 때만 휘발되지 않고 하나의 생명체가 될 수 있었다.

5.

결국 덩어리로 살 수도 없고 낱낱으로 살기도 싫다는 난제.

대학 시절 4년 동안에 입대 전 2년은 덩어리 되기의 버거움을 겪었고, 제대 후 2년은 낱개 되기의 헛헛함을 알아차린 셈. 국어국문학과 석사학위논문의 연구 대상과 연구 주제를 정할 때는 이 모순을 크게 염두에 두지 않았으나, 막상 집필에 착수하자 논문의 고갱이는 바로 이 모순과 맞닿았다. '중세' 문학 작품은 인간을 개성이 옅은 집단으로, 즉 낱낱으로는 구분되기 어려운 덩어리로 그리는 경향이 있다. 예를 들어 양반 남성이 쓴 시조의 화자는 자기만의 개성을 드러내기보다도 임금에 대한 충성심이나 자연 속에서의 청빈함과 같은 유교적 관념을 노래하는 인간일 경우가 대부분이며, 고전소설의 등장인물은 선과 악이 뒤섞인 인간이기보다도 성리학적 도덕을 지키는 선인 아니면 그것을 어기는 악인으로 또렷이 나뉘는 경우가 대부분이다. 이와 대조적으로 '근대' 문학 작품은 인간을 집단적 관계가 끊어진 개인으로, 즉 덩어리로는 뭉치지 않는 낱낱으로 그렸다. 예를 들어 소설 『채식주의자』에서 고기를 먹지 않겠다고 주장하며 나무가 되겠다고 희망하는 주인공이 그녀의 가족 집단으로부터 이해받지 못하듯이, '근대' 소설의 등장인물은 기성 사회가 자신에게 부여한 집단적 정체성을 벗어나는 자유를 누리지만 바로 그 때문에 집단의 힘을 모으기가 어렵다.

인간을 개성이 없는 집단으로 바라본 '중세' 문학의 특징은 집단의 명분 탓에 개인의 자유가 억눌린 '중세' 문명의 폐단을 보여주는 측면이 있다. 반면에 인간을 집단성이 없는 개인으로 여긴 '근대' 문학의 특징은 개인으로 고립되어 공동체적 관계를 잃는 '근대' 문명의 한계를 보여주는 측면이 있다. '중세'로 돌아가서도 안 되고 '근대'로 만족할 수도 없는 문학사 및 문명사 전체의 난제는 곧 덩어리로 살 수도 없고 낱낱으로 살기도 싫다는 나의 난제와 맞닿았다. 그래서 석사학논문을 쓰며 제3의 길을 찾아 헤맸다.

2015년 2학기가 되었고 박사과정 2학기가 되었다. 발터 벤야민이 쓴 『독일 비애극의 원천』을 조만영 선생님께서 강독하는 미학과 대학원 강의를 들었다. 국문과 대학원 선배가 조만영 선생님 칭찬을 그 전부터 하도 많이 해서 강의를 들었다. 그 책의 첫머리에서부터 벤야민은 진리가 존재한다고 거듭 말하였는데, 그것부터가 몹시 불만스러웠다. 진보 정치의 이념을 진리로 받들던 나날을 거치면서 진리라는 이름 자체가 사람을 덩어리로 만드는 폭력이라고 믿게 된 나는, 벤야민이 진리를 강조할 때마다 조만영 선생님께 따졌다. 모든 종류의 진리 옹호는 낱낱의 차이를 지우는 덩어리 옹호처럼 들리기 때문이었다. 선생님께서 조금 더 읽어보자고 웃으면서 답하시기에 조금 더 읽어보니, 벤야민이 진리를 말하는 방식은 어디인가 내 생각의 틀로 쉽사리 파악되지 않는 데가 있었다.

보통 서구 '근대' 과학(=학문)에서 진리를 말할 때는 평균적이고 일반적인 것을 진리라고 여기는 경향이 있다. 예컨대 인문과학에서 사람다움에 관한 진리들 가운데 하나로는 '인간은 이성적인 동물이다'라는 명제가 널리 알려져 있는데, 이는 수많은 사람의 서로 다름을 지우고 그들의 평균적이고 일반적인 성질을 인간의 본질로 한정시킨 명제라고 할 수 있다. 내가 모든 종류의 진리라는 말 자체에 매스꺼움을 느낀 까닭은 그처럼 진리를 말하는 방식이 낱낱의 차이점을 도려내고 덩어리의 공통점을 남기는 경향 때문이었다. 예를 들어 '인간은 이성적인 동물'이라는 명제는 '이성'이 모자란다고 여겨진 사람들을 역사적으로 짓밟거나 억누른 폭력의 바탕이 되기도 하였다. 여성은 남성에 비하면 이성적이지 못하고 감성적이라고 여겨져서 정치에 참여할 권리를 금지 당하였으며, 서구 '근대' 문명을 접한 적이 없는 유색인종의 문명은 비합리적인 문명으로 여겨져서 착취되었다. 낱낱이 서로 다른 점을 뭉개고 덩어리지게 하는 모든 시도에 맞서는 나에게는 사람다움(인간의 본질)을 비롯한 모든 종류의 진리가 덩어리 중심적 사고방식의 산물일 뿐이며 그러므로 폐기되어야 할 사고일 뿐으로 보였다. 그런데 니체보다 뒤에 태어난 벤야민은 다시 진리가 중요함을 말하는 것이었다.

 그의 관점으로 보면, 사람다움이라는 진리는 억누르는 자들의 칼날로 쓰이기를 그칠 수도 있으며 억눌리는 이들의 핏줄 속에서 더욱 힘차게 뛰는 박동이 될 수도 있다. 여성은 '나도 사람이다'라고 생각하며 가부장제에 맞서 왔고, 유색인종은 '나도 사람답게 살고 싶다'라고 말하며 착취를 물리쳐 왔으며, 이처럼 수많은 피억압자는 사람다움과 같은 진리를 위하여 피를 흘려 왔기 때문이다. 이러한 맥락에서 벤야민의 진리론이 가장 기이하게 다가온 지점은 그가 진리를 평균적이고 일반적인 것에서가 아니라 극단적이고 개별적인 것에서 찾을 수 있다고 말한다는 사실이었다. '이성적 사고 능력'처럼 인간이 평균적이고 일반적으로 지닌다고 일컬어지는 성질 속에서 찾아지는 진리는 그 평균성과 일반성에서 벗어나는 경우를 함부로 업신여기고 마구 칼질할 위험이 적지 않다는 측면에서 거짓 진리이고 가짜 보편이라고 할 수 있다. 그와 다르게 진정으로 모든 사람을 사람답게 하는 사람다움의 진리는 사람다움에 관한 기존 개념의 극단에 자리한 이들, 사람다움과 사람답지 못함의 경계에 선 이들, 여태껏 사람 취급을 제대로 받지 못하였지만 앞으로 사람대접을 받아야 마땅한 이들이 자신도 사람이라고 생각하며 자신도 사람답게 살고 싶다고 말할 때 찬란하게 나타날 수 있다는 것이다. 억압하는 자들이 사람다움의 진리라고 우기는 개념의 극단과 경계에 서 있는 사람들은 평균적이고 일반적인 공통점으로 덩어리지지 않는 개별적 존재자들, 즉 낱낱이라고 할 수 있다. 요컨대 평균화되고 일반화된 거짓 진리의 덩어리에 의하여 밀려나거나 괴롭혀지는 낱낱이 오히려 더욱 참된 진리의 덩어리를 드러낸다는 것이다.

낱낱이 오히려 덩어리를 더욱 제대로 나타낸다는 이 역설을 벤야민은 별과 별자리의 관계로 이야기하였다. 별자리를 이루는 것은 그 별자리 가운데 속한 별들이 아니라 그 별자리의 극단에 있는 별들이다. 장애인과 LGBTQ+(성소수자)와 이주민 등의 별들을 빼버리고 사람의 일반적·평균적 성질을 띠는 별들만을 남겨서는 참된 사람다움의 별자리가 나타나지 않을 것이다. 장애인도 사람이고 LGBTQ+도 사람이고 이주민도 사람임을 증명하는 과정에서만 기존의 별자리보다 더 참된 별자리가 나타날 수 있다. 또한 별과 별자리의 관계는 극단의 별들을 잇지 않고는 별자리를 제대로 찾을 수 없음을 이야기할 뿐만 아니라, 별자리로 이어지지 않고서는 극단의 별들이 자기 가치를 빛낼 수 없음을 이야기한다. 마치 사람답게 살지 못하는 사람들이 사람답게 살기 위하여 피 흘려 싸워 오듯이. 덩어리에서 떨어져 나가려는 낱낱 속에 덩어리가 더 오롯이 드러나고, 이렇게 오롯해지는 덩어리 속에서 낱낱이 더 제대로 드러날 수 있다는 역설은 진리가 평균적이고 일반적이어

장욱진 회고전으로 조만영 선생님을 모심
(국립현대미술관, 2023.12.9)

서 좋았다가 바로 그 때문에 미웠던 나의 고정관념을 그 전제부터 모조리 깨부수려 하였다.

  수업 중간의 쉬는 시간에 대학 건물을 나와 조만영 선생님과 단둘이 이야기를 나누며, 아직 고정관념을 다 털어내지 못한 채로, 벤야민은 어째서 진리를 극단적이고 개별적인 것들의 별자리로 설명하느냐고, 어쨌든 진리는 낱낱의 유일무이함을 덩어리로 환원시키는 폭력성을 띠지 않느냐고 여쭈었다. 선생님께서는 곧장 답하지 않으시고 곰곰이 생각하시다가 한마디를 들려주셨다. 유일무이함은 신(神)의 다른 이름이라고. 그 말을 들은 순간에 나는 동학을 공부해야겠다고 마음먹었다.

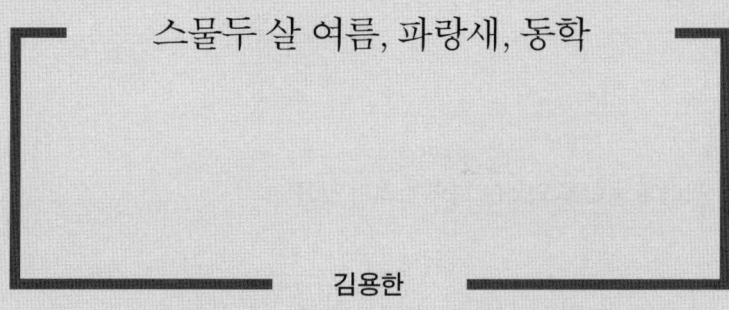

스물두 살 여름, 파랑새, 동학

김용한

김용한_남양주 별내에서 딸 율(8세), 아들 현(4세), 아내와 살고 있습니다. 1975년 서울 하일동 철거민 야학에서 시작된 상일학교에서 일했습니다. 장로회신학대학교 졸업 후, 서강대학교 신학대학원 영성·철학상담 협동 박사 과정에 있습니다. 동학과 그리스도교 인간관을 비교하고자 하는 목표를 가지고 있습니다.

광야에 동학을 외치는 자의 소리가 있어

스물두 살 여름, 입대를 앞두고 할머니가 계신 속초에 갔습니다.

시내를 걷다가 작은 음반 가게에 들러 앨범 하나를 샀죠. 김윤아 1집, 〈섀도우 오브 유어 스마일〉(2001). 뭐랄까 농밀하면서도 서늘하고, 진득한 기운이 넘쳐나는 그런 노래들. 그 안에 민요 「새야 새야 파랑새야」가 담겨 있었습니다. 앨범의 마지막 곡 「파랑새」입니다. 앞뒤로 고혹(蠱惑)한 가사들 사이에 담긴 녹두꽃 이야기는 왠지 생소했습니다. 다시 들어 봐도 그 이야기는 분명 녹두장군의 이야기였습니다. 시대에 저항하는 젊음의 우울이 느껴졌습니다. 김윤아가 전봉준의 이야기를 자신의 첫 솔로 앨범에 넣었다는 걸 아는 사람은 지금도 그리 많지 않을 것입니다. 아마도 한국적 '얼터너티브'의 코어에는 동학의 혁명 같은 무엇이 있을지도 모르겠습니다.

저의 본적은 '강원도 고성군 토성면 신평리 산 20번지', 조부모님의 본적은 '평안북도 박천군 덕안면 동찰동'입니다. 한국전쟁 통에 두 분은 고향을 떠나 남한으로 오셨고, 원주, 춘천, 보은, 서울을 전전하며 사셨습니다. 할아버지는 고아로 자라셨고, 할머니는 일가친척을 북에 두고 남으로 내려오셨다고 합니다. 서울 전농동의 병원에서 장남을 잃고, 두 분은 아들, 딸 두 자녀를 데리고 강원도 고성에 정착하셨습니다. 아버지는 그곳을 '재건촌(再建村)'이라 부르셨습니다. 할아버지가 일찍 돌아가시면서, 막 초등학교를 졸업했던 아버지는 땔감 장사, 농사, 건설 노동 일로 집안을 돌보셨고, 여동생을 고등학교에 보냈습니다. 할머니가 사고로 허리를 다쳐 앓아누우시면서, 도시에서 지내시던 아버지는 아내(저의 어머니)와 두 아들을 데리고 다시 강원도로 이주했습니다. 그때부터 저의 고향은 강원도 고성입니다.

너무 살기 좋은 곳이었기 때문이었을까요? 그곳 고향 마을은 1992년 세계잼버리대회 행사장으로 지정되었습니다. 보상을 받고 마을 사람들은 뿔뿔이 흩어졌고, 집들은 철거되었습니다. 할아버지께서 황무지를 일구어 만들어 놓았던 농토도 사라졌습니다. 아버지가 벼농사 짓던 논은 다시 공터가 되었습니다. 철거에 반대하는 주민의 울음소리를 들어보신 적이 있으신가요? 고향집이 철거되었기에, 저도 철거민이라 할 수 있을 것입니다. 동네 친구들과 헤어지며 진달래와 나리꽃의 동산을 잃어버렸고, 저의 동심은 그야말로 '파괴'되었습니다. 미시령을 넘어 외가가 있던 청주로 이사하던 날이 아직도 생생히 기억납니다. 할머니는 근처 속초에 남기로 하셨죠.

제가 대학에 입학해 강남구 삼성동의 코엑스 빌딩 앞에 섰을 때, 눈물이 났던 이유는 고성의 녹슨 함석지붕 집이 떠올랐기 때문입니다. 그 괴리를 무어라 표현해야 할까요. 시골에서 청주의 학교로 전학했을 때, '치맛바람', 시골의 친구들과는 영 다른 도시 아이들의 모습, 시내 백화점 간판의 네온사인과 가로등 불빛, 저에게는 모든 것이 생소했습니다. 고성의 산과 바다, 칠흑같이 어둡던 밤, 반딧불이와 별빛, 흙냄새와 도라지꽃이 익숙했던 저였으니까요. 「파랑새」를 만났던 그해 스물두 살까지도 그랬습니다. 무언가 '울분' 같은 그 무엇이 제 안에서 부글부글 끓고 있었을까요? 반항심 같은 그 무엇, 잃어버린 땅에 대한 분노 같은 그 무엇…. 상담으로는 해결되지 않았습니다. '운동'을 했다던 형들을 만나 고민해 봐도, 그들의 운동과 평생 육체 노동자로 사신 아버지와의 상관관계를 찾지 못했습니다. 그때 저는 무엇을 해야 했을까요? 그저 울었죠.

복학을 미루다, 장학금을 받고 입학했던 개신교 신학대학에서 제적되고, 공무원 시험을 준비하거나, 이런저런 공부를 하거나,

일을 했습니다. 개인이 겪는 고통에 "하느님의 뜻" 같은 것이 있을까요? 그건 고통을 겪는 당사자만이 알 것입니다. 밥을 먹으면, 모래알을 씹는 느낌이 들었습니다. 이후 십일 년 만에 학부를 졸업하고, 짝사랑했던 아내와 결혼한 뒤, 시골의 교회를 찾아 신앙생활을 하였습니다. 그때 뵈었던 분이 바로 김성구 집사님입니다.*

학창 시절에 민주화운동을 했다거나, 또는 3, 4대째 신앙생활을 했다는 집안 출신의 사람들 가운데 그토록 겸손하고, 진솔한 분을 저는 그때 처음 만났던 것입니다. 집사님은 가끔 무위당 장일순과 한살림 이야기를 하셨고, 저는 장일순이 누구인지 점점 더 궁금해지기 시작했습니다. 어찌 보면 저에게는 김성구 집사님의 삶 자체가 장일순의 삶에 대한 증거였습니다. 줄글이나 풍문만으로 누군가를 온전히 알 수 없기에, 그를 따르는 후학들의 삶 자체가 그들 스승의 진면모를 드러냅니다. 김성구 집사님은 제가 지나던 광야에서 만난 선지자였고, 그를 통해 알게 된 무위당은 제게 동학을 지시하고 있었습니다.

· · · · · · · ·

* 김성구 집사에 대해 다음을 참고. 충북민주화운동사편찬위원회 편, 『충북민주화운동사』, 서울: 선인, 2011, 173~194, 225~227, 423~427쪽.

'인간 대접', 사람과 사람 사이

대학 졸업 후 2년 5개월 동안 시골의 교회에 몸담으며, 생태도서관의 운영위원으로, 소위 '녹색교회'의 전도사로, 사회적 기업 창업 활동을 하는 대표자로 일했습니다.

그리고 불현듯 모든 것을 내려놓고 이제 다시는 교회로 돌아가지 않겠다는 결심을 하였습니다.(하지만 일 년도 지나지 않아 종로의 한 교회에서 다시 전도사 생활을 시작했습니다.) 그 무렵 지역신문을 읽다 김용휘 교수님의 책, 『우리 학문으로서의 동학』*을 알게 되었습니다. 문고본인 책을 구해 처음부터 끝까지 읽었던 그날, 오랜만에 푹 잠들었던 기억이 납니다. 당시 불면증에 시달리고 있었기에 선명히 떠오릅니다. 책장을 넘길 때의 따스함, 그리고 마음의 안도감…. 분명 종교적 체험이었을 것입니다.

동학에 대해 더 자세히 알고 싶었고, 그리스도교 신앙을 바탕으로 동학을 배울 곳을 찾아보았습니다. 그때 서강대학교 신학대학원의 김용해 신부님을 알게 되었습니다. 이후 대학원에 진학해 가톨릭 예수회 수사님들과 함께 공부했고, 무엇보다 인식론·종교

· · · · · · · ·

* 김용휘, 『우리 학문으로서의 동학』, 서울: 책세상, 2007; 개정판, 『우리 학문으로서의 동학 - 사람이 하늘이다』, 서울: 모시는사람들, 2021.

철학 수업에서 이종진 신부님을 뵙게 되었습니다. 제 삶에서 가장 행복한 순간이었습니다. 학교에서 동학 관련 수업을 찾다 때마침 개설된 조성환 교수님의 "한국철학 특강-동학 이야기"(2016년도 1학기) 수업도 청강할 수 있었습니다. 그해 여름, 동학 공부로 뜨거웠던 기억이 납니다. 그리고 석사 과정을 마무리할 즈음 김용휘, 성해영, 정혜정 교수님을 연구과제의 조교로 만나 뵐 수 있게 되었죠. 그동안 책으로만 뵐 수 있었던 동학 분야 전문가들을 3년 넘게 직접 뵐 수 있는 기회가 생겼으니, 매일매일 감격이었습니다. 무엇보다 그 시절을 지나며 이십 대의 상처가 치유되었습니다. 아니, 상처의 흉과 함께 살아갈 힘을 얻었다고나 할까요.

'치유', 그 부분이 제겐 가장 놀랍습니다. 저는 그것이 동학의 힘이라고 봅니다. 동학의 '치유'는 인간을 그저 인간으로 대접하는 데서 옵니다. 제가 대학원 시절 동안 동학 주위를 서성이며 얻은 것은 '동학하는' 분들과의 관계였고, 그러한 만남을 통해 '상한 마음의 치유'가 일어났습니다. 애초에 대학원 진학을 결정할 때, 일반대학원이 아닌 신학대학원을 고집한 이유도 교역(敎役) 또는 사목(司牧) 현장과의 끈, 그 생생한 실천을 놓치고 싶지 않았기 때문입니다. 동학 공부 가운데 알게 된 건, 동학을 연구하는 분들 중엔 그야말로 '동학하고' 계신 분들이 많다는 사실입니다. 어떤 학문 분야는 자신이 다루는 연구 주제와의 객관적 거리 두기를 강조합니다. 그리스도교 신학에서도 그런 일이 일어납니다. 다루는 연구 주제와 연구자의 삶 간에 아무런 상관이 없어도, 연구 결과에 대한 박식한 근거와 논리적 정합성만으로 성과를 인정받는 것이죠. 이러한 상황에서 이론이 번다해질수록 교회는 더욱 침체되는 모습을 거듭 보아 왔습니다.

이 부분이 그리스도인으로서 동학에 집중하게 하는 계기를 줍니다. 언젠가 모시는사람들 출판사가 수양학 강좌를 개설한 일이 있었습니다. 바로 '수양!' '오직 믿음'으로만 구원에 이르겠다는 개신교인들에게 취약한 분야이기도 합니다. 수양하는 모든 사람이 구원받지는 못하겠죠. 다만, 믿음으로 구원받은 사람이라면 적어도 수양하는 삶을 살아야 하지는 않을까요? 이는 오늘날 개신교인을 향한 동시대인들의 질문이기도 합니다. 동학은 이 지점에서 그리스도인, 특히 개신교인에게 깊은 함의를 줍니다. 사실 어떤 종교의 한 분야도 제대로 통달하기란 쉽지 않습니다. 수천 년의 역사를 지닌 그리스도교 신앙의 스펙트럼도 그리 단순하지 않습니다. 동학 역시 그 안에는 다양한 종교적 배경이 내재되어, 불연기연(不然基然)의 세계를 그대로 비추고 있기에 그 층이 매우 깊고 스펙트럼도 넓습니다.

이때 동학・천도교와 그리스도교 사이에는 어떤 일들이 일어나고 있을까요. 우선 둘 사이에서 이쪽 사람들과 저쪽 사람들이 서로 만나고 있습니다. 그리스도교는 사람을 두고 '이마고 데이 (imago Dei)'라 하고, 동학·천도교는 사람을 두고 '인내천(人乃天)'이라 합니다. 거칠게 말하면 전자는 하느님과의 '닮음'에, 후자는 한울님과의 '동일'에 강조점을 두고 있죠. "오심즉여심(吾心卽汝心)." (동경대전, 논학문), "너희가 내 안에, 내 말이 너희 안에."(요한복음 15:7) '닮음인가, 동일인가' 하는 오래되고 첨예한 문제를 잠시 접어 두면, 핵심이 되는 건 신과 인간 사이, 사람과 사람 사이의 '친밀한 관계(intimate relations)'입니다. 그러한 관계의 성질을 무어라 특정하기는 어렵겠지만, 그 상호관계로부터 '영혼 살림'이 일어난다는 사실은 분명해 보입니다.

그리스도인, '동학하다'

이십 대 때, 부끄럽지만, 아버지께 '저를 위해 왜 기도하지 않으시냐?'는 말씀을 드린 적이 있습니다. 신학대학에 입학해 보니, 장로나 목사 아버지를 둔 친구들이 부럽기도 했습니다. 교회의 전도사·목사 자리도 부모의 인맥을 통해, 알음알음 알아 구하게 되는 일이 잦았기 때문입니다. 집안에 교계 어른이 계시면 어떤 신학생에게는 분명 기댈 언덕이 되었습니다. 직업에 귀천이 없다고 배웠지만, 인생의 대부분을 건설 노동자로 사셨고, 언변도 유려하지 못했던 아버지를 대하던 목사님들의 눈빛과 몸짓이 떠오르곤 합니다. 저는 지금껏 교회를 다니며 제 아버지와 같은 건설 노동자가 장로가 된 경우를 보지 못했습니다. 이유는 아직도 잘 모르겠습니다.

동학·천도교는 어떤가요? 더 깊게 들어가 보진 못했지만 저는 마찬가지일 것이라고 예상합니다. 그리고 지금은 대부분의 종교 체계에 희망을 갖지 못하고 있습니다. "수운 최제우 탄생 200주년 기념"의 자리에 과연 '수운 최제우'의 삶이 남아 있는지, 아니면 '200주년 기념' 행사의 장식만이 자리를 차지하고 있지는 않은지 분별할 필요가 있을지도 모르겠습니다.

2014년 10월 27일에 작성했던 저의 대학원 학업계획서에 제가 가졌던 의문이 정리되어 있습니다; "자발적인 서학 연구, 동학농민혁명, 아나뱁티스트 신앙의 알짬 속에 다시 기성 종교의 억압체가 잠입하지는 않았는지, 아니었다면 진정성을 유지하게 한 힘은 과연 무엇인지 검토해 보고자 합니다."

그때 제가 가졌던 의문은 '기성 종교 체계의 문제를 헤집고 나온 새로운 종교적 시도들이 혹시 기존 종교의 행로를 그대로 답습하지는 않았을까?' 하는 것이었습니다. 지금까지 대체로 내린 결론은 '해 아래 과연 새것은 없다'는 것입니다. 다만 서로 알면서 모른 척할 뿐이라고나 할까요?

그리하여 그리스도인으로서 동학하고자 하는 제가 바라는 것은 그리 거창한 것이 아닙니다. 사실 '종교 간 대화' 같은 말들도 너무 어렵습니다. 오히려 가장 신실한 그리스도인과 가장 도가 깊은 동학교도가 만났을 때, 일어날 일들이 궁금해지곤 합니다. 한 교회에 오래 소속해 있으면 교회의 기둥 같은 사람들이 눈에 보이기 시작합니다. "이름 없이, 빛도 없이" 그저 묵묵히 하느님께서 맡기신 제 갈 길을 가는 사람들. 동학·천도교와 관계 맺은 지 오래되지 않았지만, 이곳에서도 그런 분들을 만나 뵙게 됩니다. 그분들은 수운처럼, 해월처럼 살면서도 큰 말이 없습니다. 봄날 야산의 진달래, 초여름 들판의 나리꽃 같은 분들을 뵐 때, 그리스도교 교회와 동학·천도교 교당이 무너지지 않고 지탱되는 이유를 알게 됩니다. 또한 그분들을 통해 '청년 예수가 나사렛에, 청년 수운이 경주와 울산 어딘가에 정말 살아 있었구나' 하는 확신을 얻게 됩니다. 그분들의 삶 자체가 스승의 존재를 증명하기 때문입니다. 결국 저는 가장 도가 깊은 동학교도를 만나기 위해, 가장 신실한 그리스도인이 되고자 하는 꿈을 갖게 됩니다. 바로 그것이 그리스도인으로서 동학하는 저의 길입니다.

경계, 그리고 '사잇길'

　최근에야 저는 성남과 사당에 서린 철거민의 역사를 알게 되었습니다.* 다큐멘터리 제작 집단 '푸른영상'의 〈상계동 올림픽〉(감독 김동원, 1988) 같은 작품과, 그와 관련된 서울올림픽 전후의 철거민 이야기는 진작 알고 있었지만, 서울과 그 도시 주변의 개발 전반에 걸쳐 철거민의 고난 역사가 점철되어 있다는 사실을 최근에야 알게 된 것입니다. 그리하여 대한민국 근대화의 역사 자체가 철거민의 역사일지도 모르겠다는 생각이 들기도 했습니다.

　지금 이 순간 제 머릿속에 철거민과 관련되어 떠오르는 키워드를 적어보겠습니다. '귀양, 유배, 망향, 피난민, 이산가족, 망명자, 실향민, 강제 이주, 기후 난민, 나그네, 도시 빈민, 이방인, 손님, 방랑객, 길손….' 나아가 '비정규직 노동자'까지. 공통점은 자신의 집으로부터 떠나오거나, 일정한 거처를 빼앗긴/잃어버린 사람들이라는 것입니다. 수많은 사람들이 자신이 나고 자란 땅을 잃고 살아왔습니다. 이러한 맥락에서 10년간 떠돌이 생활을 했던 수운 역시 '철거민'이었습니다.

· · · · · · · ·

* 조은, 『사당동 더하기 25』, 서울: 또하나의문화, 2012; 김시덕, 『갈등도시』, 파주: 열린책들, 2019.

또한 "영혼의 식민지화"* 상태에서 무엇보다 우리는 마음을 잃어버리게[放心]** 됩니다. 그리하여 많은 사람들이 자신이 살고 있는 터전으로부터 내쫓기지 않을까 하는 암묵적인 두려움에 빠져들게 됩니다. 오늘날에는 새로운 철거민들이 있습니다. 그들은 누구인가요? 아마도 돈에 묶인 사람들일 것입니다. 하느님이 주신 이 땅을 돈으로 바꾸어 버리려는 사람들. 동학이 진정한 학(學)으로 남기 위해 우선시해야 할 일은, 마음의 거처를 잃어버린 사람들에게 마음이 깃들 신체와 그들의 몸을 누일 집을 되찾아 주는 일일 것입니다.

땅이 오로지 물질적 가치로만 환원될 때, 그 땅은 거기에 사는 사람들을 토해냅니다. 결정적인 위기가 올 때엔 선인과 악인의 구별도 필요가 없습니다. 배운 자, 못 배운 자, 가진 자, 못 가진 자 간의 대결도 소용이 없습니다. 땅이 흔들리면 모든 것이 흔들리고, 재난이 닥쳐올 때엔 누구도 그것을 피해갈 수 없게 됩니다. 그런 의미에서 동학의 종말론적 비전은 '봄날'을 지시하고 있습니다. 그것은 그리스도교의 종말론적 심판과는 사뭇 대비적입니다.

• • • • • • • •

* 김태창, '〈동양포럼〉 영혼의 탈식민지화·탈영토화와 미래공창', 《동양일보》, 2017. 7. 2.
** 『맹자집주』, 「고자」 상(告子章句 上), 11. "學問之道無他, 求其放心而已矣."

風過雨過枝 바람 지나고 비 지난 가지에

風雨霜雪來 바람 비 서리 눈이 오는구나.

風雨霜雪過去後 바람 비 서리 눈 지나간 뒤

一樹花發萬世春 한 나무에 꽃이 피니 온 세상이 봄이로다.*

이보다 더 선명한 미래에 대한 비전이 있을까요? 춥고, 배고프고, 서러운 시절이 지나 따스한 봄날이 온다. 나목(裸木)의 가지에 잎이 돋고 꽃이 피어날 것이다. 저는 이러한 꿈이 방탄소년단(BTS)의 「봄날」과 같은 노래를 통해 현재화되고 있다고 봅니다.

그리움들이 얼마나 / 눈처럼 내려야 그 봄날이 올까 /

눈꽃이 떨어져요 또 조금씩 멀어져요 / 보고 싶다 보고 싶다 /

얼마나 기다려야 / 또 몇 밤을 더 새워야 / 널 보게 될까 만나게 될까 /

추운 겨울 끝을 지나 / 다시 봄날이 올 때까지 / 꽃 피울 때까지 / 그곳에 좀 더 머물러줘**

· · · · · · · ·

* 『동경대전』, 「우음(偶吟)」.
** 방탄소년단, 『YOU NEVER WALK ALONE』(2017), 「봄날」.

「우음(偶吟)」과 「봄날」을 병렬로 놓고 보면, 그 안에서 오묘한 동조(同調, synchro)가 느껴질 것입니다. 오늘날, 동학은 이러한 수운의 비전을 세계 곳곳에서 고난받는 모든 사람들에게 전할 수 있을까요?(이미 전해지고 있습니다!) 기후 위기로 신음하는 지구에게는? 우리는 생명 살림으로 나아가는 길을 택할 수 있을까요? 이런저런 핑계를 대며 너와 내가 서로 대치하지 않고, 함께 두 손을 맞잡을 수 있을까요? 그 경계, 그 사잇길에 우리가 서 있습니다. 그 사이, 틈으로부터 따스하고, 밝은 빛이 쏟아져 나오는 모습을 봅니다.

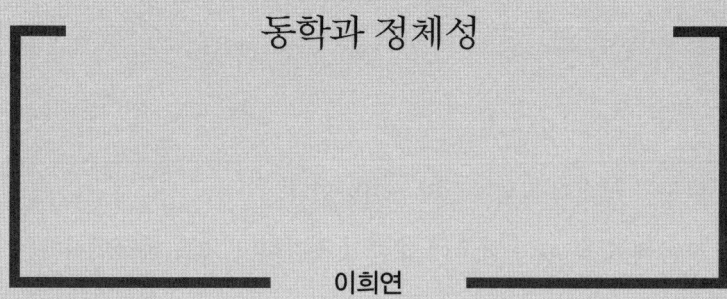

동학과 정체성

이희연

이희연 _이화여자대학교 철학과 동양철학 박사과정. 죽임의 절망을 생명과 살림으로 풀어간 동학을 알기 위해 철학을 공부하기 시작했습니다. 이전에는 평화학과 교육학을 공부하며, 아름답게 공존할 수 있는 사회를 꿈꾸었습니다. 지난 자취들을 따라가며 지금을 살아내고, 살려내고, 사랑하려 합니다.

한동안 국내외를 넘나들며 돌아다녔다.

한국에 있을 때는 한국에 대한 소속감이나 내가 한국인이라는 자각이 크지 않았는데, 외국을 다니다 보니 한국의 특징은 무엇인지, 그중에서도 한국의 철학은 어떠한지 더 생각하게 되었다. 그럴 때마다 나에게 떠오르는 것은 동학이다. 오랜 시간 국가적으로 교육된 유학이나 광범위하게 있던 불교나 도교가 아닌, 생긴 지 얼마 되지 않은 동학에 마음이 간다. 왜 동학이었을까. 무수히 많은 것 중에 '동학하기'를 택한 이유가 무엇일까.

곰곰이 돌이켜보면 나는 동학의 생명력에 끌렸다. 돈이나 명예, 다른 무언가가 아닌 공동체 안에서 자기 자신의 생명을 향해 가는 그 힘이 나를 동학으로 이끌었다. 그리고 이것은 정체성에 대한 질문과 맞닿는다. 생명을 향한다는 것은 나는 누구인지, 어떻게 살아야 하는지 물어야 가능하기에, 앞서 이러한 질문을 고민했던 존재들이 지나왔던 이야기를 보여주는 것만으로 하나의 길잡이가 된다.

그런 점과 더불어 동학의 뿌리내림과 포월성(包越性)은 나에게 참 매력적이다. 동학하는 사람들이 자기 자신을 씨앗으로 퍼트린 자취가 한반도의 자생적 철학으로 민중들 사이에 단단히 뿌리내린 것도, 이와 동시에 아시아와 유럽 등 여러 지역을 아우를 수 있는, 포함하고 초월하는 성격이 지금의 시대에 그 어느 철학보다 어울린다고 본다.

다양성을 이야기하는 세상에서 다름에 대한 이해를 쉬이 찾을 수 없고, 평등을 외치는 세상이지만 포용을 기대하기 어렵다. 이러한 상황에서 동학은 다른 시대지만 지금과 비슷한 상황에 있던 조선의 민중이 어떤 선택을 했는지 앞서 보게 한다. 그들이 만들어 낸 생명의 목소리는 어떻게 사람을 비롯한 생명들을 살게 했는지, 지금까지도 그 힘을 느끼게 하는지 배우게 한다. 그렇기에 나는 동학을 통해 한반도 민중들이 스스로 만들었던 정체성을, 혼돈 속에서 내린 뿌리를 다시금 보고자 한다.

동학의 뿌리내림

동학이 창도된 시기는 조선의 혼돈기였다.

정치 상황도, 사회 분위기도, 개인의 안위마저 무엇 하나 확실하지 않은 시대였다. 이 시대가 사람들에게 준 가장 큰 혼란 중 하나는 뿌리 뽑힘일 것이다. 당시 조선의 지식인층은 내부적으로 유학 중심의 국가와 사회가 흔들리는 것을 경험하며, 불교와 도교 등 동아시아 전통적 사상만이 아닌 서학과 서양이라는 새로운 세계와 마주하고 있었다. 특히 19세기 중반 이후에는 그 이전까지 서적으로나 개인 차원에서 유입되던 서학과 서양이, 구체적이고 물리적인 힘을 가하는 외세, 즉 '서세'로 변신했다.*

압도적인 무력으로 다가오는 서양 세력에 조선의 사상적 토대와 국가적 안정성이 크게 요동치기 시작했다. 사회적 변화와 함께 민중들에게 새로운 관점이 필연적으로 요구되고 있었다.

그전에도 민중들은 전란과 기득권자들의 횡포로 수많은 고난을 겪었다. 하지만, 그것이 조선인이라는 뿌리를 흔들거나 주변 환경을 크게 달라지게 하지는 않았다. 즉, "과거의 유산과 미래에 대한 어떤 예감을 생생하게 간직한 집단으로"** 사람들은 자신의 정체성을 확인하고 살았다. 하지만 19세기 조선에 사는 사람들은 마치 하늘이 무너지고 땅이 꺼지는 듯한 충격에 휩싸였다. 세계의 중심으로 여기던 중국이 맥없이 전쟁에서 패배하고 이질적인 인간과 이상한 배들이 거침없이 조선 연해를 헤집고 다니는 통에 정신을

• • • • • • • •

* 김선희, 『서학, 조선 유학이 만난 낯선 거울-서학의 유입과 조선 후기의 지적변동-』, 모시는사람들, 2018, 247-250쪽.
** 시몬 베유, 이세진 옮김, 『뿌리내림』, 이제이북스, 2013, 52쪽.

차릴 수가 없었다.

동학의 확산에는 이러한 배경이 자리한다. 당시 "유교 국가 조선에서 이단으로 취급되어 19세기 중반까지 민간에서 간행되거나 유통되지 않았던 도교적 권선서가 출간되고 유행했으며",* 민중들 사이에 "천주교가 몰래 퍼지며 전통적인 사회의 분화가 일어났다."**

이는 사람들의 사상, 즉 생각의 관점이 바뀌고 있음을 보여준다. 이전까지 굳게 고정되어 고민할 수조차 없었던 정체성의 문제, '나는 누구인가?'에 대한 의문이 생겨나기 시작한 것이다.

한편으로, 도교, 불교, 그리고 천주교가 조선의 뿌리를 흔들었다 해도 민중의 현실에 뿌리내리기는 쉽지 않았다. 오랜 시간 유교를 바탕으로 살아온 사람들이기에 다른 사상을 오롯이 '우리'의 것으로 받아들이는 데는 시간이 걸렸다. 그러한 상황에서 수운은 개인의 내면을 바라보고 천도를 발견하는 종교가 필요함을 자각했다. 그것은 개인의 경험에서 비롯되면서 동서양의 사상을 통합하는 실천적 깨달음이었다.***

- - - - - - - -

* 강경석·김선희·박소정 외, 『개벽의 사상사』, 창비, 2022, 21-24쪽.
** 백낙청·김용옥·박맹수 외, 『개벽사상과 종교공부』, 창비, 2024, 35-36쪽.
*** 김용해·김용휘·성해영 외, 『동학의 재해석과 신문명의 모색』, 모시는사람들, 2021, 74-77쪽.

동학의 포월성

수운은 조선의 국운이 쇠함을 감지함과 동시에 국가를 지탱하던 유학이 당면한 현실을 알았다.

이에 어려서부터 아버지 최옥을 따라 공부한 유학과 전국을 떠돌며 익힌 도교, 불교, 그리고 서학을 재구성한 사상을 만들어 낸다. 한반도에서 수운이 최초로 유교, 불교, 도교를 포함한 사상을 만든 건 아니다. 이전에 신라의 최치원이 삼교를 수용하고, 샤머니즘에 산신 신앙과 풍류를 결합한 풍류도를 이야기했다. 나라가 흔들리는 상황에서 사상을 한데 아우른 세계관을 제시한 것이다.[*] 그 후에도 율곡, 정약용에 이르기까지 여러 학자들이 통합적 사상을 내놓았다. 다만, 동학의 포함하고 초월하는 성격은 "고대의 지혜와 영성을 시대에 맞게 해석하고 회복함으로써 서구에 대한 저항이나 협력이 아닌 민중적 차원에서 새로운 길을 제시하고, 서양의 이성 중심의 근대문명에 대한 근본적인 비판을 한다"[**]는 데서 좀 더 확장성을 가진다.

우리는 혐오와 폭력이 가득한 사회에 살고 있다. 그것은 수운

---

[*] 서보혁·이찬수 편, 『한국인의 평화사상 I』, 인간사랑, 2018, 79-89쪽.
[**] 김용해·김용휘·성해영 외, 『동학의 재해석과 신문명의 모색』, 모시는사람들, 2021, 270-271쪽.

이 살던 때라고 해서 다르지 않았다. 신분에 의해서, 돈에 의해서, 성별에 의해서, 나이에 의해서 등 사람은 쉽게 차별받고 무시당한다. 그 사람의 정체성 중 하나가 그 사람의 귀함을 가르는 잣대가 된다. 그러므로 사람들은 자신의 여러 정체성을 숨기고, 사회의 요구에 맞춰 억지로 바꿔 나가고, 때로는 그 과정에서 자신이 누구인지 잃어버리고 혼란스러워 하기도 한다. 그런 사람들에게 세상은 눈을 게슴츠레 뜨며 재우쳐 묻는다; "너는 누구냐!" 움츠린 자아는 자꾸만 위축된다. 반면 그런 사람에게 동학은 괜찮다 하며 말을 건넨다. 스스로 자기 자신을 들여다보고 누구인지 물어보라고, 네 안의 하늘이 있다고 말이다. 상제를 마주한 수운은 자신을 누구라 했던가.

동학을 통한 정체성 그리기

나는 지금 청년들이 겪고 있는 정체성의 혼란이 동학이 창도하던 시기에 민중들이 겪었던 혼란과 맥락상 비슷하다고 본다.

익숙한 것과 낯선 것들 사이에서 무분별한 정보로 인해 제대로 설 수 없는 상태. 그래서 동학에 더 관심을 가졌는지 모른다. 그동안 평화학을 공부하며, 죽임과 살림이라는 주제에 집중했다. 인간의 이성이 점차 진보해왔다고 하는데도 왜 인류는 집단학살과 생태학살을 멈추지 못하는지, 수많은 사람들이 왜 스스로 목숨을 끊게 되는지, 죽임이 반복되는 이유와 사회적 구조를 찾고 싶었다. 자살률이 점차 증가하는 한국의 현실에서 청년들의 혼란이 끝내 죽임이 되는 상황이 답답했다. 그 답답함을 서구의 근대 학문 안에서 자리한 평화학으로 해소해 보려 했지만, 마음껏 해소할 수 없었다. 생명이 꺼진 자리에서 폐허를 수습하는 것도, 자기 자신의 생명력이 아닌 외부의 조건으로 생명을 세우려 하는 것도 근본적인 방안은 될 수 없다고 느꼈다.

결국, 그 갈증이 닿은 곳이 동학이다. 내가 살아온 터전에서 몇 번이고 민중들 자신의 힘으로 일어선 역사가, 그 안에 담긴 정신이 나를 한국철학으로 이끌었다. 동학의 생명력이 어떻게 나왔는지 알고자 했다. 알게 된다면 지금의 무분별한 죽임을 줄여갈 수 있지 않을까. 당시는 꽃피지 못했지만, 씨앗을 뿌리며 그렸던 사회의 모습이 사람들의 마음이 지금 혼란 속에 있는 우리에게서 발아되고 움튼다면 이제는 꽃피울 수 있지 않을까. 지금 시대는 점차 생명력을 잃어 가는 사람들을 보며 앞선 사람들에게 도움을 요청하는지도 모르겠다. 동학도에게도 있었을 의문을 어떻게 넘어섰는지를, 그 절망을 어떻게 생명으로 바꿔낼 수 있었는지를. 동학을 찾았던 이들도 왜 내가, 내가 아끼는 사람들이 죽어야만 하는지, 이 상황이 어디로 가는지, 나는 누구인지, 어떻게 살아야 하는지 묻지 않았을까?

　최제우가 구상하고 여러 사람이 만들어 나간 동학과 그 경전인 동경대전을 이해하기 위해 동아시아의 오랜 철학들을 깊게 들여다보기로 했다. 그리고 동학에 담긴 그 마음은 어디서 온 것일지 고민해 본다. 여러 질문 끝에는 '나'라는 존재가 있다. 또한, 그 옆에 선 '너'가 있다. 그리고 '우리'가 있다. 나의 정체성, 너의 정체성, 우리의 정체성을 형성하는 것들은 무엇일지 묻고 묻다 보니 조선과 대한민국이라는 국가와 한반도라는 지리적 공간 안에서 '나', '너', '우리'를 찾기 위해 서로를 끌어안은 무명의 누군가, 동학 하는 사람들을 만나게 된다.

　다시 묻는다. 내가 선택하지 않은 것들로 구성된 나의 삶이 정말 온전히 나일 수 있는지, 나의 주변에 얽히고설킨 것들을 어떻게 풀어내어 나로서 설 수 있는지, 그 과정들을 거쳐 나의 '생명'에 어떠한 것들이 담기는지. 살아내고 있지만 살아가지는 못하는, 사랑하지 못하는 순간에 대한 고민이 다시금 나를 발견하게 한다. 무너지는 정체성과 그 혼돈 안에서 생동하는 나라는 생명이 또 다른 삶을 만든다. 소멸과 생성을 반복하는 나라는 주체는 하나의 세계로 또한 여러 생명과 함께 하는 세계들로 이어진다. 이러한 생명의 가능성, 주체와 공동체가 함께 나아가는 모습이 내가 동학에서 그린 그림이다.

동학이 앞선 질문들에 대한 유일한 답은 아닐 것이다. 하지만, 당시 동학은 자신의 마음 안에 있는 하늘을 알아차리고 내면의 혼란을 더불어 살아가는 마음으로 회복하면, 살아갈 방향을 찾을 수 있다는 희망을 사람들에게 주었다. 밖으로만 향한 눈을 나에게 돌리고, 마음에서 도와 덕이 시작됨을 감각하는 시점에서 회복이 일어난다는 것을 깨치게 했다. 이러한 마음은 생명을 살리는 기틀이 된다. 또한, 마음이 열리면 몸이 변한다. '심화기화(心和氣和)', 몸과 마음이 봄처럼 화해져야 세상에 봄이 온다. 마음과 몸이 변화하면서, 그러한 변화를 서로 감각하고 인지하면서 세상이 다른 차원으로 바뀔 수 있음을 알게 된다.

지금 우리에게 필요한 건 이러한 알아차림일 것이다. 자기 자신을 들여다보는 것, 고요와 고독 안에서 나를 알고 관계의 연결성을 인지하는 것이 필요한 시점이다. 그리고 동학에서 말하듯 마음만이 아니라 몸으로 감각하는 것까지. 그 감각이 열릴 때 우리가 학교에서 배운 윤리적 의미의 도덕(moral)이 아닌, 하늘의 기운이 생명과 땅으로 연결되어 도와 덕을 알고 행할 수 있는 상태에 이를 수 있다.

다만, 앞 세대가 여러 어려움 속에서도 땅에 의지하고 의존하여, 그것을 떠나서는 살 수 없는 시대를 살아왔다면, 지금의 우리는 땅을 빼앗기고, 혹은 땅을 떠나 노마드적으로 살아간다. 나의 마음과 그 안에 있는 하늘을 알아차려도 땅과 연결되기가 쉽지 않다. 그러니 뿌리를 내리는 것은 더욱 힘들다. 무수히 많은 정보가 유행처럼 번지고, 그 안에서 내가 누구인지 헤매다가 점점 더 본래의 나로부터 멀어져 간다.

비유하자면 땅에서 뿌리 뽑힌 부모세대를 지나 몇 가닥의 잔뿌리만으로, 심지어 땅을 잃은 채 살아가는 우리 시대의 청년들은 부유하는 상태로 생을 이어간다. 또한, 위를 보고 살아야 한다는 그 말에 하늘을 성공의 지표로 보고 하늘에서 뿌리내리려고 한다. 그 하늘에서 나의 자리를 찾으면 별이 되고, 그렇지 않으면 추락한다. 별이 되더라도 사람들에게 보이지 않으면 의미가 없어진다. 그렇기에 하늘에서 가장 크고 화려한 불꽃놀이를 터트린다. 그것이 비록 나라는 존재의 상실일지라도 말이다.

그러니 하늘에 자리를 잡는다고 그것이 뿌리내림이라 볼 수 있을까. 땅이 없는 하늘은 온전한 세계가 될 수 없다. 땅과 하늘은 함께여야 비로소 생생(生生), 즉 생명을 낳고 기르는 존재일 수 있다. 결국, 하늘만 있는 세상에서 뿌리를 내리는 것은 추락으로 이어질 뿐이다.

이는 수많은 폭력과 죽임을 만들어 내기도 한다. 상실과 추락이 그 순간으로 끝나지 않기 때문이다. 상실과 추락으로 비롯된 공허와 분노는 자신과 타인을 향한다. 날카로운 칼이 되어 그 끝에 누군가를 죽일 힘으로 발현된다. 그렇기에 나는 동학이 마음과 몸의 알아차림이라는 것 이상으로 지금 시대에 사람들이 뿌리내릴 수 있는 땅이 되었으면 한다. 동학의 민본성과 '땅적인 것'[*]이 조선의 혼란기에서 많은 이들에게 비빌 언덕과 희망이 되었듯 지금의 혼돈에서 사람들에게 기댈 수 있는 토대가 되었으면 한다.

또한, 동학은 부유하는 오늘의 청년이 뿌리내릴 수 있는 땅일 뿐만 아니라 새로운 세계로 나아가는 사상적 대지가 되어 줄 수 있다. 그 안에는 대표적으로 평등이라는 개념이 있다. 평등은 '나'를 인식하는 것에서부터 시작한다. 각자가 나에게 오롯이 집중하면 타자가 반가운 손님이 된다. 나와 삶을 공유하고 공감할 수 있는 존재에 대한 반가움이 생긴다. 하지만, 타자와의 차이에 집중하면, 그와 나의 공통점은 오히려 불편함의 이유가 된다. 나는 너와 다른 나라는 생각에 집중하면, 타자 속에서 공통점을 발견하는 순간 내 존재감의 위협으로 인식하게 된다.

동학에서 하늘을 내 안에 모시는 것, 그리고 누구나 하늘을 모실 수 있다는 것은 나를 인식함과 동시에 다른 존재를 타자화하지 않으면서 포용하게 한다. 포용 안에서 여러 정체성의 같음과 다름을 이해한다. 그것이 얽히며 다양성을 발현하게 한다. 동학은 머

・・・・・・・

[*] 백낙청·김용옥·박맹수 외, 『개벽사상과 종교공부』, 창비, 2024, 27-32쪽.

리로만 하는 것이 아니다. 단지, 책을 읽고 이치를 알아 그렇다고 말하는 것이 아니다. 모신다는 것은 몸과 마음의 작용을 알아차리고 행하는 것이다. 행하지 않으면 동학을 한다고 할 수 없다. 이성이 고도로 발달해도 죽임이 계속 이어지는 것, 살린다는 것이 이성만으로 되지 않는다는 것이 지금 시대에 동학이 필요한 이유를 보여준다.

우리의 동학을 그리며

정체성에는 여러 범주가 포함된다. 국가, 성별, 민족 등 사회가 규정해 놓은 정체성으로 인해 누군가는 어떤 집단에 포함되기도 하고, 배제되기도 한다. 하지만, 한 사람 안에 있는 여러 개의 정체성을 들여다본다면, 그것은 조화와 얽힘으로 존재하는 장치이기도 하다. 동학의 핵심 덕목인 세 가지를 공경함, 즉 경천(하늘공경), 경인(사람공경), 경물(사물공경)은 모두 대상은 다르지만 타자와의 관계를 통해 끝내 자신을 보게 한다. 내가 누구인지, 혹은 무엇인지, 어떤 정체성을 가지는지 상호 관계로 인해 깨치게 된다.

이렇듯 자신을 돌아보고 서로를 돌보는 것에 힘썼던 동학을 통해 우리는 오늘날에도 논쟁이 되는 정체성 이슈를 다르게 마주할 수 있다. 나는 어디에 뿌리를 내리고 있는지, 그것이 정말 뿌리를 내리는 것인지, 그리고 나의 다양한 뿌리가 어떻게 다른 존재들과 만날 수 있는지를 들여다본다면 우리는 지금 여기에서의 우리들의 동학을 다시 그릴 수 있지 않을까. 그리고 그러한 뿌리들이 단단히 땅에 내려 하늘을 함께 보며 살아간다면 비로소 동학을 한다고 할 수 있지 않을까 한다.

동학과 동학들

장윤석

장윤석 _아마도 녹색, 연구활동가. 희연, 지용과 번(범)개벽파를 꾸려 같이 동학 공부를 이어가고 있습니다. 삼척에서 생태학살(Ecocide)을 주제로 학위논문을 쓰고, 오대산에서 생명문화의 터전을 일구며 살고 있습니다. 생태적지혜연구소, 청년기후긴급행동, 녹색당에 적을 두고 『플랫폼자본주의와 배달노동자』(2021), 『탈성장들: 하며 살고 있습니다』(2024)를 공저했습니다. 《바람과 물》을 편집했고, 《사상계》 편집부 주간입니다.

동학, 비극이 낳은 개벽

2024년의 오늘 동학을 말한다는 것이 다소 뜬금없이 들릴 수 있겠다.

오늘을 살아가기도 바쁜 현대인에게, 백육십여 년 전의 이야기를 소환하는 것은 고리타분하게 들리기 십상이다. 하지만 우리의 귀에 동학이 생경하고 고리타분하게 들린다면, 그 자체로 질문해 볼거리가 되지 않을까. 왜 이렇게 빠르고도 성급하게 우리의 시작을, 기원과 바탕을 잊어버리게 된 걸까? 어머니의 배를 빌리지 않고 태어난 이가 없듯이, 역사의 흐름 속에 놓여 있지 않은 이도, 시대도 없다. 동학을 다시 말한다는 것은 오늘을 살아가기도 바쁜 현대에, 왜 우리가 이다지 고단한 현대를 살아가게 되었는지, 그 문제의 뿌리를 다시 생각한다는 것을 말한다.

다시 돌아보기 좋은 날이다. 아니, 다시 돌아봐야만 하는 날이다. 안타깝게도 백여 년 전 세계가 겪었던 비극의 악몽이 다시 우리를 짓누르고 있기 때문이다. 아침 신문과 저녁 뉴스는 세계 곳곳에서 전쟁 소식을 실어 나른다. 우크라이나-러시아, 팔레스타인-이스라엘 전쟁의 연이은 발발은 평화의 시절에 마침표를 찍었다. 덩달아 이 땅에도 전운이 드리우고, 모두가 입을 모아 세 번째 세계대전만큼은 있어서는 안 된다고 목소리를 높이지만, 그 목소리를 듣는 것만으로 불안하기만 하다. 이 전쟁은 인간의, 인간에 의한, 전쟁만이 아니라, 지구 전체 혹은 생명 자체에 대한 전쟁이다. 이어서 우리는 기후·생태·사회 위기라는 다양한 이름의 새롭고도 오래된 위기를 만난다. 가깝거나 먼 전쟁을 앞둔 시대, 우리는 이 비극을 어떻게 마주해야 할까.

백여 년 전의 동학 이야기에서 그 실마리를 찾아보고자 한다. 동학 이야기를 따라가다 보면 사회와 세계가 침략 전쟁과 피식민 민중의 아우성에 뒤덮인 시대의 한복판으로 나아가게 된다. 세계가 제국주의의 망령에 사로잡혀 지배와 수탈의 문법으로 움직일 때였다. 한반도도 예외가 아니어서, 여러 세계열강이 마수를 뻗치던 중 일제의 손아귀에 놓인 것은 모두가 아는 사실이다. '외부'와 혹은 타국과 아니 근대와 어떻게 관계를 맺을지 의견이 분분하던 시절, 동학의 구호는 개화도 척사도 아닌 개벽이었다. 타자의 일부로 나를 종속시키거나, 타자와의 적대 속에서 나를 설정하는 것이 아닌, 타자를 통해 변화한 '나다운 나'가 되는 길이 동학이 보았던 개벽의 길이었다.

  물음이 남았다, 아직 끝나지 않았다.
  동학의 창도, 그리고 동학혁명의 뒷이야기는 우리 모두가 알고 있다. 그러나 거기가 끝일까?
  올해 초에 공주의 우금티로 동학 답사를 다녀올 기회가 있었다. 그 기행에서 찾아간 어느 산골짜기에서 한 동학도의 후손 할아버지에게 들었던 이야기가 잊히지 않는다. "이 산골짜기는 동학도들의 피로 몇 년간 실개천의 색이 붉었던 곳이에요. 신식 소총과 기관총, 대포와 군함으로 무장한 이들에 맞서서 화승총과 죽창과 농기구를 들고 스스로를, 나라를 지키려 했던 곳이에요." 가장 치열한 전쟁의 한복판에서 무언가를 지키고 살리려던 사람들이 겪었던 비극을 보았다. 그 뒤로 나는 동학을 이렇게 이해하고 있다. 동학은 전쟁이 판치는 시대에 민중이 자신을 지키고 평화 세계를 만들어 가는 살림의 사상이자 운동이었다. 죽임에 대항하여 살려 나간다, 그리고 살아 나간다.
  결말은 말하기에는 아직 이르다. 동학도의 후손들, 후예들은 계속 살아가고 있다. 나도 그 중 하나이겠고. 대개 동학의 개벽을 잊어버렸지만, 한편에서는 그 빛을 기억하는 이들이 사지육신을 바쳐서 명맥을 이어왔다. 왜 이들은 잊지 못하는가. 왜 이들은 이 뜻을 이어가고자 하는가. 흐르는 물에 씨를 뿌리는 마음으로 동학 이야기와 꿈들을 전수해 온 이들의 마음을 생각해보자. 역설적이게도, 혹은 자연스럽게도 개벽은 비극으로부터 비롯된다. 함석헌은 앎은 앓음이라고 했다.* 어떤 아픔은 한 생명을 그 전과는 다르게 한다. 그렇다면 우리는 이렇게 물어볼 수 있지 않을까. 상실과 슬픔으로 가득한 그 수동성의 역사가 다른 시야와 꿈과 길을 만들어내지 않겠냐고. 백육십여 년 전의 비극 속에서 태어난 동학이 개벽을 말했다면, 우리가 처한 비극이 다시 개벽을 요청하는 게 아닐까.

보편성을 넘어서

동학도들이 하염없이 죽어 가던 그 수상한 시절은, 아시아(아마 다른 대륙에서도 그랬을 테지만) 곳곳에서 하나의 큰 보편성을 자처하는 세력이 여러 작은 다양성을 무시하고 파괴하는 시간이었다. 이 파괴는 여러 차원에서, 여러 층위에서 일어난다. 언어의 파괴, 문화의 파괴, 지혜의 파괴, 생명의 파괴 등. 다양하고 작은 것들은 큰 하나를 지향하는 폭력에 속수무책으로 스러져 갔다. 그 폭력의 이

* 함석헌, 『인간혁명』, 한길사, 2016.

름은 흔히 자본주의, 제국주의, 식민주의로 불린다. 그리고 그들은 내부는 물론, 아시아와 아메리카와 아프리카로 이어지는 남반구(Global South) 지역에 살육과 살해의, 착취와 굴욕의, 차별과 멸시의 비극을 빚어 왔다. 이 이야기들을 듣다 보면 질문이 이어진다. 왜 죽임당한 이들은 다양한데, 죽인 이는 단조로운가. 그 거대한 비극의 한 가운데에서 타자와의 관계를 폭력적으로 설정한 배타적 철학과 주체가 있다. 이를 살피면 서양 정신의 한가운데에 놓여 있는, 타자를 환대의 대상이 아닌 적대의 대상으로 설정한 보편적인 대문자 철학(The Philosophy)까지 거슬러 올라가게 된다. 철학자 김상봉은 이 철학을 타자와 만나지 못하는 '홀로주체성'이라 부르며 인식 및 기술, 종교, 법, 자본을 통해 절대적 권력을 현실화시켰다고 설명한다.*

> 서양적 주체성의 문제는 바로 그 '보편성'에 있다. 서양적 주체성은 자기 밖에 다른 주체성을 허락하려 하지 않는 절대적 주체성이다. (중략) 그럼에도 불구하고 서양 정신의 자화상이 온 인류의 자화상이라고 제시될 때, 그것은 타인의 얼굴을 감추고 배제하는 폭력이 된다. 이것이 지금까지 서양 철학이 그려 보인 출구 없는

• • • • • • •

* 김상봉, 『서로주체성의 이념』, 도서출판 길, 2007, 36-39쪽.

보편성의 역설이다.

김상봉의 글은 오늘 우리가 당면한 위기와 비극이 어디로부터 유래하는지, 그리고 언제부터 연원하는지를 가감 없이 보여준다.

세계 인식과 기술적 사유 그리고 보편적인 법의 이상과 국지적 장벽을 허락하지 않는 세계화된 시장에 이르기까지(서양 문명이 인류에게 선사한 현실적 보편성의 지평이 자기와 타자를 참된 의미에서 만나게 하는 것 이상으로), 비서양 세계를 서양 세계의 지배에 종속시키고 또 배제하는 장벽으로 기능한다. 그리고 이것이 오늘날 인류 공동체의 조화로운 생존을 근본에서부터 위협하는 요인이 된다는 것은 부인하기 어려운 일이다.

이어서 김상봉은 동학농민항쟁과 광주항쟁을 거쳐 6월 항쟁에 이르기까지 이 땅의 자유를 향한 저항의 역사를 언급하고, 한국철학에서 타자와의 만남을 통한 철학으로서의 서로주체성의 이념을 길어 올리며 다음과 같이 묻는다. "누가 알겠는가? 우리의 보잘것없는 역사 속에 서양 정신이 만들어 놓은 세계사적 위기 상황을 지양할 수 있는 새로운 사유의 씨앗이 숨어 있을지."

그 대답의 하나로 김대중 대통령이 썼던, 동학에서 시작하는 지구 민주주의를 살펴보자.*

> 한국의 토착신앙인 동학은 그보다(서구의 민주주의-필자 주) 더 나아가 "인간이 곧 하늘"이라고 했으며 "사람을 섬기기를 하늘같이 하라"고 가르치고 있다. 이 같은 동학정신은 1894년에, 봉건적이고 제국주의적인 착취에 대항하여 거의 50만이나 되는 농민들이 봉기를 하도록 하는 동기를 제공해 주었다. 이같이 유교와 동학의 가르침보다 민주주의에 더욱더 근본적인 사상이 어디에 있겠는가? 아시아에도 서구에 못지않게 심오한 민주주의의 철학적 전통이 있음이 확실하다.

김대중은 동학에서 서구 민주주의보다 근본적인 민주주의 철학 전통을 찾아 강조하고 있다. 이는 싱가포르 총리 리콴유와의 대화에서 나온 것으로 리콴유는 동아시아에 민주주의 전통이 희박함을 말하고 있다. 김대중의 위 글은 그에 대한 반론이다. 김대중은 나아가, 동학과 유학 등 동아시아의 전통에는 서구적 민주주의의 한계를 넘어서는 '더 나은 민주주의'를 창출할 수 있는 가능성이 내재해 있음을 암시한다.

・・・・・・・

* 김대중, 「문화는 운명인가?」, 《포린 어페어스》 11-12월호, 1994.

… 우리는 국가 내에서뿐만 아니라 저개발 국가들을 포함한 모든 국가 간에도 자유와 번영과 정의를 도모하는 새로운 민주주의를 창출해 내야 한다. 급격한 산업화로 야기되는 사회적 교란에 대해 서구의 문화를 희생양으로 삼기보다는 아시아 사회의 전통적 장점을 찾아내어 그것이 어떻게 더 나은 민주주의를 만들어 낼 수 있는가를 고찰하는 것이 좀 더 합당한 일이다. (중략) 그래야만 이 민주주의는 그 국민의 비전을 반영할 수 있고 정통성을 갖는 지구적 민주주의로 승화될 수 있다.

마침내 김대중은 이러한 동학적 민주주의, 동아시아적 민주주의를 '지구적 민주주의'라는 사상 언어로 결정(結晶)시켜 낸다.

지구적 민주주의는 우리가 서로를 존중해 주는 것이 자연을 존중해 주는 것과 연관된다는 사실을 인식할 것이며, 후세대의 이익을 위한 정책을 추구해 나갈 것이다. 오늘날 우리는 모든 동식물에 파괴의 위기를 가져다주었고 환경의 존속 자체를 위협하고 있다. 우리의 민주주의는 하늘과 땅과 그 안에 있는 모든 것들을 참다운 형제애로 감싼다는 의미의 지구적인 민주주의가 되어야 한다.

동학에서 우리가 찾을 수 있는 길이 이와 같겠다. 서양 정신이 만들어 놓은 이 다중 위기 상황을 넘어갈 새로운 생각의 씨앗을 찾을 수 있다. 천지인 사상에서부터 삼경 사상에 이르기까지 다양하게 뿌리를 두고, 전환 사상을 재구축하려는 여러 시도를 살필 수 있다. 우리는 지구적 위기를 심대하게 앞둔 지금, '개벽', '살림', '풍류'라는 동학이 낳은 세 낱말에서 그 가능성을 보려고 한다.*

개벽은 옛것을 본받아 새로운 것을 창조한다(法古創新)는 뜻으로, 오늘날의 대전환/문명전환이라 말할 수 있다. 모두를 살리는 개벽은 안과 밖의 변화를 추구함과 동시에 공동체적 얽힘과 개인의 풀림이 서로를 지지한다. 살림은 죽임에 반대되는 의미에서 살림이며, 자기와 이웃과 자연 안의 우주 생명을 키우고 살린다. 살림은 전환의 동학(動學)이자 동학(東學)이며, 비극 속에서 전환을 피워내는 생명과 사회의 놀라운 흐름(流)의 이름이다. 풍류는 유불도와 함께 동학의 한 뿌리인 풍류도(風流道)에 그 기원을 두며, 개벽과 살림을 몸으로 감각하고 문화로 체화해 포월(匍越)함을 이른다. "내 한 몸 꽃이면 온 세상이 봄이리"라는 동학의 말처럼 풍류라는 바람과 흐름이 개벽의 과정을 이룬다.**

· · · · · · · ·

* 장윤석, 「개벽, 살림, 풍류」, 『다시개벽』 8호 '이동, 우리 시대의 화두', 2022.
** 이희연・장윤석・송지용, 「다시 개벽 포덕문 : 개벽, 살림, 풍류의 한국학」, 한국문화인류학회 2022년 정기가을학술대회, 2022.

이 시대의 폭력이 보편성의 참칭으로부터 유래하는 폭압에 근거한다면, 우리는 보편성을 딛고(踊) 넘어가야 한다. 분명 동학은 한반도라는 지역에서 특수하게 발흥한 유일무이하고 고유한 철학이다. 하지만 그것이 중요한가? 동학이 동학다우려면, 우리가 가야 할 길은 '다양성의 조화(造化)' 즉, 하나의 철학에 지워진 여러 철학들과 만나는 길이 아닐까. 분명히 우리가 마주한 이 위기는 그 위기를 만들어낸 기성의 모든 질서와 철학을 무너뜨릴 것이다. 그리고 그동안 배제되고 경시되어 왔던 변방에서 자연스럽게 새로이 오래된 철학들이 발아할 것이다. 나는 동학에서 시작하는 한국철학이 그 중 한 씨알이고 수많은 동료 씨알들이 피어나고 있다고 생각한다.

동학들: 세계의 토착적 철학과 연대하기

요새 아시아학 공부를 하고 있다.

학교에서 미얀마, 필리핀, 인도네시아에서 온 친구들과 수업에서 만난다. 서로의 발표를 들으면서 아시아의 역사 속에 새겨진 여러 비극들을 만났고, 우리의 슬픔이 우리에게만 있는 것은 아니라는 것을 알게 됐다. 그렇다면 그 슬픔 속에서 나타나 이어온 동학(東學)이 우리에게만 있지도 않을 것이다. 동학은 한반도의 철학이지만, 좁게는 아시아, 넓게는 남반구 곳곳에 뿌리내리고 있던 다른 토착 철학과 상응하고 감응할 수 있다. 이 점에서 동학은 서구에서 지배적 이데올로기로 기능하여 온 보편성과는 다른 맥락으로, 다양성을 바탕으로 삼을 수 있다. 서구 열강의 북반구를 이루고 있는 하나의 철학과 대비하여, 식민 지배의 계절을 지나온 남반구에서 '따로 또 같이' 존립하여 온 토착적 철학 다발 중 하나로 동학이 서 있다.

그렇기에 동학은 오롯한 하나로서의 '동학'이지만, 남반구를 넘나들며 '너 안의 나'를 얼마든지 만날 수 있는 다수로서의 '동학들'이기도 하다. '동학'을 '서학'의(그들의) 보편주의 사상과 침략에 저항하고 봉기하며 새로움을 만든 토착적 근대*라는 철학의 이름으로 살필 때, 그간 경시되어 온 비서구 지역: 아시아, 아프리카, 남아메리카, 오세아니아 등 수많은 지역의 토착적인 철학들과 연결되고 감응할 수 있다. 동학을 살펴보는 하나의 방법론으로서, 우리 안의 동학만을 들여다보는 것이 아니라, 우리 밖에 있었던 다른 동학들을 통해 우리를 볼 수 있지 않을까. 여러 나라의 토착적 '동학들'을 살피며, 우리의 '동학'이 그 곁에 묻어 들어가 있는 맥락을 살펴볼 수 있지 않을까(나는 너를 통해 나를 보고, 우리를 볼 수 있다).

• • • • • • •

* 조성환, 『한국 근대의 탄생』, 모시는사람들, 2018.

여기에서는 동학과 다른 토착 사상의 교차점으로 '생태적 지혜'라는 말을 창으로 삼아 살펴본다. 동학사상에서 인권, 민주주의, 전환/개벽 등 여러 면을 말할 수 있지만, 생명사상으로서의 동학에 주목해 통합성, 전일성, 연결성, 토착성 등을 발굴하고 세계 각지의 토착적 사상, 생태적 지혜와 함께 보고자 한다.

하나의 이야기로 시작하자. 토착성이란 개념 이전에 감각이자 감수성에 가까울 수도 있다. 호주 선주민(Indegenous people) 사이에서 통용되는 리얀(Ri-yan)이라는 것이 있다. 그것은 장소에 대해 존재가 느끼는 감정이라고 한다.

감정이 깨어납니다. 리얀이라고 부르는 거죠. 더 살아 있게 되고 느끼기 시작해요. 더 민감해지죠. 세계를 읽을 수 있게 됩니다. 무언가 열립니다. 전에는 그저 벽이 있을 뿐이었는데 이제는 저 나무가, 바위가 의미를 갖게 되고 갑자기 그것들이 당신을 사로잡습니다.*

호주와 뉴질랜드의 선주민과 철학에서 드러나는 생태적 지혜를 보여주는 이야기다. 나는 이 이야기를 보고 한 장면을 떠올렸다.

━━━━━━━

* 정혜선, 「물의 감정 속편」, 생태전환매거진 『바람과 물』 12호, 2024.

작년 인천 송도에서 세계 녹색당 총회를 열었을 때 이야기다. 호주 녹색당에는 First Nation(선주민 정당)(Global Greens)이라는 당 내 당(Party in Party)이 함께 있다. 선주민 정당에서 온 한 부족장이 개회식에서 테즈메니아 지역에서 가져온 신성한 흙을 뿌리고 예배를 드린 후 신성한 물품을 돌아가며 만지도록 했다. 낯선 풍경에 깜짝 놀랐지만 세계 녹색당이 호주에서 시작된 까닭을, 9가지 강령 중 하나로 생태적 지혜가 포함된 이유를 알 것 같았다.

'지오멘탈리티(Geomentality)'라는 개념을 공부한 적이 있다. 이는 뉴질랜드에 있는 문화지리학자 윤홍기 교수의 개념으로, 사람들의 마음속(무의식 수준)에 오래도록 자리하고 있는 '땅을 보는 마음 틀'을 이른다. 그는 이 개념을 통해 뉴질랜드 마오리 족의 지오멘탈리티와 한국의 풍수지리관의 유사성을 비교 연구했다.* 오늘날 사는(買) 것이 되어 버린 '부동산'이 아니라 사는(生) 곳으로서의 지오멘탈리티다. 근대 이전의 많은 토착적 철학에서는 공통적으로 땅을 신성시 여기는 면들이 반복되어 관찰된다. "땅을 소중히 여기기를 어머님의 살같이 하라"고 외쳤던 해월 최시형 선생의 경천(敬天), 경인(敬人), 경물(敬物)사상이 여기에 연결되어 있다.**

· · · · · · · ·

* 소하연·이나경·이시원·장윤석, 「기후위기 시대 주거·토지 문제의 전환 담론 모색 - 기후정의, 토지공개념, 커먼즈-커머닝, 지오멘탈리티를 통하여」, 공생연구소, 2020.
** 김용휘, 「동학의 삼경사상과 생태주의」, 생태적지혜미디어, 2022.

유럽인들이 북아메리카에 건너오던 초기에, 땅을 팔라는 미국의 대통령에게 어떻게 하늘이나 땅의 공기를 사고 팔 수 있겠냐고 답한 시애틀 추장의 유명한 연설문에 깃든 생각도 그중 하나다.

> 우리는 알고 있지. 이 땅이 우리에게 속한 것이 아니라 우리가 이 땅의 일부라는 것을. 우리는 알고 있지 모든 것이 연결되어 있다는 것을. 이 땅에서 벌어지는 모든 일들은 이 땅의 모든 사람들에게 일어난다는 것을. 생명의 그물망은 우리가 짜는 것이 아닌 우리는 그저 그 그물에 든 하나의 그물코일 뿐.*

북아메리카 대륙의 선주민들이 자신들이 사는 땅을 자손들로부터 잠시 빌려서 쓰는 것으로 생각하며, 어떤 선택을 앞두고 일곱 세대 이후의 자손들에게 미칠 영향을 고려했다는 것은 유명한 이야기다. 북유럽과 북아메리카의 토착적 사상은 심층 생태학으로 이어진다.

심층생태학(Deep ecology)은 자연생태계를 효율적 관리의 대상이

---

* 북미 선주민 시애틀 추장의 연설문 중(생태적지혜연구소협동조합 기획, 『탈성장을 상상하라』, 모시는사람들, 2023, 268쪽 재인용)

자 인간 편익을 위한 수탈의 원천으로만 파악해 왔던 기존의 도구적 자연관이 현재의 극단적인 생태 위기를 불러온 것으로 진단하고, 인간-동물-비생물 생태계 전체 사이의 유기적인 연결성을 회복할 것을 촉구하는 사상이다.*

심층생태학에서는 선주민의 생태적 지혜를 강조하며, 자연의 권리(Right of nature)의 다양한 사례를 언급한다.

이 지점에서는 생태적 지혜의 보고인 남아메리카 대륙의 각 지역들에 여러 이야기가 있다. 안데스 문명에는 '어머니 대지'로 번역되는 파차마마(Pachamama)라는 개념과 '좋은 삶'을 뜻하는 수막 카우사이(Sumak kawsay), 스페인어로 부엔 비비르(Buen vivir)라는 개념이 있다.

2008년 에콰도르에서 채택한 헌법을 살펴보자. 이 헌법의 전문에는 "에콰도르의 국민은 새로운 형태의 공적 공존을 만들 것을 결의한다. 이 새로운 형태는 다양성을 긍정하며 자연과 조화를 이루고 수막 카우사이/부엔 비비르라는 좋은 삶을 이룬다."는 문장이 씌어 있다. 헌법 71조는 "생명이 재창조되고 존재하는 곳인 자연 또는 파차마마는 존재와 생명의 순환과 구조, 기능 및 진화 과

---

* 빌 드발 외, 김영준 외 역, 『딥 에콜로지』, 원더박스, 2022, 6-7쪽.

정을 유지하고 재생을 존중받을 불가결한 권리를 가진다."고 말하고 있다. 선주민의 생태 철학이 국가의 헌법에 반영된 사례다.

이 헌법 이후에 이어진 최초의 자연의 권리 소송에서 법원은 헌법에 따라 빌카밤바 강의 존재와 유지할 권리를 인정함으로써 정부의 고속도로 건설 사업이 중단된 바가 있다. 이후 현재까지 30여 개국이 자연의 권리를 법적으로 명시하고 있고, 뉴질랜드의 마오리족이 신성하게 여기는 왕거누이 강, 인도의 힌두교의 성지 갠지스 강 등 세계 여러 곳에서 자연의 권리가 인정되었다. 어머니 대지인 자연에 권리를 부여한다는 것은, 자연과 문화를 연결한다는 시도로 살필 수 있고, 이 새로운 형태의 공존에서 다양성을 긍정한다는 점을 읽을 수 있다.* 선주민들의 생태적 지혜에 바탕을 둔 언어들이 이렇게 확장되어 제도화의 장벽으로 진입하고 있다.

아프리카에는 넬슨 만델라와 노벨평화상 수상자인 데스몬드 투투 대주교에 의해 알려진 토착적 사상 우분투(Ubuntu)가 있다. 책 『탈성장 개념어 사전』에서 모도베 B. 라모세는 우분투를 이렇게 설명한다.

* * * * * * *

* 김영준, '생태 문명으로 전환하기 위한 제헌적 구성의 시도들 - 라틴아메리카의 경험을 중심으로', 생태적지혜미디어, 2023.

우분투는 연대, 합의, 자율 등의 가치에 바탕을 둔 아프리카의 사회문화적 사고이다. (우분투) 세계관은 '인간이 된다는 것은 스스로, 그리고 남들을 돌보아야 한다'는 윤리적 의미를 포함한다. '사람은 남을 통해 사람이 될 수 있다'라는 것이 우분투의 신조이다. 사람은 남들과의 관계와 상호 의존 속에 놓인 존재이자 이러한 관계에서 만들어지는 존재이다.*

오늘날 우분투는 탈성장 사상의 한 뿌리가 되어 감과 동시에, 사회연대경제를 일구는 흐름과 평화 세우기에 여러 영향을 끼치고 있다. '네가 있어 내가 있다'는 우분투 사상이 '너도 나라, 나는 너를 통해 내가 된다'는 함석헌의 씨알사상과 닮아 있다는 생각을 했다.

이처럼 오늘날 새로운 대안으로 주목받는 각종 토착적 철학과 사상을 살펴 보면, 우리의 동학과 맞닿는 지점을 다양하게 살필 수 있다. 이 생각들은 모든 존재에 한울님이 내재해 있기에 어느 것도 무시하지 않고 공경해야 한다는 해월 최시형의 삼경 사상과 다위일체(多位一體)를 이룬다. 천지 부모 동포 법률 등 우리는 연결되고 배태된 환경에 빚을 지고 있다는 소태산 대종사의 사은 사상

---

* 모도베 B. 라모세 외, 『탈성장 개념어 사전』, 그물코, 2016.

과도 반갑게 만난다. 이 이야기들을 살피며 "시천주 조화정 영세 불망 만사지"의 동학 주문 생각이 계속 났다. 자세한 비교와 대조 및 연결과 융합은 앞으로 우리에게 남은 가능성의 과제이다. 나는 우리의 동학이 이런 세계의 많은 토착적 철학들과 더 자주 연결되고 공생하기를 바란다. 우리는 오래된 미래로서의 수많은 토착성과 연결되고 접속할 수 있다.

다시 개벽: There must be another way

오늘 지구행성에서는, 우리가 마음을 열고 잠시만 정성을 들이면 이와 같이 이름은 다르지만 개벽을 상상하고 실현해 가는 수많은 사상과 운동을 만날 수 있다. 그리고 지금 여기 우리의 문제로서 얼마든지 변주해 나갈 수 있다.

그중 가장 인상에 남고 최근에 필자도 참여하여 가능성을 가늠해 보고 있는 운동담론으로서 탈성장론을 소개해 볼까 한다. 오늘날의 동학하는 사람이라면 탈성장 운동을 해야 하는 게 아닐까 싶다. 최근에 함께 쓴 책 한 권을 소개한다. 『탈성장들: 하며 살고 있습니다』(모시는사람들, 2024)는 여러 청년 저자들이 함께 탈성장을 단수 명사가 아닌 복수 동사로, 완결된 하나의 실체가 아닌 생동하는 여럿으로 살핀다. 평화학에서는 평화를 다룰 때 의도적으로 대문자 단수형 'Peace'가 아닌 소문자 복수형 'peaces'를 쓴다.* 한 가지 목소리로 환원되지 않는 평화를 만들어낼 수 있는 복수의 미래를 구성하는 것이다. 이처럼 탈성장을 '탈성장들'로서 살펴보면서 다른 흐름들과 만날 여지를 구성해 내고자 했다. 숲이 무수한 나무, 풀, 곤충, 동물, 바위, 이끼의 공존으로 구성되는 것처럼, '탈성장들'의 다양성이 드러내는 풍부한 생태가 있다. 이 글 '동학과 동학들' 또한 이 기획과 공명한다. 동학이 '동학들'로서 '들'들의 운동과 연대와 조화를 이룰 때 가능성은 배가된다. 아니, 어쩌면 그것이 가능성 있는 유일한 경로이다. 더군다나 탈성장들의 연대와 운동이 선주민 권리와 생태적 지혜, 탈식민주의를 중시하는 맥락을 생각해볼 때, '동학들'이 나가야 할 지점에도 영감을 줄 수 있지 않을까.

하지만 가끔 의문이 드는 것도 사실이다. 다양성의 보편화는, 다양성의 전환은 진정 가능할 것인가? 여럿은 하나가 될 수 있을 것인가? 아무래도 나쁜 것은 강한 데 착한 것은 너무나 약하다. 동학이 '동학들'이 될 때, 동서고금의 지혜를 품어 안는 다양성의 전환이 가능할 수 있지 않을까, 그런 기대를 해 본다. 동학을 '동

---

* 이찬수, 『평화와 평화들 - 평화다원주의와 평화인문학』(서울대학교 통일평화연구원 평화교실1), 모시는사람들, 2016.

학들'로서, 생태적 지혜가 담긴 토착적 철학으로 계속 살펴보고 싶다.

오늘날 우리는 서구 문명의 끝자락을 보고 있다. 개벽은 낭만적인 세상에 요청되는 말이 아니다. 비극이 개벽을 요청한다는 슬픈 사실을 만나는 작금이겠다. 최근에 참석한 한 포럼에서 아주 인상적인 장면을 보았다. 스페인 바스크 지방의 빌바오(Bilbao)라는 도시에서 열린 포럼에 예멘 출신의 이스라엘인 노아(Nod)와 이스라엘 출신의 팔레스타인인 미라(Mira)가 듀엣으로 참석했다. 비극의 시대에 여러 정체성을 품고 있는 그들은 삶의 이야기로 평화를 함께 여러 언어들로 노래했다. 그들의 노랫말 중 이런 구절이 있다.

There must be another way.

우리에게는 반드시 다른 길이 있을 거야.

그 길을 동학들이라는 오래된 미래에서 찾을 수 있기를 바란다.

청년, 동학을 말하다

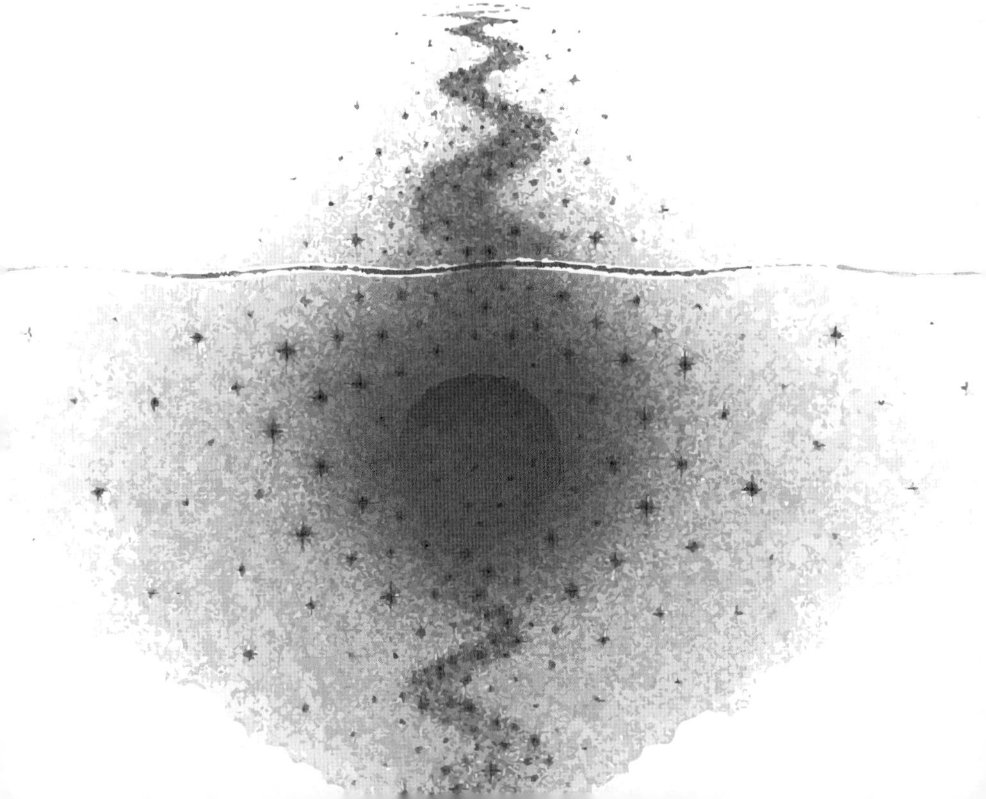

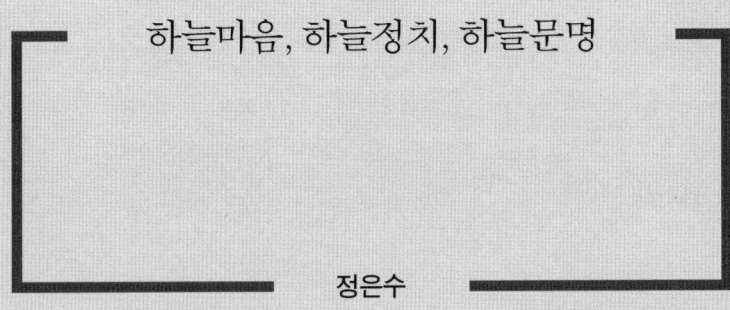

하늘마음, 하늘정치, 하늘문명

정은수

정은수 _고려대학교 경영대학을 자퇴하고, 대학 밖에서 새로운 길을 모색 중입니다. '기술/생태/영성/아시아'를 아우르는 신문명, 새정치를 일구는 것이 이번 생에 주어진 사명이라 여깁니다. 몸/마음, 좌/우, 남/북, 전근대/근대, 서양/동양, 생명/기계를 연결하는 가교가 되고 싶습니다.

권리의 언어

　서구적 근대의 발흥 이후, 인류의 역사는 '권리 확장'의 역사라고 말할 수 있다.

　농경 시대 이후 국가라는 조직 시스템이 발명되며, 공동체의 의사결정권은 거의 예외 없이 극히 소수 엘리트의 전유물이었다. 가장 민주적이라고 일컬어진 고대 아테네의 민주정도 극소수의 자격을 부여받은 남성 엘리트만이 정치적 권한을 향유할 수 있었으며, 왕정의 시대에는 왕과 귀족이 혈통에 따라 권리를 독점하고 공동체와 개인을 다스렸다.

　하지만 17세기 후반 영국의 명예혁명이 있었던 직후 공표된 권리장전은 완전히 새로운 권력체에 대한 상상력을 불러일으켰다. 물론 이 당시의 권리장전도 인민을 위해서 쓰였다고 보기는 어렵다. 의회 권력을 장악하고 있던 계층이 국왕의 개입이나 지시에서 벗어나 더 독자적이고 자율적인 결정을 내리고자 한 것이 직접적인 이유라 볼 수 있다. 그럼에도 전제적인 권력 행사로 인해, 정당한 이유 없이 토론과 합의를 거쳐 행사된 의회의 권리를 침해할 수 없음을 명시했다는 점은 큰 의의가 있다.

　이후 영국의 권리장전은 미국 헌법과 프랑스 〈인간과 시민의 권리 선언〉(이하 프랑스 인권선언)에 기초가 되는 중요한 기반으로 작용했다. 미국 헌법과 프랑스 인권선언은 천부인권, 생명·자유·행복 추구의 권리, 국민주권의 원리 등 현재 민주주의 체제를 채택한 국가의 근간이 되는 권리 개념을 명시해 두었다. 물론 이 시기에도 실제 현실은 영국의 권리장전의 경우와 마찬가지로, 선언의 장대하고도 존엄한 가치 지향과는 상치되었다. 여전히 대부분 사람이 피지배 계급으로서 억압과 핍박을 당하고 있는 실정이었다. 특히 당시 주창된 생명·자유·행복 추구의 권리나 정치적 참정권 등의 권리는 백인 남성 부르주아 계급만 향유할 수 있는 매우 차등적 권리였다. 경제적으로 부유하지 못하거나 여성, 유색 인종은 어떠한 권리도 보장받지 못했다. "모든 사람은 자유롭고 평등하게 태어났다"고 호기롭게 선언했으나, '인간이란 누구인가?'라는 질문 앞에서는 기존의 사회 통념을 극복하지 못한 것이다. 당시 지배층의 관념에 따르면, 백인 남성 부르주아가 아니면 인간이 아니었다.

　이러한 시대적 한계가 분명히 존재했지만, 권리장전의 메시지는 당시 억압받던 노동자, 유색인종 및 여성에게 가 닿았고, 그들이 받고 있던 취급이 결코 정당하지 않다는 의식을 일깨웠다. 이후 노동운동, 흑인해방운동, 여성해방운동, 민족해방운동 등 각종 해방운동이 격렬하게 이어졌다. 권리의 언어는 해방과 권리의 투쟁을 이어가는 사람에게 강력한 담론적 무기가 되어 주었다. 권리의 언어에 담긴 당찬 포부와 생명력은 그들의 현실이 당연하지 않다는 자의식을 불어 넣어 주었고, 같은 문제의식을 품은 사람들을 단단히 결속하는 끈처럼 작용했다. 다소 더디고 그 과정에서 많은 희생이 잇달았지만, 권리는 점차 확장되어 왔다. 이제는 가장 차별 받고 소외당하는 집단으로 여겨진 퀴어(Queer)의 해방을 외치는 운동이 가장 첨예한 자리에 서 있다. 더 나아가 이제는 인간을 넘어 동물의 권리와 해방까지 외친다. 장구한 권리 확장의 역사를 돌이켜보았을 때, 실로 놀라운 일이 아닐 수 없으며 한편으로 만시지탄하지 않을 수 없다.

하지만 그로 인한 부작용도 만만치 않다. 이러한 놀라운 권리 확장의 흐름 속에, 사람들은 점점 권리의 언어에 종속되고 있다. 권리의 언어와 확장의 양상에 익숙해진 나머지, 각자의 권리만을 최우선시하며 공동체적 가치와 도리에 대해서는 등한시하고 있다. 이는 이해관계가 일치하는 사람들의 이익 공동체를 만들어 그들의 권리를 우선적으로 보장하라는 메시지를 내면서, 의견의 일치를 도모하기는커녕 외부 집단에 대한 반목과 혐오 정서를 최대화하는 현대 사회의 양태에서 분명히 확인할 수 있다. 이는 비단 현상에 대한 분석뿐만 아니라 경험적으로 체감한 부분이기도 하다. 2024년 9월 7일, 3만여 명에 달하는 시민이 서울 강남대로 거리를 가득 메웠다. 600여 개의 단체가 연합하여 지금껏 가장 큰 규모의 기후생태정의 집회를 개최한 것이다. 다수의 단체가 모인 만큼 각 조직이 삼는 의제도 다양했다. 노동, 여성, 빈곤, 장애, 환경, 동물권 등 주로 사회적 약자의 목소리를 대변하는 단체의 연합집회였다. 이들은 각자의 의제를 '기후생태위기'라는 맥락 안에서 풀어내어 메시지를 전파하였다. 구체적인 메시지는 상이했지만, 주된 맥락과 틀은 일치했다.

"기업과 정부는 기후생태위기에 대한 책임과 의무를 져라!"

권리의 확장을 도모하는 이들이 모여 내건 주된 메시지는 '책임과 의무'였다. 기업과 정부는 기후생태위기의 가장 근본적인 원인 제공자로서 그에 걸맞은 책임 있는 조치를 취하라는 요구였다. 당연한 지적이자 정당한 요구다. 한국은 전 세계 이산화탄소 배출 7위, 온실가스 배출 11위를 기록하는, 이른바 '기후악당' 국가다. 2018년 글로벌 생태발자국네트워크(GFN)의 자료에 따르면, 전 세계가 한국인처럼 살면 지구가 3.5개가 필요하다. 즉 한국인은 지구의 생태 한계보다 3.5배의 자원을 낭비하고 있다는 의미다. 6년이 지난 지금은 더욱 늘어났을 것이다. 그 기간 동안 빠른 GDP 성장세만큼이나 온실가스 배출량 증가세도 타의 추종을 불허했기 때문이다. 하지만 그에 걸맞은 책임은 전혀 지지 않으려고 한다. 온실가스 배출과 생태계 파괴를 주도하는 세력은 정부와 기업이다. 개개인에게 책임과 노력을 다하라고 요구하는 현재의 환경 캠페인을 뒤엎고, 정부와 기업이 먼저 스스로 사죄하고 책임을 지라는 이야기다. 지당한 말씀이다.

다만 이를 권리의 언어로 이야기하자니 뭔가 이상하다. '책임과 의무' 내세웠지만, 거리에서 외치는 메시지와 각 조직의 의제는 '권리의 확장'이다. 책임과 의무와 도리를 요구하면서 권리를 확장하자고 외친다. 앞뒤 장단이 맞지 않는 말과 개념이 뒤섞여 있으니 외치는 참여자도, 지켜보는 시민들도 혼란스럽다. 언어의 힘이 빠진다. 마음을 움직이지 못한다. 가슴속 깊이 가 닿지 않는다.

도리(道理)의 언어

강력한 언어적 호소력은 시대의 맥락에서 도출된다.

권리의 언어는 대중 사회로의 강렬한 열망, 왕정의 붕괴와 새로운 권력의 등장, 자본주의의 맹아 등 시대 맥락이 결합하여 강력한 영향력을 발휘했다. 하지만 지금은 그 시대와는 전혀 다른 상황에 처해 있다. 양차 대전 이후 누구도 넘볼 수 없었던 미국의 아성에 도전하는 중국의 굴기가 매섭다. 여차하면 인류의 비극을 자초할 갈등으로 비화할 가능성이 도사린다. 또한 생명 절멸의 위기를 가시화하는 전대미문의 기후-생태 위기도 나날이 심화되고 있다. 인간이 낳은 자식 인공지능과 활물이 인류와 생명에 긍정적인 영향을 미칠지도 미지수다.

이 모든 상황은 '책임과 의무'라는 화두를 강력히 제기한다. 즉 생명 공동의 안녕을 위해 마땅히 져야 할 도리를 다해야 한다는 것이다. 21세기 인류와 생명이 처한 위기는 권리의 확장이 아닌 책임 있는 자세로 주어진 의무를 실행할 때라야 위기 극복의 길에 다가설 수 있는 것이다. 위기를 감각한 이들은 이를 무의식중으로 깨닫고 있을 것이다. 하지만 이를 적절히 표현할 언어를 모르다 보니 자꾸 익숙한 권리의 언어로서 책임과 의무를 이야기하게 된다. 고로 책임과 의무를 표현할 언어를 계발하고 이를 공표해야 한다. 허나 책임과 의무, 그 자체는 어딘가 권위적으로 느껴진다. 실제로 책임과 의무는 피지배 인민을 향한 권력자의 언어이기도 했다. 아마 이러한 맥락에서 책임과 의무가 필요하다는 것을 자각하지만 이를 직접적으로 표현하는 것이 꺼려졌을 것이다. 대안 언어의 부재에 통탄을 금할 수 없다.

권리의 언어를 대체하기 위해서는 권리의 언어는 어떻게 도출되었으며, 어떻게 힘을 획득했는지 그 역사를 돌아봐야 한다. 권리의 언어는 세 개의 기반 위에서 쓰였다. 첫째, 로마법, 게르만법과 같은 고대 서구의 관계 양식이다. 둘째, 마그나카르타(대헌장, 1215)와 같은 중세 귀족 사회의 전통이다. 셋째, 모든 인간은 평등하다는 기독교 보편주의다. 이러한 사상적 기반 위에 작성된 덕에, 권리의 언어는 초기의 생경함에도 사람들에게 익숙하게 다가설 수 있었고, 250년에 가까운 시간을 관통하는 초월적인 힘을 지니게 되었다. 결국 단발적 사건에 머무르지 않고 인류사적 변화를 끌어내기 위해서는 과거의 사상적 토대에서 기반을 확보해야 한다는 것을 알 수 있다.

책임과 의무, 즉 인간의 도리를 천명한 언어를 어디서 찾을 수 있을까? 한반도에서 쓰인 선언 중 미래 문명에 합치하는 선언은 단연 1989년에 쓰인 〈한살림선언〉이다. 1987년 민주화를 이룩한 직후 권리의 언어가 대한민국을 뒤덮고 있을 때, 인류 문명 위기의 징후를 예민하게 감지하여 지구적 문명을 모색한 담대한 구상이었다. 한살림선언도 세 개의 사상적 기반 위에 서 있다. 첫째, 당시 최신 과학인 양자역학, 진화생물학, 인지과학 등을 접목한 '신과학운동'이다. 둘째, 서구의 사회운동으로 실제 정치 영역에서 큰 반향을 불러일으킨 '녹색운동'이다. 셋째, 중국으로부터의 사상 독립을 이뤄내고 장차 세계를 풍미할 서구 사상·철학에도 필적하는 한민족의 위대한 사상적 성취 '동학'이다. 위 사상에 근거하여 한살림선언의 저자들은 당시 전 세계의 문명을 '죽임 문명'이라 통렬히 비판했고, 한울의 영성에 기초한 '살림 문명'으로 개벽하자고 절절히 호소하였다. 그 당시 핵전쟁의 공포, 자연환경의 파괴, 자원고갈 및 인구폭발, 정신분열적 사회현상, 경제적 구조 모순, 중앙집권화된 기술관료체제 등 문명 위기의 징후로 열거한 다수의 요소가 이미 도래했거나 현재진행형이라는 사실을 주지한다면, 실로 놀라운 통찰이 아닐 수 없다. 우리는 이러한 역사를 이어 21세기 이후에 우리가 직면한 과제에 대한 새로운 선언을 내놓을 필요가 있다.

21세기, 다른 백 년을 내다보는 새로운 선언

새로운 선언의 기초를 현재의 문제 상황과 과거의 사상적 기반 위에 튼튼히 세울 때만이 시대를 관통하는 울림과 떨림을 자아낼 수 있다. 권리장전을 대체할 21세기의 새로운 선언은 네 개의 토대 위에 작성되어야 한다고 본다.

첫째, 최신 기술 담론이다. 생태학, 생물학, 뇌 과학, 블록체인,

메타버스, AI 등 기술의 최전선에서 혁신적인 발견들이 쏟아져 나오고 있다. 한살림선언이 그저 공상적 철학, 철학적 공상에 머무르지 않고 과학적 이론을 충실히 분석하여 실증적 근거를 세운 것처럼, 최신의 기술 혁신을 철저히 분석할 때 현실에 발을 디딘 채 미래를 개창하는 책임 있는 선언이 될 것이다. 나라를 새롭게 세운다는 각오, 즉 건국(建國)에 준하는 각오로 철학에서 정치, 사상에서 거버넌스까지 아울러야 한다. 인간과 자연, 인간과 기계, 자연과 기계의 불가분적 관계에 방점을 두고, WWW(Wood Wide Web)과 WWW(World Wide Web)의 연결을 상상해 보자.

둘째, 문화·예술가 집단이다. 한국의 문화는 더 이상 한국만의 전유물이 아니다. 전 세계가 공유하는 지구적 문화로 발돋움한 지 오래다. 케이팝뿐 아니라 드라마, 영화, 게임, 웹툰 등 그 영역도 다양하다. 현 시점에서 가장 역동적으로 문화의 트렌드를 선도하는 나라가 바로 한국이다. 문화·예술인은 그 어떤 집단보다도 생태적 감수성을 깊이 지니고 있다. 이러한 흐름을 주도하는 연령을 주목해 보자. 10·20·30대가 기성세대를 끌고 간다. 새로운 문화적 양식을 창조하는 건 늘 젊은이들이었다. 공통의 세대 경험을 기반으로 해 글로벌한 연대를 끌어낼 수 있는 가능성이 다분하다. 또한 예술을 통해 정치·사회·경제 등 다양한 분야와 수많은 조직으로 확장될 여지도 크다. 이들과의 긴밀한 유대감을 형성하여 연합을 이루는 것은 필연이자 필수다.

셋째, 아시아주의다. 생명과 지구는 21세기 인류가 반드시 붙들고 가야 하는 표상이다. 허나 어디서부터 시작할 것인가? 아시아다. 서세동점에 종언을 고한다. 서방이 지고 동방이 뜬다. 세계의 중심이 아시아로 돌아온다. 대서양 세계가 추락하고 태평양 세계, 인도양 세계가 상승한다. G7보다 BRICS의 결정이 세계사의 향방에 더욱 중요해진 시기에 돌입했다. 일시적 국면을 지나 오래된 역사로 돌아가는 것이다. 역사의 반전(反轉)이다. 한국이 세계를 주도하는 판을 짜기 위해서는 반드시 아시아를 선점해야 한다. 19-20세기 한·중·일을 비롯하여 러시아, 인도 등에서 발흥한 아시아주의를 학습해야 할 까닭이다. 안중근이 떠오른다. 조선의 아시아주의자였다. 이토 히로부미 저격 후, 감옥에서 동양평화론을 집필한다. 조선·중국·일본 연합론을 개진했다. 과연 군대와 화폐가 관건이다. 공동 화폐, 공동 군대를 만들자 했다. 각국의 언어도 공히 교류하며 익히자 했다. 허나 집필 한 달 만에 형장의 이슬로 사라지며 미완의 기획으로 끝났다. 일본의 아시아주의는 제국주의, 패권주의와 결합하여 결국 파국으로 귀결하였다. 21세기, 아시아주의의 쇄신이 필요하다. 동학과 생명평화사상으로 성숙한 아시아주의가 긴요하다. 신(新)아시아주의를 개창하여 아시아 공통의 정체성을 빚어보자. 동아시아부터 서아시아까지, 태평양부터 대서양까지, 인도네시아에서 시베리아까지, 아시아를 품는 자, 온 누리를 품을 것이다.

넷째, 동학문명론과 동학정치론이다. 삼경론(三敬論), 특히 물건에도 한울이 모셔져 있으니 이를 공경함으로 덕에 합일하라는 경물(敬物) 사상은 AI 시대에 크게 주목받을 만하다. 21세기 지구적 문명의 초석으로 알맞다. 또한 동학문명론은 다종다양한 종교를 아우른다. 다문명·다종교·다민족적 포용성이 내재되어 있다. 유·불·선·기독교를 모두 품었다. 서학에 대한 대응의 성격도 강하지만, 서학을 배척하지 않았다. 포함삼교를 넘어 포함사교를 이뤘다. 앞으로 이슬람까지 품어야 할 것이다. 지구인의 정체성을 빚어낼 사상적 토대로서 동학이 가장 알맞다.

문명론만큼 정치론도 긴요하다. 시대를 대표하는 선언이라함은 필히 경세(經世)를 논해야 한다. 해방 이후 동학의 전승에 있어 가장 크게 단절된 부분이 동학정치론이라 해도 과언이 아닐 것이다. 동학은 늘 시대의 변화를 예민하게 감지하여 그 누구보다 기민하게 대응했다. 동학농민혁명, 3·1혁명이 대표적인 사례다. 이와 더불어 동학에 기반한 정치 구조를 세우고자 한 역사가 있다. 대한민국 임시정부부터 해방 직후 창당한 청우당까지, 척사(斥邪)도, 개화(開化)도 아닌 '개벽(開闢)국가'를 만들고자 한 적극적인 기획과 실행이 있었던 것이다. 그러나 때가 맞지 않았다. 과연 인간의 의지만큼 중요한 것이 시운(時運)이다. 일제강점기, 미소 간 냉전 등 한반도를 둘러싼 강대국 간 패권 다툼에 토착적·자생적 의식은 설 자리가 마땅치 않았다. 6.25 전쟁 이후 근대 정치사에서 동학의 역할은 말끔히 지워져 버렸다. 망각된 동학정치론을 되살려야 한다. 19-20세기의 동학정치론을 파헤쳐 면밀히 들여다보고, 이를 창조적으로 계승하는 것이 동학청년으로서의 책무일 것이다.

천인(天人): 조화세계를 건설할 청년동학·동학청년

동학은 권리의 언어가 폭주함으로 의무와 책임을 잃어버린 사회와 국가에 시사하는 바가 크다.

오상준을 기억한다. 20세기 초 일제강점기 시절, 동학의 사상을 통해 문명개화운동을 주도했다. 천도교의 대표적인 이론가였다. 1907년이었다. 을사조약을 체결한 지 2년이 지난 시점이었다. 한일병합까지 이어지진 않았으나, 외교권을 박탈당하여 실질적인 국정 운영은 일본의 손에 넘어갔던 시기다. 국망의 기운이 드리우던 시기, 만 25세의 오상준은 동학에 기반한 새로운 문명과 정치를 꿈꿨다. 서구 근대문명에 기반한 정교분리(政教分離)를 한탄했다. 영성 없는 정치가 도덕을 타락시킨다고 일갈했다. 정교합일(政教合一), 즉 정치와 종교가 하나 되어 도덕문명으로 나아갈 것을 천명했다. 동학에 답이 있었다. 하늘의 마음을 담지한 사람들이 세워 나갈 하늘문명, 하늘정치를 상상했다. 이를 이론으로 정립하여 1907년 출간한 도서가 바로 『초등교서』다.

오상준은 『초등교서』에서 인권을 확장한 '천권(天權)'을 제시하였다.* 천권은 천격(天格)을 이룬 현인이 되어야만 주어진 권리다. 그는 부단히 인격을 도야하여 천성(天性)을 발현할 것을 권고한다. 즉 천권은 서구의 천부인권처럼 초월적 신에 의해 그저 주어지는 것이 아니다. '나'가 한울이고 만물이 '한울'이라는 영성적 깨달음에 도달한 자만이 천권을 부여받음을 강조한 것이다.

오상준은 "하늘을 행할 때, 개인이 문명 되고 사회가 문명 되며 국가가 문명 되고 나아가 세계가 문명 된다"고 하였다. '나'를 깨우치고 수련하는 것이 인민의 의무이며, '나'가 도를 깨우침에 따라 공동체가 변하고, 나라가 변하고, 지구 생명이 화할 수 있다는 것을 뜻한다. 그러므로 공적 영역에 뜻을 펼치고픈 사람이 있다면 천성(天性)을 도야하여 천격을 갖춰야만 천권을 부여받고 천지공공(天人公共)의 사업에 참여할 수 있을 것이다. 권리에 앞서 의무와 책임의 실천이 선행되는 것이다.

• • • • • • • •

* 오상준 지음, 정혜정 해제, 『동학문명론의 주체적 근대성 - 오상준의 『초등교서』 다시 읽기』, 모시는사람들, 2019 참조.

물론 이것이 새로운 특권층을 양산하고 불평등으로 이어져서는 아니 될 것이다. 한울을 깨우친 이의 정치는 작금의 정치와는 완전히 달라야 할 것이다. 현재의 정치는 소인의 정치다. 서로 다른 생각을 품은 이를 끌어안고 통합하고 통섭하는 대인의 정치가 전혀 보이지 않는다. 오상준은 정치란 '약육강식하는 분립의 전쟁터로부터 동귀일체의 한울타리로 화합'하는 것이라 하였다. 현재 결코 손잡을 수 없을 것 같은 정치적 양극화를 공동의 비전으로 빚어내어 회통하는 도와 덕의 정치를 구현하는 것이 한울의 정치라 하겠다. 한울을 깨친 이가 인민의 심성 수양을 돕고 천지만물을 두루 살피며 양극의 통합과 공생을 이끄는 것, 이것이 미래 정치가 나아가야 할 방향이다. 하늘의 마음을 품은 자만이 하늘의 정치를 지상에서 수행할 수 있을 것이다. 이를 기반으로 한 새 정치의 구조를 어떻게 만들 수 있을지 신중한 논의와 설계가 동반되어야 할 것이다.

근대는 화석연료에 기반한 산업문명의 역사다. 자본주의와 자유주의는 운명 공동체다. 근대 산업문명은 화석연료의 전면적 사용과 더불어 시작되었다. 수억 년간 땅속에 잠들었던 조상의 사체를 파내어 전례 없는 부를 축적하게 되었다. 욕망을 무한정 추구할 수 있는 시대가 도래한 것이다. 절제는 미덕이 아닌 조롱이 되었다. 영성을 배격하고 이성을 치켜세웠다. 과거는 미개한 것이 되었다. 오로지 진보하는 미래만이 중요했다.

그러나 불과 200년 만에 그 업보를 잔혹하게 마주하고 있다. 2024년 미국 대선 이후 지정학적 격변은 더욱 가속될 것이다. 러시아-우크라이나 전쟁은 새로운 국면에 접어들고 있다. 팔레스타인-이스라엘 전쟁은 중동 전체로 확산되는 양상이다. 대만을 둘러싼 갈등도 심상치 않다. 일촉즉발, 단 한 번의 실수가 제3차 세계대전으로 비화할 수 있다. 기후생태 위기는 더 이상 미래가 아닌 당면한 현실이다. 인공지능은 이미 인간의 지능을 뛰어넘었다. 최근 공개된 휴머노이드는 인간의 표정과 몸짓까지도 리얼하게 묘사한다. 인간의 신체도 더 이상 인간만의 고유한 것이 아니게 된 것이다. 인간과 기계의 경계가 사라진다. 이제 인간은 가장 지능이 높은 존재로서 자연을 지배하고 관리하는 자가 아니다. 성장의 늪에 빠져 인류 전체가 허우적대고 있다. 뿌리를 제대로 내리지 못한 식물은 금세 시들고 만다. 근본 없는 것은 그 빈약함이 탄로나기 마련이다.

그렇다면 앞으로 인간의 역할은 도대체 무엇인가? 무엇이 인간을 인간답게 만드는가? 다시금 영성이 화두다. 영성을 체현한 인간만이 갈등을 봉합하고, 생명을 살리고, 기계와의 조화를 이룰 수 있다. 이제 성장이 아닌 성숙을 논할 때다. 이성을 앞세워 부를 쟁취하는 이기적 인간이 아닌, 영성을 깊이 품어 지구 만물을 돌보는 이타적 인간이 다른 백년, 새로운 문명의 인간상이다.

동학은 3번의 진화를 거쳤다. 동학 1.0은 수운 최제우와 해월 최시형, 동학 2.0은 의암 손병희, 동학 3.0은 장일순과 김지하가 주도했다. 동학 1.0은 동학 창도와 동학농민혁명, 동학 2.0은 천도교 창건과 3·1혁명, 동학 3.0은 한살림운동으로 대표된다. 당대의 가장 중요한 문제를 짚으며 현실을 변화하고자 적극 행동했다. 그러나 이제 한 세대가 저물어 가고 있다. 새로운 세대가 부상하고 있다. 그렇다면 동학의 4번째 진화, 동학 4.0은 무엇인가? 모르겠다. 아직 무르익지 않았다. 청년동학은 여전히 미숙하다. 수줍다. 투박하다. 하지만 그렇기에 무궁무진한 잠재력을 담지하고 있다. 청년동학이 동학 4.0의 맹아다. 이 책을 함께 집필한 동학청년이 동학 4.0의 주역이다. 우리가 마주한 국면은 앞선 3번의 시기만큼이나 중대하다. 동학청년은 시대적 책무를 짊어질 각오를 해야 한다. 권리를 내세우기에 앞서 의무와 책임을 다하는 성숙한 태도를 체화해야 한다. 노심자(勞心者)가 되자. 천성(天性)을 도야하여 천인(天人)으로 거듭나자. 동학청년부터 실천해야 한다. 하늘마음을 품을 때 하늘정치, 하늘문명이 이 땅 위에 세워질 것이다. 도리를 행하는 성인의 마음으로 나, 집안, 이웃, 나라, 지구를 살리자.

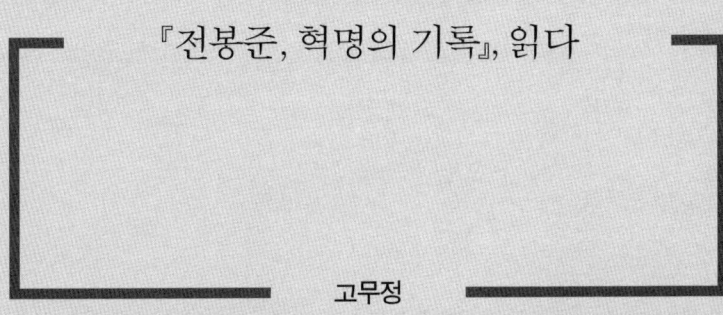

『전봉준, 혁명의 기록』, 읽다

고무정

고무정 _무정양조 대표. 수레 지난 자국을 멀거니 들여다볼 뿐, 수레 가는 길은 알지 못합니다. 역사에 쓰이거나 쓰이지 않은 이들을 생각할 때, 그들과 내가 별로 다르지 않아서 기쁘되 서럽고, 가엾되 아름답습니다.

1.

  사학자 이이화의 『전봉준, 혁명의 기록 - 동학농민전쟁 120년, 녹두꽃 피다』(2014, 생각정원)를 읽었다.

  혁명이 일어나던 해(1894)의 정국은 시끄럽기 그지없어 한 권의 책만으로 그 정국을 이해하기는 어려웠다. 물론 먼저 읽은 이 책이 여러 자료를 참고해 작성된 것일지라도 말이다. 따라서 역사상 맥락의 총체에 접근하고자 여러 책을 참고했는데, 그중 매천의 『매천야록』과 『오하기문』이 있다.* 또한 전통주에 관련해 일하는 나는 '술의 근본은 쌀이며, 쌀은 농민으로부터 나온다.'고 생각하기에, 이런 책들을 읽을 때 연도별로 찾아 보는 『쌀은 우리에게 무엇이었나』(국사편찬위원회, 2009)를 참고했다. 한국인들의 피와

· · · · · · · ·

* 『오하기문』은 2016년 역사비평사에서 『오동나무 아래에서 역사를 기록하다 - 황현이 본 동학농민전쟁』이라는 책으로 새로 출판되었다. 전부터 나는 이 책을 구하느라 아주 고생했다.

살을 구성하는 쌀로 써내려 간 이 문화사를 참고하는 것은, 역사는 물론이거니와 현재 우리가 서 있는 곳이 어딘지를 살필 수 있는 일이기 때문이다. 우리는 농민 백남기(1947-2016)가 우두커니 서 있던 곳에 함께 직립해 있다. 역설적이게도, 기름기 흐르는 태평성대 '이팝에 고깃국'의 시대를 컵라면 육개장과 햇반으로 이룩한 시대에 있기도 하다. 그러나 이 도치된 태평성대를 위해 백남기를 비롯한 한국의 농민들은 피눈물을 흘리며 천천히 말라죽어 가고 있다.

이 땅에서 농민들이 수난당한 역사가 단지 공시적인 것이 아니라는 것은 모두가 알고 있다. 만약 그렇다면 전봉준의 타는 눈빛이 한국인의 뇌리에 이토록 선명하겠는가. 1894년은 모든 한국인민에게 다음과 같았다.

> 최선의 시간이었고, 최악의 시간이었다. 지혜의 시대였으며, 어리석음의 시대였다. 믿음의 시절이었고, 불신의 시절이었다. 빛의 계절이었고, 어둠의 계절이었다. 희망의 봄이었으며, 절망의 겨울이었다. 우리에게 모든 것이 있었고, 우리에겐 아무것도 없었다. 우리 모두 천국으로 가고 있었으며, 우리 모두 반대 방향으

로 가고 있었다.*

  당시의 조선은 회생은 불가능한 채로 죽지도 망하지도 않고, 낡은 봉건의 수레바퀴를 백성의 고혈로 굴려 생명을 연장해 가고 있었다. 17세기 후반 이래 경작기술의 발달과 보급, 수리시설과 농기구의 개선, 새로운 경작조직 및 농서 보급 등이 이루어지면서, 조선의 농업 생산력은 꾸준히 늘어났다. 그러나 이것이 곧 사회 전반에 공평한 분배로 이어지지 않은 것이 문제였다. 분화가 일어나는 농민 계층에서는 토지를 잃고 소작농이 되거나 아예 토지에서 쫓겨나 유민으로 전락하는 이들이 생겼으며, 반대로 토지를 겸병해 부농으로 상승하고, 고용을 통해 광작 경영을 하는 이들이 생겨났다. 즉 농민의 부익부 빈익빈이 심화되고 있었다. 아울러 이렇게 축적한 부로 신분을 사들임으로써 납세의 의무에서 벗어나는 이들이 늘어나며 남은 자들의 고통이 더욱 가중되었.

  따라서 18세기까지 증가하던 조선의 총인구와 경지 면적 등은 19세기에 들어서며 상당히 다른 양상을 띠기 시작한다. 늘어나는 인구압(Population Pressure)에 성공적으로 대응하던 조선은 19세기에 들어서자 인구 증가가 정체되고 농민 소유 평균 경작지가 줄어들

· · · · · · ·

* 찰스디킨스, 『두 도시 이야기』 서문, 1859.

기 시작했다. 이러한 농가 경제의 영세화에, 백성들의 세금 부담 능력마저 떨어지기 시작한다. 농민들은 점점 줄어드는 땅에 의지해 생계를 유지해야만 했다. 여기에 삼정의 문란까지 가세하며 사회적 긴장과 갈등의 정도를 급격히 높였으므로, 조선의 19세기는 민란의 시대로 기록되게 된다.

2.

동학농민혁명은 큰 산맥 중의 높이 솟은 봉우리였다. 우리 역사에 길이 남는 금자탑이지만 절대 홀로 서 있지 않았다. 동학농민혁명이 있기 이전에 조선은 이미 홍경래의 난(1811)과 임술민란(1862)을 겪었다. 이 거대한 민란 외에도 지역적으로 끊임없이 민란이 발생했다. 그러는 동안 이상향의 실현 방안이 점차 구체화되어 가는 것을 살필 수 있는데, 이는 더 이상 과거와 같은 방식으로는 활로를 개척할 수 없다는 민중들의 각성 결과라고 볼 수 있다. 예를 들어, 홍경래의 난은 10여 년이나 준비하고, 열흘 만에 열 개의 고을을 점령했다는 점에서 과거보다 진일보한 형태의 봉기였다. 그러나 '서북인의 차별대우' '세도정권의 가렴주구' '정진인의 출현'(정감록의 영향)을 언급할 뿐, 소농과 빈민층의 절박한 문제는 조금도 대변하지 않았다는 점에서 아쉬움을 남긴다. 이것은 정주

성까지 후퇴한 홍경래가 기대한 '민중들의 열렬한 호응과 참여'를 이끌어내지 못한 이유가 되겠다.

그러나 임술 농민봉기에서는 조세 체계에 대한 구체적인 개선점을 논하는 민중의 모습이 나타나기 시작한다. 이때의 민중은 홍경래의 난에서 소극적인 구실만을 담당했던 광범한 소농·빈민층이 아닌, 오히려 적극적 주도층으로 성장한 모습을 보여주고 있다. 이것은 기존 조선의 사회·정치 체제가 한계에 봉착했음을 나타내는 단면이었다. 그들의 요구는 안핵사로 파견된 박규수에게 봉기의 타당성을 보여주었고, 이는 조정에 상달되어 '삼정이정청'이 설치되었다. 그러나 잠시나마 환곡을 토지세로 바꾸었으나, 지주들의 반대에 부딪혀 70일 만에 폐지되었고, 또한 소규모 봉기가 분산적으로 여러 지역에서 일어나 조직력이 부족했고, 시대적 한계로 인해 농민들의 계급의식이 여전히 부족했다.

이 두 가지 민중의 항쟁에 대해 조선 정부가 다른 대처를 한 것은 항쟁 양상의 온건/급진 여부, 현명한 안핵사(박규수)의 존재 여부 등의 요인도 중요하겠으나, 식량의 관점에서도 살펴볼 만하다. 당시 조선의 삼남지방에서는 쌀 생산을 위해 논농사를 주로 지었으나, 북부 지방에서는 토질이 척박해 밭농사를 위주로 생계를 이어갔다. 또한 북부 지방에서 발생하는 민란의 이유를 조정 관리들은 북부에 양반이 없다는 것에서 찾았다.* 밭농사 지대인 북부 지방에 당시의 사회적 통념으로 인정되는 양반이 거의 없었다는 것은 분명해 보인다. 논농사가 확대된 삼남지방에서는 지주제가 지배적인 형태로 자리 잡았지만, 경기 북부 이상에서는 그렇지 못하였다. 다시 말해 생산력이 낮은 밭농사 지대는 지주층이 형성되기 어려운 여건이었다. 어쨌건 양반의 부재에 문제의 원인을 전가한 조선 정부는 임술 농민봉기에서 보인 유화적인 대처와는 달리, 홍경래의 난에서는 1,800근의 화약을 쏟아부어 정주성을 폭파한 뒤 전투를 벌이고, 살아남은 성내 인민 2,983명 중 여자와 아이를 제외한 1,917명을 학살했다. 양반의 거주와 민란 발생의 관계가 실제로 어떤 것이었는지는 별도로 밝혀야 할 문제이지만, 그 내용을 추측하건대 '양반이 없어 교화되지 않은 야인의 무리' 정도로 파악한 것이 아닌가 싶다. 혹은 '계륵'과 같은 조선 북부 지방 인민과, 조선 곡창지대 인민에 대한 대우가 다른 것으로 이해하는 것도 무리는 아닐 듯싶다.

· · · · · · · ·

* 국사편찬위원회, 『쌀은 우리에게 무엇이었나』, 두산동아, 2010.

3.

앞선 이 두 민란은 음으로 양으로 영향을 끼쳐 1894년 동학농민혁명으로 이어지게 된다.

그 촉발점에 각각 백낙신, 조병갑이라는 구체적 탐관오리가 있다는 점에서 임술 농민봉기와 동학혁명은 유사성이 있다. 이는 직전 시대 사람이던 정약용의 시 「애절양(哀絕陽)」(1803년경)에서 드러나듯, 삼정의 문란에 따른 과도한 수탈 때문이었다. 거기에 조선판 '앙시앙 레짐'과 같은 구조적 모순이 겹쳤다. '그의 붓 아래에선 성한 사람이 없다.'는 황현의 『매천야록』(1910)에 역시, 지나가다 개에게 벼슬을 주고 대가를 요구하는 탐관오리의 모습이 구체적으로 그려진다. 정약용의 생전부터 이 시대가 되도록 고쳐진 것이 없는 것이다. 수탈과 구조적 모순으로 인해 굶어 죽는 백성은 그 당대에 부지기수였다고 기록되었다.

이중환의 『택리지』(1751)는 18세기 조선에서 가장 비옥한 지리산 주변 농지에서는 볍씨의 파종 대비 소출 비율이 100배가 넘었다고 기록했다. 삼남지방은 아무리 못한 곳도 3~40배가 넘는 소출을 올렸고, 소출이 10배 이하인 곳은 사람이 농사를 지어서 살 수 없는 땅이라고 규정했던 것 역시 눈에 띄는 점이다. 그러나 이 시기 유럽은 소출이 5배가 안 되는 곳도 많았고, 밀의 칼로리는 쌀의 1/3이었으며, 밀은 필수 아미노산이 부족해 반드시 육류와 함께 섭취해야 했던 것*을 고려하면 당시 조선 수탈이 얼마나 가혹했는지, 납세 체제가 얼마나 농민에게 과중한 방향으로 왜곡되었는지를 짐작할 수 있다. 끊임없는 수탈에 생존을 위협받던 농민들은 읍소하러 관아엘 갔다가 맞아 죽기도 했으니(전봉준의 부친 전창혁의 사례가 대표적이다), 국가의 법체계도 조금씩 부스러져 나가고 있었던 것이었다. 그리고 조병갑이 꼼수를 통해 고부군수로 다시 부임하자 말목장터 감나무 아래서 횃불이 타오르기 시작했다.

4.

이후 이어진 혁명 과정을, 『전봉준, 혁명의 기록 - 동학농민전쟁 120년, 녹두꽃 피다』는 어렵지 않은 문장으로 풀어 나간다.

저자 이이화는 서문에서 '지명과 인물을 과도하게 많이 거론한 듯하다'는 우려를 밝혔으나, 혁명사를 총체적으로 이해하기 위해 꼭 필수적인 것이었으므로 무리가 없어 보였다. 책을 읽으며 동학농민혁명과 전봉준을 대하는 관점이 두 가지가 있다는 것을 알 수 있었으니 하나는 동학을 중심으로 혁명사를 공부하는 이들이

• • • • • • •

* 위와 같음.

다. 그들은 '전봉준은 최시형이라는 산맥의 빼어난 봉우리'에 불과하며, 동학농민혁명은 동학이라는 큰 물줄기 속 일어난 많은 풍파 중 하나라는 것이다. 그들은 '전봉준은 최시형 휘하의 많은 접주 중 한 사람'이었고, 그것은 다른 동지들(손화중, 김개남, 최경선, 정백현, 성두한 등) 역시 마찬가지라고 생각한다. 이는 흔히 말하는 '북접계'의 입장과 궤를 같이한다고 보면 적절하겠다. 북접은 2차 봉기 직전까지도 동학을 종교 교단의 틀 안에 묶어 두려 갖은 노력을 기울였다.

또 하나는 혁명사를 중심으로 삼는 관점이다. 이들은 전봉준을 최고의 지도자로 여긴다. 또한 혁명에 미온적일뿐만 아니라 '벌남기(남접을 벌하는 기)'를 내걸어 내전을 벌이려 하거나, 집강소 통치 기간 동안 전봉준을 잡아 정부 측에 보내려 했던 이들을 크게 비판하고 있다. 이 책은 전봉준 평전이자 동학농민혁명사이므로, 위의 두 관점 중 후자에 중점을 둔다. 따라서 북접에 비판적인 관점을 고수하며 역사를 서술해 나가고 있다. 실제로 동학농민혁명은 우리가 미디어를 통해 거칠게 추상하는 이미지와 달리, 동학과 전봉준의 만인 평등의 기치 아래 뜨거운 모두가 동지애로 뭉친 혁명만은 아니었다. 언제든 내부 분열이 폭발할 가능성이 도사리고 있었고, 밀고와 암살의 위험은 끊임없이 전봉준의 발목을 붙잡았다. 위 책에 나오는 것만 해도 다음과 같다.

1. 혁명이 일어나기 전, 전봉준을 미워한 누군가가 그에게 닭 한 마리를 보내왔다. 전봉준은 먹지 않고 태연히 손님과 담소를 나누다 불현듯 마당의 개에게 닭고기를 던졌다. 개는 닭을 먹고 캑캑거리다 바로 죽었다.

2. 고부봉기 직후, 전라감사 김문현이 보낸 정석희라는 사람에게 몇몇 집강은 '전봉준이 여기 있으니 잡아가라'라고 고발하기도 했다. 그러나 정석희는 오히려 전봉준에게 이 사실을 은밀히 알려주었다. 훗날 정석희는 이 일로 전라감영에 잡혀 목이 베였다.

3. 전주성 전투 중 대치가 지속되자 전봉준 휘하 몇몇 장수들은 전봉준을 잡아다 바치려는 음모를 꾸몄다. 이에 전봉준은 점을 치는 척 하며, 사흘 뒤 점심나절에 좋은 소식이 있다고 을렀다. 실제로 사흘 후 점심 무렵까지 관군 측과 편지를 주고받다 화약을 체결했다.(위 책에서는 화약보다 합의의 개념이 크다고 서술했다. 편지를 주고받으며 조건을 제시하다 상호 합의한 것이기 때문이다.)

4. 최시형-손병희로 대표되는 북접계 중 더러는 전봉준 잡아다 정부군에 바치려고도 했다. 집강소 기간 동안 벌남기(남접 징벌하는 기)를 보내 남접 농민군을 공격하려 하기도 했다.

5. 남-북접 연합 후, 공주 대회전을 앞두고 있을 때 전봉준 휘하의 김원식이 결단력을 의심해 그를 죽이려 했다(는 소리가 있다고 이 책은 전한다).

만약 남·북접이 대립하는 이러한 역사가 사실이라면, 실제로는 위에 나열된 사례들보다 분열과 암살 시도는 더욱 많았을 것이다. 그러나 전봉준도 이에 대해 여러 대비책을 마련하고 있었다. 전봉준은 자신이 신묘한 도술을 부릴 줄 안다는 소문을 의도적으로 퍼뜨렸고, 장전하지 않은 총을 자신에게 쏘도록 하고 소매 속에 미리 숨겨둔 총알들을 떨어트리기도 했다.

그러나 이 책을 벗어나, 최근의 여러 논문을 살피면 남접과 북접이 대립하는 관계가 아니라, 상호 보완하며 연대·협력하고 있었으며, 남·북접은 단지 지역적 구분을 위한 단어에 불과했다는 주장이 있다는 걸 염두에 두며 이 책을 읽어야 한다.

전투를 두려워하는 민중들을 심리적으로 안정시킬 수 있도록 각종 부적을 나눠주었고, 지푸라기를 가득 채운 장태를 굴리며 옷고름을 물고 뛰면 총알을 맞지 않는다는 이야기까지 했다. 그러나 이 모든 시도는 결국 공주 우금치 마루를 넘지 못하고 만 농민들의 피울음으로 끝이 나게 된다. 이때 기관총은 동양에서 처음으로 사람을 향해 발사되었다. (사용되지 않았다는 견해도 있다.)

이 책은 공주전투의 패인을 세 가지로 짚는다. 첫째는 2차 봉기를 준비하며 삼례에서 너무 시간을 끌었다. 그 시간 동안 지원군의 진입로는 물론 공주 농민군들의 퇴로도 차단되었다는 것이다. 둘째, 무기와 보급품의 차이가 너무 많이 났다. 농민군이 쓰던 조총의 유효거리는 120미터인 반면, 일본군이 쓰던 총은 800미터였다. 농민군의 화승총은 2~3분마다 한발을 쏠 수 있었고, 그마저도 전장식이라 몸을 일으켜 장전해야 했다. 그것은 표적이 되기 좋은 조건이었다. 그러나 일본군은 영국식 스나이더 소총을 써서 장전이 수월했고 1분당 15발 사격이 가능했다.* 게다가 앞서 서술한 기관총에 의해 농민군들은 바람의 낙엽과 같이 스러졌고, 오랫동안 그들의 핏줄기가 산을 타고 흘러내렸다. 셋째, 역량을 완전히 결집하지 못했다. 북접은 뒤늦게 총동원령을 내려서 통로가 차단된 현지로 진입하지 못했다. 남접의 김개남 농민군 부대는 너무나 늦게 지원을 시작했다.

그러나 위 조건들이 모두 충족되어도 승리를 장담할 수 없었다고 이이화는 후술한다. 당시 일본군은 근대식 전술을 훈련받았고, 그해(1894-1895)에 청국을 격파했고(청일전쟁), 훗날(1905) 러시아까지 이길 만큼 강력한 군대였기 때문이다. 살아남은 농민군들은 각지로 흩어져 쫓기다가, 혹은 붙잡혀 와서 학살당하고 만다. 가까스로 살아남은 이들도 동학의 흔적을 철저하게 감추며 살아야 했다.

• • • • • • • •

* 《KBS 역사저널 그날》, 2015년 8월 5일 방영분 '난네 났어 난리가 났어.'

5.

갑오년 11월 우금치의 대격돌에서 패배하고 속절없이 전라도 임실까지 밀려 내려온 전봉준은 농민군을 해산하고 입암산성으로 피신했다.

그곳의 승려들은 물론 백성과 별장(수문장)도 함구하며 전봉준을 지켰다. 다만 모두가 알듯, 순창의 피노리에서 부하 김경천의 밀고로 인해 체포되고 말았다. 이 일은 만 백성을 통탄하고 분개하게 했으니, 김경천은 천 냥 상금도 받지 못한 채 떠돌이 생활을 하며 살다 죽었다.

위 사실에서 혹자들은 케케묵은 편견을 드러내 전라도의 지역성을 의심한다. 그러나 나는 그러지 않으련다. 그것은 차범석의 극본 「새야 새야 파랑새야」에서 전봉준이 말하는 이유와 같다.

"입암산 골짝우리에서 같은 동학도에 의해 밀고를 당해 이 꼴이 되었지만, 그자가 밉지는 않다. 같은 교도이었고 지난날의 나의 부하였던 김경천이 나를 관군에게 밀고한 것도 따지고 보면 천냥의 상금이 탐났기 때문이다. 가난했기 때문이다."

전봉준은 추격자들의 몽둥이세례 때문에 무릎을 크게 다쳐 걷기조차 못했으니, 결국 수레에 실려 서울로 압송된다. 혹자는 민중들이 건넨 대나무 소주 죽력고를 전봉준이 연거푸 석 잔을 마셨다고도 하고, 그 덕분에 지금의 종각역 2번 출구 쪽(현 SC 제일은행 본점)에 있는 의금부까지 꼿꼿하게 허리를 세우고 갈 수 있었다고도 한다. 하지만 『오하기문』에는, 그가 죽력고를 찾았다고만 적혀 있을 뿐 마셨다는 기록이 없으니, 기록과 구전 사이에서 나는 길항한다. 죽력고는 조선 민중의 살림 형편에 쉬이 꺼내 건넬 수 있는 술은 절대 아니었다. 그러나 좌초된 열망이, 피눈물이, 통한이 녹아들어 죽력을 짜내고 소주를 내렸다고 적어두고 싶다. 전봉준이 마셨거나 마시지 못한, 그 술이 어떻게 그냥 술이었으랴. "조선 호랑이처럼 모여 울어주지도 못하"고, "더운 국밥 한 그릇 말아주지도 못"해 비통한 백성들이 없는 살림의 마지막을 쥐어짜서 만들어낸 비원이 아니었겠는가.

정약용은 농자천하지대본(農者天下之大本)임을 잘 알던 실학자였기 때문에 이 땅의 양곡의 소비 행태를 오랫동안 관찰했다. 그 결과 양반들이 소주를 마시기 위해 너무도 많은 쌀을 소비하고 있다는 것을 발견하고, 조정에 소줏고리를 거둬들이기를 건의한다. 동시에 호남지방의 양반들에게 '죽력고 소비를 자제하라'고 당부했다고 한다. 거칠게 계산해도 이 죽력고 500밀리리터를 만들기 위해서는 쌀만 5킬로그램이 필요하다. 쌀 1킬로그램당 청주는 500

밀리리터밖에 나오지 않고, 또 소주 한 병을 만들기 위해서는 청주 5병이 필요하기 때문이다. 그러나 이것도 현대식 계산일 뿐, 도정 기술이 조악하던 조선시대에는 더 많은 쌀이 필요했을 것이다. 또한 한 종지의 죽력을 내리기 위해 사나흘 내내 은근한 불을 지펴야 하는데, 자칫 온도조절을 잘못하면 실패하기 십상이니, 그 수고로움을 이루 말할 수 없다. 또한 엄청난 양의 대나무가 필요했기 때문에 정약용 시절부터 호남지방의 대나무 숲은 죽력고 때문에 점차 황폐해져 갔다는 얘기까지 나왔다. 그러니 1894년 즈음에 죽력고는 얼마나 귀한 술이었겠는가.

이러한 민중들의 마음을 잘 드러내는 유명한 시가 있다. 「서울로 가는 전봉준」. 시인 안도현은 이 시로 동학혁명이 90주년이던 1984년, 《한국일보》 신춘문예에 등단했다.

첫 연 "눈 내리는 만경 들 건너가네 / 해진 짚신에 상투 하나 떠가네 / (중략) / 울며 울지 않으며 가는 / 우리 봉준이 / 풀잎들이 북향하여 일제히 성긴 머리를 푸네"는 한겨울 희끗희끗한 눈 덮인 만경 들을 지나 서울로 올라가는 전봉준(해진 짚신에 상투 하나)과 그를 떠나보내는 민중들(풀잎들…성긴 머리를 푸네)을 오버랩 시킨다. "하늘 보기 두려워"하던 이름 없는 들꽃-민중들을 일으켜 세운 그-전봉준은 지금은 "겨울이라 꽁꽁 숨어서 우는" 신세의 풀뿌리들이

재판정으로 압송되는 전봉준

"입춘 경칩 지나 수군거리며 봄바람이 찾아오면" "수천 개의 기상나팔을 불어 제낄" 것이며 "지금은 손발 묶인 저 얼음장 강줄기가 / 옥빛 대님을 홀연 풀어헤치고 / 서해로 출렁거리며 쳐들어갈 것을" 믿고, "한 목숨 타오르"게 될 '서울로 간다.'

시는 우리에게 잘 알려진 전봉준의 유일한 사진* 속의 전봉준이 전하는 말로 시를 마무리한다. 사진 속의 전봉준은 다시 봉기하는

• • • • • • • •

* 오랫동안 입암산성에서 피체되어 서울로 압송되는 사진으로 알려졌던 이 사진은 역사적 고증에 의해 '전라도를 떠나 서울로 가는 전봉준'이 아니라, 전봉준이 서울(한양)에서 재판을 받을 때, 수감되어 있던 전옥서와 재판정(법무아문)을 오갈 때 무라카미 텐신이라는 사진가가 찍은 사진으로 밝혀졌다.

그날 신호가 울리면(닭 울 때) "흰 무명띠 머리에 두르고 동진강 어귀에 모여" 일제히 서울로 올라가자고 당부한다는 것이다.

(전략)

그대 갈 때 누군가 찍은 한 장 사진 속에서

기억하라고 타는 눈빛으로 건네던 말

오늘 나는 알겠네

들꽃들아

그날이 오면 닭 울 때

흰 무명띠 머리에 두르고 동진강 어귀에 모여

척왜척화 척왜척화 물결소리에

귀를 기울이라

- 안도현, 「서울로 가는 전봉준」 중에서

내가 정말 좋아해 마지않는 이 시는 심사위원들이 수천 편의 시 앞에 '선택을 고민할 필요가 없게 해 준 통쾌한 작품'이었다고 한다. 일본인 사진사 무라카미 텐신이, 전옥서에서 법무아문으로 이송되는 전봉준을 기록한 사진 한 장을 보고 써 내려갔다는 안도현 시인의 시 속에서, 나는 죽력고에 담긴 민중들의 피울음을 본다. 또한 종종 한일병탄에 분개하며 매천이 마시고 눈을 감은 아편 탄

소주 석 잔과는 어떤 차이가 있을까 하고 생각한다. 매천은 시대적 한계를 뛰어넘지 못해『오하기문』에서 동학군을 비적(匪賊), 동비(東匪)라 표현했고, 전봉준을 비롯한 동학당의 괴수들은 교수형이 아닌 극형에 처해야 한다고 주장했다.

6.

우금치에 흐른 피로 갑오개혁을 이루었다고, 작게는 을미년(1895)에 삼남지방의 대동미를 절반으로 줄였다고는 하지만 역사가 순방향으로만 흘러가지 않는 것을 보여주는 사례가 있다. 다시 조병갑과 안핵사 이용태다.

을미년에 가족(부인과 딸)들이 잡혀 청주감옥에 갇힐 때도 어쩌지 못하던 해월을, 조병갑은 해금 후 악착같이 추적했다. 그 후 조병갑은 고등법원의 판사로 복직되었고, 1898년 해월을 재판하여 사형을 언도할 때 판사로 배석한다. 해월은 전봉준처럼, 한때 동학교도였던 이의 고변(신고)으로 잡혔는데, 그와 함께 제자들도 붙잡혀 재판을 받았으니 그 이름은 각각 황만기, 박윤대, 송일회이다. 이들도 형을 살았다고 매천은 기록하고 있다. 이용태는 고부에서 저지른 만행으로 파직되고 유배되었으나, 곧 재등용되어 승승장구하다 일제 강점기에 이르러 자작 작위를 받았다. 을사조약에 큰

공을 세운 일인 하야시 곤스케가 남작 작위를 받은 것에 비할 때 이용태의 역사적 행보의 일관성을 알 만하다. 그는 현재 친일인명사전에 이름이 올랐다.

2016년 11월, 전주 한옥마을 안의 동학혁명백주년기념관을 갔을 때, 최시형은 붙잡혀서 처형당하기 직전에 찍은 사진 속의 낡고 늙은 모습으로 조소되어 있었다. 그것을 매천은 '그 모습이 매우 흉하고 괴상했다.'고 표현했는데 내가 보기에 실로 그러했다. 지금 서울역에 널브러진 행려병자와 조금도 구별할 수 없는 모습이었다. 처음에는 기왕이면 조금 나은 모습을 조각할 것을, 무슨 이유로 사형당하기 직전의 파리한 몰골을 조각했나 하고 생각했으나, 이내 생각을 고쳤다. 그것은 평소 작은 미물에도 도가 있고 하늘이 있다는 해월의 가르침을 은유적으로 전하고자 하는 뜻이었을 것이다. 이 노숙인 같은 사람이 기실은 '전봉준을 품은 산맥'이던 해월이라는 것을 알리면서, 도리어 그 뜻을 강하게 전달하는 것이었으리라. 그렇게 동학은 막을 내리고 천도교로 다시 새로운 길을 가게 된다.

그렇게 혁명은 억울한 백성의 원한을 남기고 미완으로 끝이 났다. 죽은 백성은 죽어서 원통했고, 산 백성은 살아서 원통했다. 민중들의 삶은 혁명 전이고 후고 항상 원통했으므로, 자신들과 닮은 억울한 이들을 무속신앙 속에서 신으로 모셨다. 관운장이 그렇고

임경업 장군이 그렇다. 인현황후를 모시고 남이장군을 모셨다. 억울한 이들 사이에는 이승과 저승, 양반과 백성이 따로 없는 법이다. 전봉준이 죽어 원통한 민중들은 그 슬픔을 노래로 만들어 모셨다. 지금도 금강 이남에서는 어머니께 듣고 자란 '새야 새야 파랑새야'를 오지 않는 잠에 드려 뒤척이는 손주에게 불러주는 할머니들을 만날 수 있다. 다만 일제강점기를 거치며, 그 노랫가락이 일본 요나누키 오음계로 바뀐 것은 참 아이러니한 일이다.

『전봉준, 혁명의 기록』에 아쉬운 점을 몇 가지 짚으며 글을 마치겠다. 띄어쓰기 실수와 오타, 맞춤법, 잘못 달린 부제가 읽다 보니 간혹 보였다. 일례로 시 '서울로 가는 전봉준'을 옮기며 네 군데 이상 원문과 다른 단어를 썼다. 그중 짚고 넘어가야 할 것은 '못다 한 사랑 원망이라도 하듯'이 '못다 한 사람 원망이라도 하듯'이 되어 버린 것이다. 시란 본디 행 바꿈과 단어의 미묘한 차이로 내포된 의미가 크게 바뀌기 마련인데, 이렇게 되면 다음 문장에서 '속절없이 눈발은 그치지 않고' 내리는 이유가 무언가 모자란 전봉준을 원망하기 위한 것이 되어 버린다.

두 번째, 이 책이 다양한 책을 참고해 만들어졌다고는 하지만 그 내용 면에서 다소 부실한 면이 눈에 띈다. 운현궁과 전봉준의 관계를 단지 추측으로만 엉성히 넘기거나, 남접계의 입장에서만 서술한 것이 그러하다. 전창혁의 사망을 조병갑 때문이라고 단정한 것도 조심스럽지 못한 접근이다. 또한 우리에게 남은 전봉준 공초의 일부만이라고 소개하면서 전봉준의 마지막을 보여주었으면 완성도 높은 책이 되었을 것을 그러지 않았다. 이 외에도 많은 아쉬운 점이 있지만, 간략하게 우리에게 동학농민혁명사를 전달하는 자료이니 그 나름의 가치는 찾을 수 있을 것이다.

세 번째, 노랫말 '새야 새야 파랑새야…'에서 파랑새에 대한 해석을, 이이화는 전봉준을 상징하는 것이자 '팔왕새'라고 단정한다. 너무도 단정적이다. 전(全)을 각각 팔(八)과 왕(王)으로 파자해, '전 씨가 왕이 된다'는 뜻으로 민중들이 노래를 지어 불렀다는 것이다. 그러나 내가 보기에 이 해석은 적합하지 않다. 노랫말을 살펴보면 파랑새는 '녹두꽃을 떨어트려 청포장수를 울게 하는' 부정적인 모습으로 그려진다. 따라서 파랑새는 당시 농민군을 소탕하던 일본군의 군복이 파란색이었음에 빗댄 것이라는 해석이 더 적절하겠다.

동학농민혁명사는 공부할수록 새로워 점점 '잘 알지 못한다'고 느껴진다. 지금보다도 모르던 2014년, 나는 재학 중이던 대학교 워크숍에 꼭 동학농민혁명을 올려야 한다고 생각했다. 내가 마지막으로 학내 워크숍에 참여하는 해였으며 동학농민혁명 120주년이었다. 이에 극본을 쓰고 극을 무대에 올렸으며, 어설프나마 연

대학생 시절 전봉준을 심문하는 장박을 분한 필자

기까지 했으니 나름으로는 최선을 다한 셈이다. 또한 내 극본에 동의하고 함께 호흡을 맞춘 학우들도 열심이어서 도리어 내가 미안해질 지경이었다. 그러나 그로써 우리는 이 대학에서 가져나갈 작은 모래알 하나를 얻었다고 여겼다. 시대를 넘어, 타는 눈빛으로 물끄러미 우리를 바라보고 있는 정신이 있다는 것을 이제는 안다.

혁명을 넘어 동학의 깊은 사상사를 이제 공부할 차례다. 다가올 오래된 미래 속에, 동학이 있다.

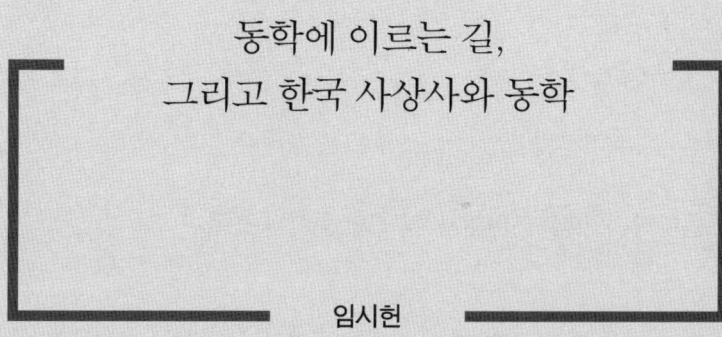

동학에 이르는 길, 그리고 한국 사상사와 동학

임시헌

임시헌 _여러 대학을 거치며 인문학을 천착하다가 동국대에서 동학을 주제로 석사학위를 취득했습니다. 현재 연구자의 길을 잠시 유보하고, 동학적 가치에 따라 살아가는 길을 모색하고 있습니다.

동학과의 만남: 근현대사 '역덕'의 동학과 조우

우선 나는 원래 철학도이기 이전에 역사학도였다. 점수에 맞춰 학부에서 한국사를 택하게 된 것이 아니라, 근현대사 '역덕'(역사 덕후)으로서 일제강점기 역사, 독립운동사를 배우고 싶어 한국사학과 진학을 결정하였기 때문이다. 내가 수능을 보던 해까지만 해도 (2016년) 한국사 과목은 지금처럼 문·이과 공통 필수과목으로 지정되기 전이라, 정시 모집요강에서 한국사를 필수 응시과목으로 지정한 서울대 진학을 꿈꾸던 학생만 한국사를 선택하던 시절이었다. 그만큼 응시자 군의 수준이 우수했으므로, 좋은 등급을 받기 어려웠다. 그래서 교육과정상에 해당하는 한국 근현대사 범위를 아주 샅샅이 공부할 수밖에 없었는데, 그때 출제 요소 중 핵심인 '국권 피탈기' 과정에서 강조되는 '동학농민운동'의 전개 과정에 매료되고 말았다. 동학농민운동의 출제경향은 갑신정변과 갑오개혁, '동학농민운동' 폐정개혁안의 내용을 3자 비교하는 것이 골자였으므로, 이골이 나도록 공부해야만 했다.* 하지만 역사 속 처절한 희생과 헌신을 배우는 데에 따른 감동이 더 컸다. '동학'과 나는 사회 운동사(運動史)의 맥락에서 처음 조우한 셈이다.

그런데 대학에 와서 한국근대사 과목을 정식으로 수강하면서 나는 좀 삐딱한 불만이 생겨나기 시작했다. 동학을 '사상운동'이라 규정하는 약술(略述)을 빼놓고선, 동학사상에 대해서는 일언반구 없이 교조신원운동, 보은집회에서부터 남접, 북접이니 우금치 전투니 하는 항쟁사 과정에 대한 단편적 사실만을 배우게 되는 것은 큰 틀에서 고등학교 수준과 별반 다르지 않았기 때문이다. 고등학교 과정 한국사 커리큘럼의 한계는 당연한데, 왜 대학의 사학과에서도 사상사적 관점으로 근대사상사의 맥락에서 동학사상의 진면목을 배울 수 없는 것인가에 대한 아쉬움이 크게 남았다.

가령 학부 수준의 '역사학개론'에서는 비록 개론 수준이라도 칸트, 헤겔, 마르크스, 랑케의 역사철학과 서양 사상사(지성사)를 나름대로 심도 있게 가르친다. 그러나 정작 한국의 역사철학과 근대사상사에 대한 심도 있는 교육과 접근은 현저히 뒤떨어진다. 한국근대사 전공의 학계 풍토는 일제강점기 사회경제사와 농업사 연

・・・・・・・

* 지금의 한국사는 절대평가로 평가 방식이 전환되어 난이도가 대폭 낮아져 그처럼 '괴랄'한 수준에서의 학습을 요구하지 않는다.

구가 주류였으며, 특히 내가 다닌 고려대에서는 양전 사업이나 기업, 철도, 광산에 관한 통계에 매달려야만 일제강점기 근대사 연구의 중심을 건드린다고 평가받았다. 그게 아니라면 사회 운동사나 국제 관계사 방면으로 관심을 기울여야 한 자리를 차지할 수 있었다. 그러나 동학에 관해서는, 가끔 열리는 '한국사학사'나 '한국근대사상사' 수업에서조차 조금도 다루지 않았다.

한편 당시 나는 노장사상과 불교에도 심취하여 철학을 이중전공하고 있었다. 고려대는 기본적으로 다른 대학에 비해 동양학, 한국학 커리큘럼이 상당히 내실 있게 구성된 편이었는데, 특히 철학과는 유·불·도 각 방면과 한국철학 전임 교수까지 모두 확보하고 있을 정도였기에 동양철학 수업이 많이 개설되어 있었다. 중국철학에 매료되어 철학과에 들어갔다가 조선 유학의 논쟁사를 중심으로 한국철학사를 배우게 되면서, 같은 동양철학도 중국철학사의 '지류(支流)'로서의 한국철학사가 아닌, 이 땅에서의 사유 흐름에도 독자적 계보가 있다는 것을 체감하여 전율을 느꼈다.

그러나 소위 '한국철학'의 범위 역시 조선 성리학에 갇혀 있다는 아쉬움을 또다시 지울 수 없었다. 어느 학교나 마찬가지겠지만, 한국철학사 관련 커리큘럼에서는 아직도 퇴계·율곡 중심의 조선 성리학을 한국철학의 알파와 오메가로 가르치고 있다. 기껏 다산 정약용이나 혜강 최한기의 실학(實學) 정도가 '한국철학' 커리큘럼의 최종 종착지였다.* 심지어 고대 신라의 원효, 지눌을 중심으로 한 한국불교도 소홀히 다루어지고, 실학 이후의 한국 근현대 철학은 아예 언급조차 되지 않는 것이 이른바 '한국철학'의 현실이었다.

'한국철학'의 '한국'은 오늘날 우리가 사는 '대한민국'을 지칭한다. 우리는 민주 공화정 체제에서 살아가고 있으며, 대통령을 임금님으로 모시지 않는다. 나는 조선왕조의 신민(臣民)이 아니다. 따라서 '한국철학'이라는 개념을 사용하려면, 현대 한국의 사유까지 철학사의 범위가 이어져 있어야 한다. 최소한 그러려는 노력이라도 기울여야 한다. 그런데 근・현대 철학사를 전면 배제한 채 전통 철학만을 다루고, '조선 유학'을 '한국철학'과 같은 개념으로 사용하는 명백한 왜곡을 방치하면서도 '한국철학'의 타이틀을 붙이는 것은 민망한 일이 아닐 수 없다.

그러면 근현대 한국철학사의 출발은 어디서부터라 말할 수 있을까? 대한민국 헌법 전문(前文)에 그 답이 있다. 대한민국은 1919년 기미년 3.1운동의 정신과 이를 바탕으로 수립된 대한민국임시정부를 국가 정체성이자 현재 헌정질서 법통의 원천으로 삼고 있다. 따라서 동학혁명에서부터 3.1운동까지 주축 세력으로서 찬란

・・・・・・・・

* 이기상 명예교수가 다석 유영모의 사상을 연구하며 빠진 충격을 토로하는 글에 이와 같은 문제제기가 되어 있다. 이기상, 『다석과 함께 여는 우리말 철학』, 지식산업사, 2003 참조.

한 항쟁을 이끌어간 동학을 한국 근대철학사의 첫 자리에 두는 것은 당연한 일이다.

사실 나는 이미 학부 시절에 여러 교수님에게 이러한 질문을 줄곧 던지곤 했다. 그때 어느 선생님은 동학사상을 비롯하여 다석 유영모와 함석헌의 씨올사상 등의 현대철학에 관심을 둘 필요성을 인정하면서도, 구한말과 일제강점기를 거치면서 유·불·도라는 전통 사상의 계보가 단절이 생기는데다 근대 이후의 한국철학은 사유의 영역과 범위를 규정하기가 모호해 연구성과가 부족하여 현실적으로 현대철학을 연구하기에 어려운 환경이라고 답변하셨다. 솔직히 나는 별로 설득력 있는 답변이 아니라고 생각했다. 그러면 서양의 들뢰즈나 데리다 같은 현대 사상가는 어떤 계보를 따지면서 연구하기 시작한 것인가? 우리나라에 현대 프랑스철학 연구의 전통이 어디에 있나? 오히려 철학은 사상사적 '단절'을 흥미로운 사유의 대상으로 삼아야 하는 것이 아닐까?

이쯤에서 다시 한국 역사학계의 연구사를 검토해 보자. 해방 이후 독재 정권을 거치며 근현대사와 독립운동사, 사회경제사 연구는 남북분단과 이념 시비에 걸려 좌초되기 마련이었다. 그럼에도 연세대의 김용섭, 고려대의 강만길, 국민대의 조동걸과 같은 역사학자들은 근현대사 연구를 개척하며 새로운 방향성을 제시했다. 그 결과 현재 한국 역사학계에서는 근현대사 연구가 주류가 되었다. 전공을 따진다면, 김용섭, 강만길 모두 조선 후기사 전공에 속한다. 오늘날의 연구 풍토에서 보면 이들은 '비전공자'에 불과하다. 그러나 이분들은 근현대사 연구의 필요성을 인정하고, 스스로 연구 영역의 확장을 도모하면서 제자들을 양성했다. 그 제자들이 한국 근현대사의 세부 분야 전공으로 여러 대학의 전임 교수가 되었고, 고등학교 교육과정에서도 한국 근현대사가 정식과목으로 인정받으며(1997년 제7차 교육과정) 이후 통합 한국사 과목에서도 절반 이상이 할애되기에 이른 것이다.

  이와 비교하면, 철학과는 다른 학과보다 시대의 변화에 대한 반응이 '몹시' 더디다. 대부분 기존 연구의 관성에 젖어 '안 된다'는 구실을 찾기에 바쁘다는 인상을 지울 수가 없다. 오히려 한국철학 원로인 윤사순 교수님의 회고담이 현재의 동양철학계에 하나의 경종이 될 수 있겠다. 1960년대 윤 교수님이 퇴계 연구로 박사학위 논문을 준비할 당시에도, 서양철학 전공 교수들에게서 동양철학이 철학일 수 있느냐는 질문을 수없이 받았다고 한다. 그래서 이에 대한 반발심으로 퇴계를 서양철학의 입장에서 읽어도 손색없도록 철저히 논리적으로 해명하여 철학사의 반열에 올려놓겠다고 다짐하고 박사학위 논문을 작성했다고 회고하였다.* 오늘날

---

* 윤사순, 『한국철학사상사』「序文」, 고려대출판문화원, 2022 참조.

에도, 똑같이 동학이 철학일 수 있는지 혹은 한국에 근현대철학이 존재하는지를 묻는 보수적인 질문들이, 과거 같은 질문으로 '정체성'에 대한 시비를 받은 경험이 있는 동양철학 전공자들에 의하여 반복되고 있다.

동학을 연구하며 만난 인연 이야기

동학에 대한 역사적 탐구보다 철학적 해명에 더 관심이 있었던 나는 어떻게든 철학과 대학원에서 논문을 쓸 수밖에 없었다.

처음 진학했던 한국학중앙연구원 부설 한국학대학원 철학과에서는 종교학과로 가라면서 '동학'으로 지도를 거부 당하는 바람에, 동국대 철학과 대학원으로 편입하는 간난(艱難)을 겪으며 겨우겨우 석사논문을 완성했다. 하지만 떠돌이 생활을 하는 동안 내가 제대로 공부했는지 늘 의구심을 떨치기 어렵다. 형식적으로 지도를 받아준 교수님 역시 동학의 철학적 위상에 공감하시지 않았기에, 실상 본격적인 지도(指導)를 받아본 적도 없고, 내 생각의 지도(地圖)를 정확히 펴보기도 전에 혼부터 나는 일이 비일비재했기 때문이다. 그럼에도 어려운 환경에서도 '다시개벽'을 꿈꾸는 선생님들을 소속 학교 바깥에서라도 만난 덕분에 관심을 더 이어갈 수 있었다. 이 지면에서 나의 짧은 학문 도정을 사실상 이끌어 주신

조성환 선생님을 처음 만났을 때(2019 개벽살롱). 그 후 조성환 선생님은 책이 출간될 때마다 종종 직접 우편으로 부쳐주셨다. 나는 사은(師恩)을 받은 제자의 위치인데도, 조성환 선생님은 이제까지 줄곧 나에게도 '선생님'이라 칭해 주셨다.

선생님들과의 만남을 간략히 소개하려 한다. 2019년 여름 서강대에서 열린 철학 특강에서, 나는 조성환 선생님을 처음 뵈었다. 조 선생님은 동학을 한국철학사에서 독창적 철학이자 토착적·영성적 근대의 출발로 자리매김해 주셨고, 그 덕분에 학위논문은 동학을 꼭 주제로 삼아야겠다는 확신을 얻었다. 그래서 전인미답의 길을 먼저 개척한 사람이 있다는 사실은 소중한 것이다. 다음으로, 원주 한알마을에서 진행한 동학 강좌에 참여하면서 국내의 주요 동학 연구자를 온라인으로나마 뵐 수 있었다. 특히 모교 고려대에서 박사학위를 하신 김용휘 선생님, 동학으로 박사학위를 하시고 부산예술대에서 교수를 지낸 김춘성 선생님, 동학 연구의 원로이신 윤석산 선생님의 강독과 수업이 특히 기억에 남는다. 이미 선배로서 험난한 동학공부의 길을 개척하시며, 개벽파 학인으로서의 비주류 삶을 응원해 주신 박맹수 전 원광대 총장님의 자상한 조언도 잊을 수 없다.

또 이를 통해, 내가 속한 공식적인 학문 공간을 넘어서 동학 관련 논저를 꾸준히 써 오신 학자들을 망설임 없이 만나 뵐 수 있게 되었다. 사실상 학위 지도를 간접적으로 해 주셨다고 해도 무방한 분들이다. 먼저 중국에서 중국 송명유학, 그중에서 장재 철학으로 박사학위를 받으셨으면서도, 국내에서 다시 동학을 중심으로 한 한국 근대철학과 생태철학의 지형도를 구성하고 계신 단국대 철학과 황종원 선생님. 황 선생님은 2022년 2학기 대학원 수업에서, 수운부터 야뢰 이돈화, 김지하까지 동학 관계 중요 문헌을 집중적으로 다루셨다. 여기에서 그동안 접하기 어려웠던 『동경대전』, 『해월신사법설』, 『신인철학』, 『동학지인생관』, 『남조선 뱃노래』 등 동학사상사에서 중요한 저작을 두루 강독하며, 나는 비로소 학위 논문의 틀을 대강 구상할 수 있었다. 단국대 철학과는 2013년 처음 신설된 학과로서, '유서 깊은' 다른 학교 철학과의 기존 전통에 물들지 않은 '새로운 전통'을 창조하고 있다. 지금은 다석 유영모의 사상을 공부하는 학풍이 형성되었다고 한다. 다음으로, 석사 논문에 인용한 원문의 번역상 문제를 바로잡기 위해 수강한 동학 서지문헌 연구 수업을 개설하고 이끄신 서울대 국문과 정병설 선생님과 홍승진 선생님. 여기에서는 『동경대전』과 『용담유사』를 문장 단위로 강독하며, 논문 완성에 필요한 결정적인 도움을 얻을 수 있었다. 정작 서울대 국문과의 대학원생들은 동학의 가치에 대하여 심드렁하다는 느낌을 지울 수 없었으나, 동학을 새롭게 배우고자 하는 정병설 선생님의 개방적인 학문적 태도로부터, 철학과 교수들에게서 데인 마음을 많이 치유할 수 있었다.

마지막으로 한때 한국철학계의 이단아로 취급받았으나, 이제는 거장으로 자리 잡은 도올 김용옥 선생님. 한국학계에서 현재 동학이 새롭게 화두에 오른 것은 전적으로 도올 선생이 내놓은 『동경대전』 역주의 파급력 덕분이라고 생각한다. 도올 선생님은 열정을 전염시키는 힘이 있다. 어느덧 팔순에 가까운 나이에 이르렀음에도 학문적 열정과 비판 정신만큼은 청년에 못지않은 도올 선생님의 지적 행보를 좇으면서 (특히 2020년 한신대 동학강의에 참여) 나는 지난 10년 동안 그가 이미 밟은 노장과 불교, 유학은 물론 동학에까지의 여정을 차근차근 밟아나갈 수 있었다. 그의 글은 언제나 논쟁을 불러일으킨다. 그러나 그러한 설화(舌禍)는 문헌학적인 지루한 탐구만 난무하고 본질이 되어야 할 논쟁 자체가 부재한 철학계에 오히려 빛과 소금이 된다.

이렇게 보면 내가 은혜를 입은 스승님들은 적지 않았다는 생각이 든다. 누가 이 글을 읽는다면 배부른 고민을 한다고 할지도 모르겠다. 그런데 왜 제도권 철학계에서는 동학을 연구하려면 교수들과 '말 같지도 않은 언쟁'을 계속해야 했던 것일까? 이 점을 뒤에서 더 다루겠지만, 동학은 학계에서 아직 비주류이자 국외자에 머물러 있다.

철학의 보편성과 특수성이 만나는 동학

우리는 흔히들 철학을 보편성의 학문이라고 말한다.

철학의 명제는 시대에 따라 가치가 변하면서 자연히 포폄의 대상이 되기도 하지만, 기본적으로 유럽, 아시아, 아메리카, 아프리카 어디서든 보편적인 진리로 전달되고 인식되어야 한다고 전제하고 있다. 그렇기에 철학은 감정적이기보다 이성적인 서술 방식을 취하며, 논증을 중심으로 한 논리적 언어로 말할 것을 요구받는다. 그러나 한편으로 우리는 비서구권에서, 제국주의 강점으로 인한 피식민지 상황을 겪은 입장에서, 과연 철학(서양철학)이 정의하는 '보편성'이 정말로 보편적인 것인가를 물어야 한다. 오늘날 우리 사회에서 '사유의 보편성'이라는 언어 자체가 무의식 수준에서, 서구 중심적 사유를 표준으로 삼고 있기 때문이다. 역사적 경험이 다르고, 문화도 다르고, 민족도 다른데 어떻게 사유의 '보편성'을 함부로, 그리고 일방적으로 말할 수 있을까? 현 시점에서 보편성을 천명한 모든 사유 방식이야말로 기실 근대 유럽의 특수한 자연적, 역사적, 문화적 상황에서 배태된 것이 아닌가? 우리는 '보편성'을 정초한 서양 근대철학이야말로 다원적이고 민주적인 사고를 가로막고, 세계의 토착적 문화와 가치, 언어를 훼절시키며, 근대 이후 제국주의적 침략과 지배를 정당화시킨 모태가 아니었는가를 회의적으로 성찰해야 한다. 이러한 관점에서 남미, 아랍, 동남아를 아울러서 역사를 새롭게 바라보며 비서구권의 시각에서 세계 역사와 철학사를 재검토하는 흐름이 서서히 형성되고 있지만, 소위 '보편적'인 담론에서 이를 접하기까지는 시간이 걸릴 듯하다.*

  물론 산업혁명과 자본주의의 세계화, 과학혁명 등을 매기로 한 성장 일변도의 근대 체제가 초래한 기후위기 등의 문제를 극복해야 한다는 탈성장-탈근대의 흐름은 우리나라를 포함한 세계 전역에서 전방위적으로 고민되는 문제이다. 조심스러운 말이지만, 제국주의의 지배 경험을 겪은 나라(민족) 중에서, 산업화와 민주화를 동시에 달성했을 뿐 아니라, 문화적 특수성과 세계적 보편성의 조

― ― ― ― ― ― ― ―

* 이러한 문제의식을 담은 저술이 박치완, 『글로컬 시대의 철학과 문화의 해방선언』, 모시는사람들, 2021이다. 한국철학회 70주년 정기학술대회(서울시립대, 2023)의 한국비교철학회 세션 청중석에서 내가 한국 현대철학의 연구 필요성과 현재 한국의 철학 연구 풍토에 관한 문제 제기를 강하게 했더니, 발표자로 오셨던 박치완 선생님께서 외대 대학원으로 오라고 화답해 주셨던 기억이 난다.

화를 고민할 수 있게 된 나라는 우리나라밖에 없다고 생각한다. 소위 제3세계(아프리카, 서남아시아, 중남미) 국가들은 대체로 후발주자로서 개발주의적 사고에 갇혀 있거나, 혹은 제2차 세계대전이 유발한 내전이 아직도 이어지고 있으며(이 점은 우리나라도 마찬가지지만), 자기 문화권의 특수한 토착 문화를 지켜야 한다는 압박감에 전근대적인 독재체제와 여성 차별, 신분제도를 엄격하게 고수하는 것에서 비롯된 다양한 문제를 안고 있는 탓이다. 다시 말해, 근대화에 대한 열망이 너무 강해 토착 전통을 돌아볼 여유가 없고, 그나마 고수하려는 전통은 전근대적 인권 침해 요소가 심하거나 반대로 제국주의 지배 기간 도중 입은 훼손이 심해 고유성을 주장하기 어려운 현실에 놓여 있다. 그럼에도 이러한 상황을 지혜롭게 돌파해야 할 제3세계 국가의 지식인들은 오히려 유학 등을 통해 서구 편향적 시각에 전염되어 정작 자신의 조국에서 제 역할을 하지 못하는 경우가 허다하다.

이에 비해, 제3세계 국가 공통의 식민 지배와 빈곤을 겪으면서도, 장기간의 독재를 오랜 투쟁 끝에 극복해 내고(민주화), 사회경제적으로 시장경제 체제하의 산업화와 선진화를 동시에 이룬 나라는 전 세계적으로 한국뿐이라고 해도 과언이 아니다. 이제 우리나라는 우리 전통을 수호할 의지와 역량을 회복한 상태에서, 한국적 사유의 주체성과 고유성을 기반으로 세계적 보편성에 다가갈 수 있는 시대를 맞이한 것이다. 이는 구태의연한 민족주의를 재론하자는 이야기가 아니다. 서구 편향의 세계화가 압도적인 현대사회에서 진정한 '제3세계'의 대안 사상이 동학을 위시한 한국 근현대철학의 재검토를 통해 실현될 수 있다는 뜻이다. 탈식민을 거론하며 또다시 서구 언어의 외형을 빌리는 모순을 용인하는 탈식민주의 이론이 아니라, 20세기 식민 지배와 마주한 제3세계 민중의 목소리가 자신의 언어로서, 사상으로서 구체화된 동학이라는 사례를 하나의 전범(典範)으로, 희망으로 제시할 수 있다는 것이다.

서구적 근대성의 가치 중에서, 우리가 먼저 수용한 것은 민주공화정이다. 우리는 불과 100여 년 전, 대한제국이 일본에 강제병합될 때(1910)까지, 왕정 체제를 유지했고 신분 차별과 여성 차별, 아동 학대 등이 당연시되던 사회에서 살아왔다. 이러한 폭력성을 배태한 왕정 구조가 붕괴하는 것은 10년이 채 걸리지 않았다. 1919년 수립된 상해 임시정부에서부터 민주공화정과 신분제 폐지, 양성평등, 인간의 기본권 등의 '근대'적 가치를 '대한민국 임시헌장'에 모두 천명하였기 때문이다.

우리는 자유와 평등이라는 개념이 서양사에서 영국의 명예혁명, 프랑스 혁명의 인권선언, 미국의 독립전쟁 등으로부터 기나긴 역사에 걸쳐 형성된 것을 그대로 수용하였다고만 막연히 생각하고 있다. 그러나 우리는 왕정 붕괴 불과 9년 만에 거족적 3.1운동

대한민국임시정부가 1919년 4월 11일 제정 및 공포한 '대한민국 임시헌장.' 제1조에 '대한민국은 민주공화국으로 함'이라 천명하고 있다. 이 '헌장'의 존재로 인해, 대한민국 헌법의 정통성이 확립된다고 말할 수 있다.

과 민주공화정에 입각한 망명정부를 수립하였으며, 사상과 이념 노선의 차이를 막론하고 모두 다 자유와 평등을 기본 전제로 내걸고 독립운동을 이끌었다(복벽주의에 입각한 왕정복고의 반동(反動)적 시도는 1912년 독립의군부가 마지막 기록이다). 이는 전적으로 1860년 동학의 창도로부터 1894 갑오년 동학농민혁명, 1919년 3.1운동에 이르기까지의 반제국주의, 평등주의, 민중 자치주의(집강소)에 입각한 의식의 전환과 운동을 추동해 온 동학의 사유가 민주공화정을 수용하는 내적 동인이 되었기 때문이라 할 수 있다.* 마침 최근 일각에서 국권피탈 당시 한국이 저항 전쟁없이 식민 지배를 무기

---

* 손기영, 『학살의 제국과 실패국가』, 고려대학교출판문화원, 2022, 62~63쪽 참조.

력하게 수용했음을 주장하며 일제식민통치는 역사적 필연이라고 정당화하는 친일 뉴라이트의 역사관이 다시금 만연하여 유의미한 반론을 소개하고자 한다.

고려대 민족문화연구원의 손기영 교수는 한국인이 일본의 침략에 무기력했던 것이 아니라, 동학농민전쟁이나 의병전쟁과 같은 '비대칭전쟁(asymmetric warfare)'을 통해 대항했다는 점에 주목한다. 따라서 일본군이 수십만 명의 한국인을 잔혹하게 학살한 후 이완용과 같은 집권 세력과 함께 한일병합조약을 체결하는 과정을 통해 일제강점기를 맞이하게 된 것이지, 침략에 맞선 전쟁 없이 한일병합이 '불가피'하게 이루어졌을 뿐이라는 주장은 타당하지 않다. 이 근거로 손 교수는 한국인의 저항과 투쟁이 일본의 대륙 침략 계획의 걸림돌이 되어 이 저항으로 인해 일본의 중국침략이 지연된 사실을 든다. 다만 이미 조선이 직접적 몰락 원인이었던 일본 침략 이전에 '실패 국가'였다는 사실에 주목해야 한다고 말한다. 왜냐하면 자국민을 침략에서 방어할 역량을 갖추기는커녕 동학혁명과 의병 학살의 공조자 역할을 자임했기 때문이다.

비록 조선왕조는 실패국가였지만, 조선의 민중은 온몸을 던져 일제 침략에 맞섰으니 저항전쟁 없이 무기력하게 침략을 방관했다는 주장은 그야말로 어불성설임을 알 수 있다.

다시 본론으로 돌아가서, 서구의 정치철학과 결정적으로 다른 동학의 평등사상의 특징은 인간을 영적으로 고귀한 존재로 격상시킨다는 점이다. 인간은 스스로 '하늘을 모신 님(侍天主)'이다. 동학은 하늘이라는 이상인 '불연(不然) 세계'와 땅이라는 현실의 '기연(其然) 세계'의 일원성을 근간으로 하는 사상이다. 동학혁명에서 일본군에 맞서 죽창을 들고 맞선 농민군들의 의식은 서구의 사회과학적인 평등에의 이상보다, 다시개벽을 통한 무극대도의 사회를 꿈꾸던 '불연'적인 이상적 동경에 닿아 있다.(동학사상의 특수성은 『동경대전』의 '불연기연' 편으로 가장 잘 해명할 수 있다. 이러한 관점은 나의 석사학위 논문의 모태가 되었다.)*

인간을 '님-화'시키는 동학의 인간관은 이상적이며 새로운 '개벽세'를 향한 여정에 영성공동체로서 연대를 할 수 있는 근거를 제공했고, 이러한 연대에 기반한 경험은 이후 신종교운동, 신문화운동, 무장투쟁 등 일제강점기 이래 모든 운동사의 기점이 되었다. 나와 너, 우리가 모두 하느님일 수 있다는 '전복'적 사유는 수평적 연대운동의 기폭제가 되었고, 비 서구권 국가들 중 어느 나라보다

· · · · · · · ·

* 임시헌, 「水雲의 不然其然에 관한 硏究: 西學 수용의 프리즘으로 바라본 東學의 종교성 이해」, 동국대학교 대학원 철학과 석사학위논문, 2023. 동학사상의 종교성을 한국 근대철학의 성격으로 진지하게 검토할 것을 요청한 논의는 다음의 논저를 중점적으로 참조하였다. 김상봉, 「파국과 개벽 사이에서- 20세기 한국철학의 좌표계」, 『대동철학』67, 2014; 조성환, 『한국 근대의 탄생 - 개화에서 개벽으로』, 모시는사람들, 2018.

도 빠르게 민주공화정, 인권과 같은 보편적 가치를 자연스레 내면화하는 원동력이 되었음은 물론이다.

특히 20세기 말 김대중과 리콴유의 '아시아적 민주주의' 논쟁은 동학적 민주주의의 특성을 잘 드러내 주는 훌륭한 사례다. 리콴유는 서구적 민주주의가 아시아적인 특수성에 부합하지 않는다며, 아시아적 가치가 서구적 평등, 민주주의, 자유 등과는 거리가 멀다고 주장하는 반면, 김대중은 중국의 맹자, 한국의 동학을 근거로 들면서 동아시아는 오래전부터 맹자로부터 상징되는 민본주의적 가치가 면면히 내려오고 있으며, 그것이 '인내천(人乃天)'이라는 동학의 자생적 평등사상까지 이어짐을 설파한다.* 게다가 김대중은 인간 이외의 존재의 권리도 보장해주는 '지구 민주주의'를 실현하자고까지 말하고 있다.** 리콴유의 논리는 '인내천(수운의 侍天主를 손병희가 재해석)'이라는 동학사상의 자생적 민주적 평등사상 앞에 여지없이 깨지고 있다. 더불어 김대중의 지구 민주주의론은 오늘날 화두인 생태 민주주의, 지구 인문학 담론의 선구라고 평가할 수 있다. 천주교나 개신교의 수직적인 신 아래에서의

---

* 김대중, 「문화란 운명인가(Is Culture Destiny)」, 『Foreign Affairs』, 1994년 11~12월호에 게재되었을 뿐만 아니라, 2000년 노벨평화상 수상 연설의 핵심적 논의로도 다시 언급되고 있다. 사후 출간된 김대중, 『김대중 자서전』, 삼인, 2010; 연세대학교 김대중도서관, 『김대중 육성 회고록』, 한길사, 2024 등 김대중의 자전적 기록에도 그 핵심이 요약되어 실려 있다.

** 조성환, 이우진, 「동학사상의 '지구민주주의'적 해석」, 『유학연구 60』, 2022 참조.

평등이 아닌, 수직적인 종교구조의 사유 구조를 수평적인 것으로 전복하여 '하느님끼리의 종교적 연대'를 도모한 것이 바로 동학이다.* 이 점에서 동학은 어느 종교보다도 합리성과 지속 가능성을 보존한 동시에, 생명 외경 사상을 철저히 견지하고 있다. 우리는 이러한 동학의 사상적 특수성이 역사적으로 세계사적인 보편성과 어떻게 만나왔는지를 추적하면서, 토착적 가치로도 서구 근대의 담론과도 얼마든지 조화를 이룸을 확인할 수 있다. 즉, 동학이라는 제3세계 변방의 사유가 세계적인 '중심'적 가치로 자리매김할 수 있음을 보여주는 사례라는 것이다. 실제로 나는 고려대학교 철학과 조성택 교수님(비교종교학 전공)의 불교철학 수업에서, 실제로 미국 사회에서 동학에 흥미를 느끼는 종교학자가 적지 않다는 경험담을 종종 듣곤 했다. 동학 사유의 혁명성은 비단 우리 한국 사람뿐만 아니라, 다른 문화권에서 다른 언어를 쓰는 사람들에게도 흥미롭게 다가간다는 것이다. 동학의 토착적 가치도 충분히 세계적으로 공감을 얻을 수 있고, 이를 통해 보편성과 특수성이 만난 진정한 '글로컬'이라 지칭할 만한 한국철학을 정초할 수 있다고 생각한다.

― ― ― ― ― ― ― ―

* 도올 김용옥 역주, 『동경대전 2: 우리가 하느님이다』, 통나무, 2021 참조.

동학하는 삶이란 무엇인가

다시 왜 동학이 아직도 한국철학사상사에서 정당한 위치에 서 있지 못하느냐에 관한 질문으로 돌아오자.

그것은 아무래도 우리 근대철학의 출발이 고매한 '형이상학'이 아니라, 사회체제를 바꿔 가면서까지 새로운 '주체성'을 시험하며 갈고 닦아야 했던 '실천 사상'에서 비롯되었기 때문이 아닐까 한다. 현재까지 한국의 강단 철학은 '수입 철학'이 지배하고 있다. 문헌 탐구와 형이상학적인 사유의 천착만이 '철학'하는 행위로 평가받는다. 그래서 한국의 철학 논문에서 살아있는 문제의식을 발견하기란 '하늘의 별따기'이다. '~에 관한 철학'이 지배한 백년이기 때문이다. 이런 풍토에서, 서양철학에서는 당연히 칸트·헤겔 중심의 대륙철학 문헌에 대한 치밀한 탐구가 주류가 되었고, 동양철학에서는 어마어마하게 방대한 주석이 남겨진 주자학을 위시한 중국 송명이학 혹은 퇴계·율곡 중심의 조선 유학, 다산학 등이 주로 연구의 대상이 되었다. 이에 비해, 동학은 주석학적 전통에서 이탈해 있어 철학적 탐구대상이 되지 못한다고 여겨져 온 것이다. 분명 조선 유학이나 노장사상의 술어가 원용되지만, 수운은 전통적인 철학의 맥락에서 동양철학 어휘들을 사용한 것이 아니라, 자기가 하고 싶은 말을 하기 위해 그 언어들을 방편으로 활용할 뿐이다. 그래서 동학은 전통 사상을 일면 계승한 듯 보이지만, 철학사적 전통과 단절한 성격을 지니고 있다. 동학사상의 해석이나 강조점이 학자마다 조금씩 다른 것도, 동학 자체가 애초부터 종교운동이면서 정치혁명을 꿈꾸는 사상운동, 사회운동의 다층적 성격을 모두 지니고 있기 때문이다. 각자 자신만의 맥락에서 동학은 새로운 의미를 부여받고, 시대에 당면한 문제의식에 대한 사상적 대안으로 자리매김되었다. 그러나 그만큼 동시에 동학은 전통 철학의 계보를 탐색하는 연구자 집단에게는 깊이 있는 연구 대상이 될 수 없다고 외면받은 것이다.

물론 동학 관계 문헌을 문헌학적으로 정립하는 일은 매우 중요하고, 이에 관하여 각별한 노고를 남기신 여러 선학(先學)의 역할을 우리가 기억해야 한다. 그러나 동학에 대한 두 가지의 선입견이 동학적 사유의 확장 가능성을 가로막고 있다. 우선, 철학계에서 흔히 하는 엄밀한 개념 분석에 기초한 철학사적 방법론이 그러하다. 특히 조선 유학사의 이기(理氣) 논쟁의 관성이 동학사상을 해석하는 데 영향을 주는 것은 그다지 현명하지 못하다고 생각한다. 동학은 단절 이후 새로운 전통의 출발점에 서 있다. 따라서 조선 유학이나 주자학이 지닌 경학(經學)의 방법론에 기반한 기존 독법은 동학을 유학사 전통의 연장선상에 놓으며, 동학의 술어를 그 자체로 이해하는 것을 막는다. 다음으로, 원불교나 천도교, 증산교 등의 신종교 종단에 소속된 연구자들이 동학의 해석을 주도하는 경향이다. 동학은 '종교를 넘어선 종교'이다. 종교적 사유가 동학의 출발점이자 연대의 기폭제가 되었음을 부정할 수 없으나, 동시에 특정 교단의 특수 교리화가 동학의 창도 목적이 아니었다는 점에 주의해야 한다. 따라서 특정 교단의 해석이 동학 연구를 독점하는 경향은 바람직하지 않다. 동학의 출발이 기본적으로 사회의 변화(개벽)를 이끄는 모티브를 제공하는 '개방'적인 실천운동이자 사상운동이었음을 잊어서는 안 된다. 오늘날 '신(新)친일파'가 득세하는 난국에 처한 정치적 상황, 기후위기, 능력주의와 젠더갈등·세대갈등, 분단 체제, 불평등과 양극화, 비정규직 확산, 자본주의의 위기 등의 복잡다단한 정세를 고민하는 데에, 비슷한 위기의식 속에 발아(發芽)했던 동학이 실천적 사유의 토대가 되어야 한다.

 동학이 사상으로서 우리에게 생소한 이유는, 현대철학으로서의 동학이 매력적으로 소개되지 못했던 영향이 크다. 가령 내가 동학을 이야기했을 때 사람들이 보였던 반응은, 주로 외세에 대항하기 위한 민족주의적 사상이라는 고리타분한 냄새가 난다는 것이었다. 또 특정 민족종교 교단에 연루되어 포교하는 게 아닌가 하는 의심을 적지 않게 받았다. 기존에 알려진 어떤 평등 담론보다도 본원적 평등을 다루고 있고(侍天主, 事人如天, 人乃天), 세간에 유행하는 어떤 동물권 담론보다도 심층 생태학적인 사상을 선구적으로 제시했으며(해월의 삼경(三敬)사상, 物物天, 以天食天), 노동 친화적(일하는 하느님)이며 민중 친화적이었던 사상(吾心卽汝心)이 고루하게 느껴지도록 만든 것은, 일차적으로 동학 연구자들의 글쓰기의 보수성에서 비롯된 것이다. 현대 사회과학 담론으로 사유를 확장시킬 이야기를 재미없는 문헌학, 철학, 종교학으로 범위를 제약시킨 죄 아닐까?

오늘날의 사회 문제를 분석하는 대부분의 담론은 보통 정치학자나 사회학자, 경제학자들이 참고하는 서구의 정치철학 이론에 근거하고 있다. 대표적으로 영미의 정의론을 제시한 논자들(로버트 노직, 존 롤스, 알레스 데어 매킨타이어, 마이클 샌델, 토머스 스캔런 등)이나 페미니즘, 심층생태학 담론을 들 수 있다. 그러나 동학 역시 역사적으로 이들과 상응하는 문제의식과 통찰을 제공했고, 비록 많은 이들이 망각했지만, 우리 사회 근대화의 배경을 이루고, 변혁을 통한 민주주의 국가 수립의 사상적 기반이 되었다는 사실을 되새겨야 한다.*

이제 다시 동학사상은 새로운 현대사상의 담론과 사회과학의 조력을 받아 한국사회는 물론 국제사회에서 실천적 사상 담론으

---

* 오늘 우리 사회에 '유기농 생산과 소비'의 관행을 도입하고 확산시킨 한살림 운동도 동학사상의 기반 위에서 태동하고 발전한 것이다.

로 자리하도록 노력을 기울여야 할 '때'다.(時乎時乎 이내時乎 不再來之 時乎로다 - 수운의 劍訣검결) 동학이 처음 이 땅에 등장하던 시기에 나타난, 제국주의의 세계화라는 국면과 오늘날 전 지구적 기후위기와 부의 극단적 양극화, 경쟁적 우주개발 같은 위기적 징후가 나타나는 세계사 흐름의 유사성으로 보아서 그러하다. 결국 인간과 비인간 존재를 포함한 우리 사회의 약자와 소수자를 대변하고, 국가 단위뿐 아니라 오늘날 다국적 기업 차원에서 전개되는 제국주의적 야욕과 권위주의적 폭력에 저항하며, 자본주의 세계체제가 초래한 불평등과 기후위기를 극복하여 보편적 인권과 동물권이 정립된 공동체를 건설하는 데 여전히 다시 '동학하는 삶'이 필요하다. 동학이 이러한 실천의 뜨거운 한가운데에 자리하지 않는다면, 결국 동학은 관심 있는 소수만이 연구하는 학문이 되거나 종교교단의 교리 차원에 갇히는 종교적 신학에 그치고 말 것이다. 전 지구적, 전 생명적 위기라는 대전환의 시대에 즈음하여, 실천의 사상적 중심에, 그리고 삶의 한가운데에 동학을 가슴에 품은 사람들이 모인 영적 공동체를 꿈꾸며 글을 마친다.

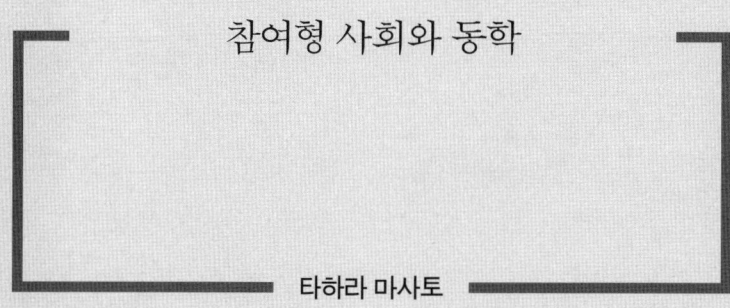

참여형 사회와 동학

타하라 마사토

타하라 마사토 _동일본 대지진을 계기로 사회 시스템의 문제를 깨닫고 자신이 태어나고 자란 시스템을 이해하기 위해 말레이시아로 11년간 이주했습니다. 양자역학과 AI를 도입한 디지털 퍼실리테이션으로 참여사회의 원리를 연구하고 있습니다

1.

제 삶을 움직이는 것은 '근본을 이해하고 싶다'는 열정입니다.

학생 시절, 물리학을 공부하면 근본을 이해할 수 있을 것이라 생각해 물리학과에 진학했습니다. 1990년대 당시 물리학의 꽃은 소립자 물리학이었지만, 거기에는 세부 요소로 나누면 근본 이해에 도달할 수 있다는 사고방식이 있었습니다. 한편, 컴퓨터의 발전으로 카오스 이론과 복잡계 물리학이라는 새로운 분야가 등장했습니다. 요소 간의 상호작용에 의해 발생하는 복잡한 현상은 요소로 환원할 수 없다는 것이 이 새로운 분야의 주장이고, 환원할 수 없는 현상의 대표적인 예가 생명입니다. 저는 '살아 있는 것'의 근본을 연구하고 싶어 이 새로운 분야에 뛰어들었습니다.

'살아 있는 것'과 '기계적인 것'의 차이는 무엇일까요? 저는 생물이 어떤 패턴을 따르는 것처럼 보여도, 막다른 길에 다다르면 변형되어 새로운 패턴으로 이동하는 과정에 매료되었습니다. 또한,

개체와 집단 모두에 귀착될 수 없는 이중성에도 '살아 있는 것'의 근본이 있다고 느꼈습니다. 그래서 저는 세포성 점균이라는 생물에 주목해 연구를 시작했습니다. 세포성 점균은 단세포기와 다세포기를 모두 갖는 생물입니다. 포자로부터 부화한 점균 아메바는 박테리아를 먹으면서 증식하지만, 먹이가 없어지면 신호를 보내며 모여 합체하여 달팽이 모양의 다세포체가 되어 자실체를 형성하고 포자를 날립니다. 이 라이프 사이클에는 막다른 길에 다다르면 변형하는 과정과 개체와 집단의 이중성이 포함되어 있어, '살아 있는 것'의 근본을 이해할 힌트를 얻을 수 있을 것이라 생각했습니다.

박사과정에서 점균 연구를 하던 중, 저는 인생의 막다른 길에 도달했습니다. 학생 결혼을 한 저는, 그때까지의 자신 중심의 삶과 파트너와 함께 살아가는 삶 사이에서 갈등을 겪으며, 대학원을 중퇴하고 물리 교사가 되었습니다. 컴퓨터 시뮬레이션으로 카오스 이론을 연구하고 있었지만, 제 자신이 인생의 카오스에 빠져들어 경험적으로 카오스를 배우게 되었습니다. 혼란 속에서 파트너와 대화를 반복하는 동안, 어느 날 제 시각이 아닌 파트너의 시각에서 사회를 바라볼 수 있게 되었습니다. 시각을 이동할 수 있다는 것을 깨달은 경험은 제 사고방식을 크게 바꾸었고, 사람들의 이야기를 들을 때의 자세가 크게 변했습니다. 학생들이 저에게 이야기를 하러 오기 시작했고, 매일 긴 줄이 생겼습니다. 학생들의 시각으로 이동해 이야기를 듣다 보니, 인간에게는 다양한 동기와 감정이 있으며, 그것에 이끌리면서 각자 나름대로 살아가고 있다는 이해가 깊어졌습니다.

물리 교사로 일하면서, 물리 강의를 온라인으로 제공하는 회사를 설립하여 생활이 안정되기 시작했을 때, 동일본 대지진과 원전 사고가 발생했습니다. 후쿠시마 원전에서 100킬로미터 정도 떨어진 곳에 살던 저는 가족의 안전을 걱정하여 국내외 정보를 필사적으로 접했습니다. 그때, 국내에 유통되는 정보와 국외에 유통되는 정보가 크게 다르다는 사실에 충격을 받았습니다. 국가가 어떻게 정보를 통제하고 국민을 통치하는지 그 구조가 엿보이는 것 같았습니다. '내 생각'을 형성해 온 것을 다시 되돌아보지 않으면 살아갈 수 없다는 생각이 들었습니다. 저는 다시 막다른 길에 도달했습니다.

2.

막다른 길에 도달했을 때, 생명은 미지의 가능성으로 도약할 수 있습니다. 그것이 기계와는 다른 점입니다.

저는 가족과 함께 말레이시아의 페낭 섬으로 이주하기로 했습니다. 마흔 살부터 새로운 인생을 다시 시작하게 되었습니다. 페낭 섬은 동인도 회사가 있었던 곳으로, 영국의 아시아 무역 거점으로 번성했으며, 말레이계, 중국계, 인도계 외에도 페낭 섬에 있는 글로벌 기업의 생산 거점에서 일하는 유럽인들도 많이 거주하고 있습니다. 국제학교에 저렴한 비용으로 다닐 수 있다는 이유로 일본이나 한국에서 교육 이주하는 사람들도 있습니다. 1942년부터 1945년까지 일본이 식민지 통치를 했던 역사도 있습니다. 이렇게 복잡하고 다층적인 문맥 속에서 살면서, 일본에서 태어나고 자란 저는 어떻게 자신을 형성해 왔는지를 계속 생각했습니다.

  2012년 당시는, 동영상 강의를 교육에 활용하려는 움직임이 활발하던 시기였습니다. 저는 2005년부터 동영상 강의를 온라인으로 제공하는 회사를 운영하고 있었기 때문에 그 가능성과 한계를 모두 느끼고 있었습니다. 대학 강의나 기업의 인재 육성 콘텐츠를 무료 또는 저렴한 비용으로 볼 수 있게 하는 MOOCs가 등장하고, 칸 아카데미가 초등학생부터 고등학생까지 수학 강의를 무료로 제공하기 시작한 것을 보고, 제 일은 5년 이내에 없어질 가능성이 높다고 예측했습니다. 말레이시아에서 계속 살기 위해 시대를 앞서 내다보는 새로운 일을 창조할 필요가 있다고 생각하던 중, 반전 학습을 접하게 되었습니다. 전통적인 교육이 교실에서 일방적인 강의로 지식을 전달하고, 가정 학습에서 이를 정착시키는 것이라면, 반전 학습은 집에서 동영상 강의를 보고 지식을 습득하고, 교실에서는 그룹으로 대화를 나누거나 실험 등의 활동을 합니다. 학습자가 수동적이지 않고 더욱 주체적으로 학습하는 점이 좋았습니다. 이미 동영상을 활용한 학습에 참여하고 있었기 때문에 그룹 대화를 지원하는 퍼실리테이션을 배우면 반전 학습을 실천할 수 있을 것이라고 생각했습니다. "단상에서의 현인에서 퍼실리테이터로"라는 캐치프레이즈는 10년 이상 단상에서 물리 강의를 해 온 저에게 딱 맞는 것이었습니다. 페이스북 그룹 '반전 수업 연구'를 시작하자 새로운 교육을 모색하는 선진적인 교사들이 모여들었습니다. 저는 그들과 온라인으로 공부 모임을 시작했습니다.

학생의 주체적인 학습을 어떻게 촉진할 수 있을까요? 학교라는 시스템이 갖는 강제력이 눈에 띄기 시작했습니다. "자유롭게 하라."는 말과 동시에 자유를 제한하는 여러 가지 구조가 있어 학생들은 이중구속에 빠지게 됩니다. 자유를 제한하는 가장 큰 요소는 검정 교과서와 입시 제도였습니다. 정해진 내용을 학습하고, 그것을 그대로 출력하는 것이 요구되며, 그 성적으로 서열화 되고 진학이나 취업이 결정되는 환경 속에서 "자유롭게 학습하라."는 발언의 위선에 분노가 치밀었습니다. 원전 사고 보도에서 느낀 위선과 같은 것이었습니다. 어느 날, 제 머릿속에 이미지가 떠올랐습니다. 그것은 푸아그라 생산을 위해 강제로 먹이를 먹이는 거위의 모습이었습니다. 먹이를 주는 사람은 거위에게 "입을 다물지 말고 계속 먹는 거위가 훌륭하다."고 말합니다. 거위는 배가 불러 괴롭지만 입을 다물 수 없기에, 어느 순간부터 먹이를 주는 사람의 가치관을 받아들이기 시작합니다. 그리고 '나는 훌륭하다. 비대해진 내 간은 5만 원의 가치가 있다. 참지 못하는 저 아이의 간은 3만 원이고, 나보다 가치가 없다.'고 생각하게 됩니다. 검정 교과서의 내용을 외우고, 시험 성적을 경쟁하는 학생들은 푸아그라 거위와 같다고 생각했습니다. 그리고 "푸아그라 형 교육에서 대화형 교육으로!"라는 기사를 작성했습니다. 저는 점점 더 급진적으로 변해 갔습니다.

3.

푸아그라 형 교육이라는 말을 만든 저는, 스스로도 그 환경에서 푸아그라 거위로 살아왔다는 생각이 들었습니다.

자연스레, 그동안 배운 것을 리셋하고 다시 새로운 눈으로 자신을 바라보고, 자신을 형성해 가고 싶었습니다. 물리 교육을 계속하는 것이 점점 힘들어졌습니다. 제 물리 교육은 물리를 즐겁게 배우기를 바라는 마음으로 만들었지만 동시에 대학 입시에 합격할 수 있도록 돕는 것이기도 했기 때문입니다. 이 일을 그만두고 싶다고 생각했을 때, 일을 그만두면 수입이 없어져 살 수 없을 것이라는 두려움이 생겼습니다. 그때 우리는 돈으로 인해 강하게 행동이 조건화된다는 것을 실감했습니다. 행동 선택의 기준에 돈을 벌 수 있는지 벌 수 없는지가 들어오고, 돈을 벌 수 있는 것이 선택된다면 돈으로 인해 사람의 행동을 조건화할 수 있고, 저 자신도 돈으로 조건화된다는 생각이 들었습니다. 그래서 이 두려움을 극복하지 않으면 자신다운 삶은 시작되지 않을 것이라 생각했습니다. 저는 물리 교육 사이트에 매월 지출하던 광고비 10만 엔을 중지하고, 같은 금액을 응원하고 싶은 사회 활동가에게 기부하기로 결정했습니다. 그것은 매우 미친 짓처럼 보였지만, 이미 구축된 자신의 가치관을 파괴하려면 그 가치관으로 미친 짓이라고 생각되는 것을 해야 한다고 생각했습니다. 이 미친 프로젝트를 1년 동안 계속했을 때, 나의 돈에 대한 감각은 크게 변화했고, 돈은 행동 선택의 대여섯 번째 기준이 되었습니다. 1년 후에는 사회 활동가와의 신뢰 관계 네트워크가 생겼고, 그 네트워크의 순환 속에서 살아갈 수 있게 되었습니다.

말레이시아 페낭 섬에 살면서 일본과는 전혀 다른 다문화, 다민족, 다종교의 공기를 마시면서, 스카이프와 줌으로 세계 각지의 사람들과 소통하는 삶을 살면서 '국가란 무엇인가?'라는 의문이 생겼습니다. 페낭 섬에는 중국계 말레이시아인, 인도계 말레이시아인이 있어 그들에게는 국적, 문화, 언어가 반드시 일치하지 않습니다. 세계를 둘러보면 국적, 문화, 언어가 일치하는 듯한 느낌을 받는 쪽이 소수파이고, 일치하지 않는 나라가 오히려 다수파라고 생각하게 되었습니다. 일치한다는 것은 국가로서 통일하기 위해 일치시키려는 정치적 노력이 있었기 때문이지, 자연스럽게 일치한 것은 아닙니다. 일본도 150년 전에는 각 지역에서 다른 언어가 사용되었고, 아이누어나 오키나와 언어도 있었지만 '일본어'라는 공통어를 만들어 그 사용을 교육으로 강제함으로써 일치한 상태가 만들어진 것입니다. 식민지 정책에서는 현지 언어가 억압되고, 종주국의 언어가 강제됩니다. 일본이 식민지 지배를 했을 때는 일본어 사용을 강제했습니다. 언어의 통일은 정치적인 것이라는 것을 강하게 인식하게 되었습니다. 국가는 통치의 단위임에도 불구하고 통치받는 사람이 그것을 자신의 정체성과 결부시켜 타국을 차별하거나 타국과 싸우는 것은, 푸아그라 거위가 자신의 비대한 간의 크기를 다른 거위에게 자랑하는 것과 같으며, 개인이 자유롭게 살아가는 것을 억압당하고 있다는 것을 자각하지 못하고 억압을 자신의 정체성과 결부시키고 있는 현상이라고 생각했습니다.

  줌이 등장했을 때, 국경을 넘어 많은 사람들이 직접 소통할 수 있는 가능성에 큰 희망을 느꼈습니다. "지구의 신경 회로 대화"라는 대화 이벤트를 개최하고, 여러 나라에 사는 사람들과 줌으로 이야기하기 시작했습니다. 통치를 위한 언어가 아닌 개인의 언어로 연결될 수 있는 가능성을 모색하고 싶었습니다. 이후 14개국에 사는 70명의 사람들과 온라인 커뮤니티를 만들고 프로젝트 단위로 일을 시작했습니다. 사회가 더 개인의 생각에서 자조적으로 조직화되도록 하기 위해 어떻게 할 것인가를 고민하며 다양한 워크숍을 개발하고 실행했습니다. 교육과 인재 육성의 온라인화 흐름도 있어 기업을 대상으로 한 컨설팅과 프로그램 제공을 하면서 거기에 우리의 철학을 넣으려는 시도도 했습니다. 기업을 대상으로 일하는 것은 양날의 칼이었습니다. 새로운 패러다임을 살려고 하는 우리와 오래된 패러다임에서 힘을 가진 기업과 소통하려면 마찰이 발생하게 되고, 그것은 우리 커뮤니티 내부에도 많은 모순과 마찰을 불러 왔습니다. 코로나 팬데믹이 발생하여 기업 활동이 급속도로 온라인화 되는 가운데, 이 분야의 선도 주자였던 우리에게 많은 문의가 들어왔습니다. 시대의 급격한 흐름에 대응하기에는 우리의 커뮤니티 형 조직은 적합하지 않았고, 내부 갈등이 고조되어 저는 조직을 떠나기로 했습니다. 생명 원리로 조직을 경영하려는 시도였지만, 기계 원리로 움직이는 외부 사회 속에서 지속하기 어려워진 것입니다.

조직을 떠난 저는, '생명적인 사회를 어떻게 실현할 수 있을까?

를 고민하기 시작했습니다. 그즈음, 1970년대에 '록킹 온'이라는 록 음악 잡지를 창간하고 참여형 미디어를 계속 만들어 온 키츠카와 유키오 씨와 만났습니다. 키츠카와 씨가 함께 참여형 사회 실현에 나서지 않겠냐고 권유했고, 운명적인 만남이라 생각하며 일반 사단법인 참여형 사회학회를 함께 설립했습니다. 키츠카와 씨는 이미 『참여형 사회 선언』에 이어 『출현하는 참여형 사회』라는 책을 출간했습니다. 코로나 팬데믹의 영향으로 말레이시아에 계속 사는 것이 어려워져, 2021년에 11년 만에 일본으로 귀국했습니다. 그러나 일본을 참여형 사회로 만드는 것이 아니라, 근대 국가로 나뉘어 국가 간 전쟁을 벌인 근대 사회의 원리를 재검토하고 다음 사회의 원리를 추구하는 것이 참여형 사회의 시도라고 생각했습니다. 그러므로 이 시도는 국경을 넘어 함께 해야 한다고 느꼈습니다. 키츠카와 씨가 일본에서 개발해 온 방법론을 다음 세대인 저는 초국적으로 전개하는 것이 사명이라고 느꼈습니다.

4.

일본에 귀국해 후쿠오카 현 이토시마를 방문했을 때, 후지이 요시히로 씨와 만났습니다. 후지이 씨는 숲을 기반으로 한 사회 변혁 활동을 하고 있었고, 매우 공감했습니다.

후지이 씨는 2008년에 'Walk 9'이라는 주제를 걸고 한국을 100일 동안 걸었던 경험이 있었고, 그 후 하려던 일을 코로나로 인해 못하게 되자, 코로나 이후에 한국의 친구들을 방문할 예정이니 함께 가지 않겠냐고 권유했습니다. 후지이 씨가 한국에서 무엇을 느꼈는지 매우 궁금했고, 후지이 씨와 몇 명의 친구와 함께 한국을 여행했습니다. 거기서 동학을 만났습니다. 생명 원리를 사회 원리로 만들려는 시도를 해 온 저로서는, 제가 태어나기 전부터 한국에서 생명 원리를 사회 원리로 만들려는 시도가 있었다는 것을 알게 되면서 새로운 미래가 열리는 느낌이 있었습니다.

몇 달 후 다시 한국을 방문해 일본으로부터 독립하는 선언서를 작성했던 전통적인 장소에서 동학의 수련 체험을 하게 되었습니다. 그것은 두 가지 문맥이 교차하는 체험이었습니다. 일본의 식민지 통치에 의한 탄압을 피하고 새로운 나라를 만들기 위해 사상을 키운 장소에서 일본 국적의 '우리'가 수련을 하게 되는 문맥, 생명 원리를 사회 원리로 만들고자 하는 일본과 한국의 '우리'가 함께 동학을 배우는 문맥이 동시에 존재하여 '우리'의 범위가 때로는 일본이 되고 때로는 동아시아가 되면서 다양한 의미가 생성되었습니다. 수련 체험의 마지막에 한국 참가자가 "저는 오늘 동아시아인이 된 느낌이었습니다."라고 말해주었을 때, 두 문맥이 통합된 기분이 들었습니다. '동아시아인'이라는 정체성은 그와 연결된 다양한 역사를 자신의 역사로 받아들이는 것을 가능하게 합니다. 그리고 그것을 공생적인 미래를 고민하기 위한 자원으로 사용할 수 있게 합니다. '우리'의 범위가 넓어짐으로써 사고가 확장되는 것을 실감했습니다.

저는 지금 플래너터리 러닝이라는 프로그램을 만들고 있습니다. 한국, 말레이시아, 미국, 일본의 친구들의 거점을 연결해 각자의 활동을 공유하고 상호 자극할 수 있는 시도입니다.

동시에 '이콜'이라는 다국어 잡지를 창간할 예정입니다. 각 거점의 친구들에게 원고를 요청해 생각하고 있는 것과 실천하고 있는 것을 자신의 언어로 써주면, 그대로 지면에 실으며, QR 코드를 통해 다국어 번역을 읽을 수 있도록 합니다. "국민으로서 교육받는 것이 아니라, 이 행성에서 함께 살고 있는 당신과 함께 배우고 싶다."는 것이 플래너터리 러닝과 '이콜'의 공통된 생각입니다. 저는 '우리'의 범위를 넓힐 수 있는 시도를 하고 싶습니다. 그렇게 느끼는 이유 중 하나가 동학 수련 체험에서 동아시아인으로서의 정체성이 확장되었을 때 느꼈던 기쁨과 가능성입니다. 기계 원리로 인간을 통치한 근대 사회를 넘어 생명 원리로 공생하는 미래로 향해 각 지역에서 생겨나는 활동을 서로 배워 가며 연결하고 싶습니다. 그것이 새로운 르네상스를 창출할 것이라 생각합니다.

편지_ 동아시아와 동학의 꿈

후지몽 · 고석수

후지몽 _2009년 'walk9/한국순례'를 통해 한국을 100일에 걸쳐 한 바퀴 걸으며 한국인들이 앞으로의 사회를 함께 만들 동반자라고 자각합니다. 2010년 한국에서 가까운 후쿠오카로 이주하여 동료들과 함께 NPO 법인과 이토나미를 결성하여 숲을 중심으로 지속가능한 커뮤니티를 조성하고 있습니다.

고석수(타마) _2014년 한국, 일본. 대만의 시골에서 5년간 살며 동아시아인 정체성을 가졌습니다. 2021년 이화서원에서 활동하며 동료들과 함께 자연 모험 캠프와 평화 여행을 기획하고 있습니다.

함께 이야기 나누고 그걸 다시 글로 쓰면서 내 생각은 더 깊어졌습니다.
마음이 넘실대서 여기 오래 머물지 않는 것이 아니라
다른 마을에서도 좋은 친구들을 만나야 하지 않겠습니까?
何來此地好相見 談且書之意盆深
不是心泛久不此 又作他鄕賢友看
- 김재형, 『동학편지』, '우음(偶吟) - 떠오르는 단상을 노래한다' 중에서

2024년은 수운 최제우 탄생 200주년입니다. 동학으로 서로의 언어를 이해하고 싶어 일본 후쿠오카에 사는 후지몽과 편지를 주고받았습니다. 모두 여섯 차례 글을 썼습니다.

타마가 후지몽에게_ 2024.2.22

안녕하세요, 타마입니다.

곡성에 살며 숲과 강에서 아이들을 만나고 있습니다. 후쿠오카에 살고 있는 후지몽에게 제안하고 싶습니다.

저와 편지 형식으로 서로 주고받는 글을 원고로 완성시켜 보면 어떨까요? 내용은 무엇이 될지는 지금은 모르겠어요. 서로에 대해 묻는 것, 후지몽이 왜 동학을 공부하는지, 제가 왜 동학을 공부하는지, 묻다 보면 길이 되지 않을까요?

간단한 키워드라면 '평화'라고 생각합니다.

'국가라는 개념을 넘어 지역과 지역이 연결되는 것이 평화다.'라는 아이디어가 지금 떠오릅니다. 제게 있어서 일본은 평화의 개념을 선물해 준 곳이에요. 교토, 마이즈루, 간사이, 미야자키, 쿠마모토, 큐슈. 지역에서 만난 일본 친구들은 평화를 가르쳐주었어요. 지역에서 살아가는 모습에서요.

그 전까지 제게 일본의 인상은 식민 지배, 독도, 침략, 전쟁 등등이었지만, 그것은 한국이라는 국가, 역사가 알려준 이미지였어요. 삶과 생활로 만난, 지역에서 만난 친구들은 일본을 다르게 말해주었습니다.

저는 올해 일본과 교류하는 프로젝트를 일으키고 싶다고 계속 생각했어요. 저에게는 대마도 방문도 그 중 하나였고, 마침 동학 원고로 후지몽에게 연락하게 된 것도 큰 인연으로 생각합니다. 올해 한 번 더 동학 여행을 준비하는 것도 함께 돕고 싶습니다. 저의 제안이 어떻게 이어질지는 모르지만 후지몽이 동학을 통해 하고 싶은 어떤 것을 돕고 싶습니다. 제가 도울 수 있다고 믿습니다.

후지몽이 타마에게_ 2024.7.9

"당신들이 하려고 하는 것은 동학이다"
- 한국 순례와 동아시아 의식

안녕하세요. 일본 후쿠오카에 살고 있는 후지몽입니다.

저는 2009년에 동아시아 평화를 주제로 한국을 100일에 걸쳐 한 바퀴 걸었습니다. 전국에서 많은 사람들을 만났습니다. 그리고 그 때마다 왜 한국을 걷는지 질문을 받았습니다. 저의 대답은 늘 같았습니다. 그것은 동아시아의 평화를 생각하기 위함입니다. 일본인으로서 과거에 일본이 한국, 조선 사람들에게 행한 것을 알고, 그 점에 대해 지금 한국 사람들이 무엇을 생각하고 어떻게 느끼는지를 알아야 한다고 생각했습니다.

100일간 걷는 동안, 저희가 가는 곳마다 한국 분들은 "당신들이

일본 평화 순례단의 한국 100일 걷기

하려고 하는 것은 동학이다. 동학을 배우는 것이 좋다."라고 말씀했습니다. 그때부터 동학에 대한 배움이 시작되었습니다.

2008년, 100일 걷기를 하기 1년 전에는 생명평화순례에 참가했습니다. 덕분에 2009년 순례는 생명평화결사의 전폭적인 지원을 받았습니다. 한국 곳곳을 갈 때마다 생명평화운동가들을 만났습니다. 저희를 재워주시고 또 당신들의 평소의 생활을 보여주셨습니다. 그것은 생명평화운동이 동학에서 이어지는 하나의 흐름이라는 것을 배우고 체험할 수 있었던 너무나도 감사한 경험이었습니다. 그리고 동학에 대한 이해를 높일 수 있었습니다.

2009년, 한국을 다 걷고 난 후, 제 안에 동아시아인이라는 의식과 정체성이 생겼습니다. 동아시아인으로서, 동아시아의 생명평화를 위해서, 나의 몸이나 에너지나 인생을 사용하고 싶다고 생각하게 되었습니다. 동아시아인으로서 보았을 때 동학은 동아시아의 희망입니다. 그것은 과거의 것이 아니라 오히려 앞으로의 동아시아에 필요한 것이라고 느끼게 되었습니다.

저는 귀국 후에는 한국과 가까운 후쿠오카로 이주했습니다. 스스로 동학 활동으로서 삼림 재생을 통한 커뮤니티 재생, 사회 재생에 임하면서, 동학과 동아시아의 평화에 관한 스터디와 투어를 기획하고 있습니다.

앞으로도 한국의 여러분들과 연결되면서 생활 속, 삼림 재생 활동 속, 지역 커뮤니티 조성 속에서 동학을 실천하여 동아시아를 생명이 풍요롭고 평화로운 지역으로 만들어 미래로 이어나가고자 합니다.

타마가 후지몽에게_ 2024.7.12

안녕하세요, 후지몽. 보내주신 글을 잘 읽었습니다. 기회가 된다면 순례에 대해 더 이야기를 나누고 싶습니다. 일본의 평화헌법 9조('무력행사를 포기하고 전쟁 전력을 보유하지 않는다.')를 지키기 위한 당신들의 순례, "WALK 9"에 대해서 저는 큰 감사함을 느낍니다.

무엇보다 저 또한 11년 후 강화도의 같은 공간에서 100일 걷기를 시작한 인연이 있습니다. 그리고 길 위에서 10년 전 당신들의 이야기를 들었습니다. 누구보다 진지하게 한국의 아픔과 평화를 고민한 젊은 친구들이라 들었습니다. 선배들이 열어준 길 덕분에 저희 후배들은 많은 지원을 받으며 걷기를 진행했습니다. 길 위에서 우리는 당신들이 만들었던 노래들을 다시 함께 불렀습니다. 앞으로도 노래와 정신이 이어지길 바랍니다.

저는 2014년부터 5년간 동아시아 시골살이를 했습니다. 일본, 대만, 중국의 시골에서 농사와 숲 생활을 했습니다. 소박한 생활이 주는 감동은 대단했습니다. 동학을 공부하며 그 감동을 비로소 이해할 수 있었습니다. 해월 선생님이 말한 대인접물(待人接物)은 자연과 사람을 대하는 평등한 마음을 이야기합니다. 동학에서 저는 동아시아 친구들의 생활을 이해할 수 있었습니다.

앞으로 다른 백년을 꿈꿉니다. 지금부터 200년 전(1824.10.28.) 동학의 창시자 최제우 선생이 태어났습니다. 그는 격랑의 시대에 태어난 청년입니다. 세계를 유랑하고 그가 내린 결론은 동학입니다. 생명평화의 꿈의 원형이 200년 전 태어났습니다.

그리고 비슷한 시기 요시다 쇼인(吉田松陰, 1830~1859) 선생이 태어났습니다.(일본 막부 시기의 교육자, 사상가. 존왕파로 메이지유신의 정신적 지도자이자 혁명이론가, 일본 우익사상의 창시자로 일컬어진다.) 그 또한 격랑의 시대에서 불같은 꿈을 가진 청년이었습니다. 그의 꿈은 '대동아공영권'의 원형이 되었습니다. 이어진 백년은 그의 꿈이 실현되었습니다. 그러나 이제 시대적 소명을 다한 후 사그라들고 있습니다. 저는 앞으로 다른 백년으로 실현될 꿈은 동학의 꿈이라고 생각합니다.

저는 한국의 곡성에 살고 있습니다. 이곳에서 숲과 강을 만나는 자연 모험 캠프를 진행하며, 동아시아 평화 여행을 기획하고 있습니다. 동학에서 우리는 세상을 위한 보편적인 힘을 배울 수 있습니다. 동아시아에는 여전히 수많은 힘이 숨어 있습니다. 그 힘에는 세계 어디서나 적용할 수 있는 보편적인 힘이 있습니다. 앞으로 일본에서도 그런 보편성을 만나고 싶습니다.

후지몽이 타마에게_ 2024.7.14

타마 고마워요!

우리는 걷기로 동학을 발견하고, 걷기로 동학을 체험하고, 동학이 그린 꿈을 미래에 전달하려는 동지라는 것을 알게 되니, 마음이 따뜻해졌습니다.

타마가 써준 것을 읽고 하나 쓰고 싶은 것이 있어서 씁니다. 동아공영권에 관한 것입니다. 그것은 우리 일본인들이 동아시아에 대해 생각할 때 외면해서는 안 되는 역사이며, 다시는 같은 실수를 반복하지 않기 위해, 동학과 같은 시기에 일본에서 일어난 동아시아주의가 어디서 잘못되었는지, 제대로 검증해야 할 문제입니다.

동학을 배우면서 그 차이가 명확해졌습니다. 동학은 먼저 하늘을 공경하고, 그 위에서 '나도 하늘이다.'라고 합니다. 먼저 하늘에 대한 공경이 있다는 것, 이것이 중요하다고 생각하고 있습니다.

일본에서는 하늘(天)에 대한 공경이 없고, 천황(天皇)에 대한 공경뿐이며, 천황이 하늘이므로 천황의 아들인 저도 하늘이 됩니다. 오히려 천황을 공경하지 않는 것이 하늘이 아닌 것들입니다. 그 결과 하늘인 나는 하늘이 아닌 것들에게 무엇을 해도 좋다라고 하는 것입니다. 이것은 너무 오만하고 자기본위로 이기적인 사고방식이에요.

먼저 하늘을 공경하는 것이 자제(自制)와 자율(自律)과 자계(自戒)를 낳고, 사회에 조화가 생긴다고 생각합니다. 먼저 하늘을 공경하고 마찬가지로 하늘인 타자나 타국을 공경하는 것, 그것이 앞으로의 국제관계에 있어서도 매우 중요한 일이라고 생각합니다.

'walk9' 한국순례가 끝난 후 일본으로 돌아가 동학에 대해 더 배우고 싶다고 생각했는데, 일본에서는 그것을 배울 방법이 없었고,

후지몽이 후쿠오카에서 하고 있는 숲재생 활동
(삼나무의 껍질을 벗기는 간벌 작업)

나는 그것을 숲에서 찾았습니다.

숲에 들어가 부서진 숲을 재생해 나가면서, 부서진 것은 우리 인간의 곁이라는 것을 알게 되었고, '재생이 필요한 것은 인간이나 사회이며, 오히려 숲이야말로 인간을 재생하려고 해 주고 있다.'라고 느끼게 되었습니다. 그리고 본래 숲과 인간은 분리되어 있지 않은데, 분리되어 버린 것이 문제의 원흉이며, 그 연결고리를 되찾는 것이 재생이라는 것을 깨달았습니다.

먼저 숲을 공경하고, 그 앞에서 나는 숲임을 알고, 숲으로서 모든 생명을 위해 행동하는 것, 그것이 내가 숲과 동학으로부터 배운 것입니다. '우리가 숲이고 하늘'이라는 것은 지금 우리가 무엇을 하느냐가 후세에 큰 영향을 준다는 것이기 때문에, 그것을 자각하고 하늘과 숲을 공경하는 마음을 잊지 않으며 미래를 위해 모든 생명을 위해 동아시아의 평화를 위해 지금 이곳에서 숲처럼 좋은 물을 흘려 하늘처럼 밝은 빛을 밝히고 싶습니다.

타마가 후지몽에게_ 2024.7.17

후지몽, 답변 고맙습니다.

"숲이 우리를 치유한다."라고 다시 다짐해 봅니다. 지금 여름에는 폭우가 무섭게 쏟아집니다. '어떻게 하면 내가 기후를 치유할 수 있을까.'라고 고민해 봅니다. 하지만 하늘을 치유하는 방법을 고민하면서도, 반대로 하늘이 우리를 치유한다고 믿습니다. 우선 하늘을 숲에서 느끼고 싶습니다. 숲을 믿고 나를 맡기고 싶습니다. 내년에는 꼭 그 숲에 가보고 싶습니다.

대동아공영권에 대한 솔직한 답변에 감동받았습니다. 우리 한국인도 제대로 정리 못하고 있는 과거입니다. 어느 날 저의 할아버지는 제 눈을 보며 고백을 했습니다. "나는 시대에 거역할 수 없었단다." 격랑의 시대를 산 한 노인의 고백이었습니다. 노인은 청년에게 전해야 될 것을 힘주어 말했습니다. 우리가 그 시절 놓치게 된 것은 무엇일까요? 저는 후대에게 답변을 전하고 싶습니다.

우리는 그 시대를 함께 넘어서야 할 과제를 안고 있습니다. 저는 동학에서 그 답을 함께 느끼고 싶습니다. 나라는 작은 세계와 외부의 커다란 세계. 두 세계 사이에서 늘 고민합니다. 여기서 동학은 나부터 하늘처럼 공경하고 모시는 마음을 말합니다.

어제(7월 17일)는 한국의 헌법을 만든 날입니다. 우리는 한국의 헌법에 동학을 명시하자는 운동을 벌이고 있습니다. 동학이 만든 혁명은 200년이 넘는 지금도 여기 한국으로 이어지고 있습니다. 그것은 하늘을 공경하고, 나를 공경하고, 다시 그 마음으로 하늘을 공경하는 순환입니다. 민중이 깨어나는 것은 물론, 내가 편안하고 가슴 뛰게 살 수 있는 방법입니다. 저는 믿습니다. 동학이 보여준 순환이 제 삶에서 드러날 것입니다. 그리고 세계는 변할 것입니다.

후지몽이 타마에게_ 2024.7.23

타마 고마워요!

한국의 헌법에 동학을 명시한다는 것은 훌륭한 아이디어입니다. 동학은 과거의 것이 아니라 오히려 미래의 것이고, 동학이 지향한 것, 이루고자 했던 세계가, 미래에서, 그리고 지금 여기에 빛을 계속 내고 있는 것을 느끼고 있습니다.

그것은 퇴색되기는커녕, 오히려 지금의 세계에 필요한 것입니다. 그리고 지금 바로 동아시아에서 끓어오르고 있는 혁명이라고 생각하고 있습니다.

우리가 하늘과 숲을 모시고 서로 나라와 사람을 모시며, 인간과 자연, 국가와 국가의 경계를 넘어 평화로운 관계성을 창출할 수 있다면, 그것이 우주의 개벽이자 동학을 사는 것이라고 생각합니다.

그러기 위해서는 큰 혁명이 필요하지 않고, 개개인의 의식, 한 사람 한 사람의 관계성에서 혁명·개벽·동학이 시작된다고 생각합니다. 지금 나와 타자 사이에서 솟아오르고 있는 것, 서로 존경하고 있다는 것, 이것이 동학이라고 생각합니다.

100년 200년 앞으로 다가온 동학의 빛을, 저희가 확실히 받아들이고, 그 빛을 다시 100년 200년 앞의 사람들에게 돌려줄 수 있도록, 하늘을 모시고, 숲(땅)을 모시고, 내적인 천지와 합일하여, 서로의 나라를 왔다 갔다 하면서 교류하고, 배우고, 같이 숲에 가거나, 함께 동학 땅을 순례하기도 하면서, 지금 이곳에 있는 동학을 살고 싶습니다.

저는 지금, 후쿠오카 시에서, 숲에서 배우고, 숲의 재생을 통해서 사회를 재생하고, 숲과 같은 사회를 만드는 활동을 하고 있습니다. 어린이도 여성도 누구나 참가할 수 있는 숲 조성입니다. 숲

타마가 곡성 섬진강에서의 모험캠프에 참여했다.

조성을 통한 한일 교류를 추진해 나갈 수 있으면 좋겠으니, 꼭 후쿠오카의 숲에 와 주셨으면 합니다.

타마가 후지몽에게_ 2024.7.31

고맙습니다. 후지몽이 말한 그대로 '동학은 사는 것'입니다. 200년 전 동학을 알게 되었고, 그 후로 100년간 동학을 해 왔고, 이제부터는 나와 너와 우리가 동학을 사는 것입니다.

동학 경전을 소리 내어 함께 읽고 토론하고 글로 쓴 것은 동학을 아는 과정이었습니다. 그리고 농민 운동부터 독립 운동까지 이어진 역사는 동학을 하는 과정이었습니다. 그리고 한살림부터 시작된 생활 운동과 우리의 걷기 순례는 이제 우리가 동학을 사는 과정으로 이행함을 느낄 수 있습니다. 그렇게 미래로 빛을 전달할 수 있고, 지금 여기에서 빛이 느껴집니다.

11월에 2박 3일간 우리가 함께 진행할 동학 여행은 이 과정을 돌이켜 볼 것입니다. 200년 전 태어난 수운 선생이 도반을 만나 함께 동학을 알아 가기 시작했습니다. 그는 자신의 고향인 경상도를 떠나 이곳 전라도에 피신 왔습니다. 그리고 산속의 은적암에서 동학 경전을 집필했습니다. 이후 전라도에서 생명평화를 위한 수많은 농민 운동과 독립 운동이 100년간 이어집니다. 우리는 장흥의 천도교와 녹색당을 방문해서 동학을 하는 사람들을 만날 것입니다. 이 여행으로 동학을 살아가는 우리의 삶이 깊어지길 기도합니다.

우리는 동아시아 형제입니다.
하늘과 바다를 건너서 만나는 동아시아인입니다.
그리고 땅과 숲에서 함께 배우는 형제입니다.
우리가 함께 하늘(바다)과 땅(숲)을 모시듯 서로를 모시고 기쁨의 공동체를 꽃 피워낼 것입니다.

저는 전라도 곡성에서 숲과 강을 만나고 있습니다. 어린이와 자연캠프를 통해 만난 감동을 많은 사람에게 연결하고 있습니다. 이곳의 강물이 바다로 이어지듯 모든 숲 또한 서로 연결되어 있습니다. 내년에 한일 형제들과 함께 후쿠오카 숲으로 향하겠습니다.

청년, 동학하다

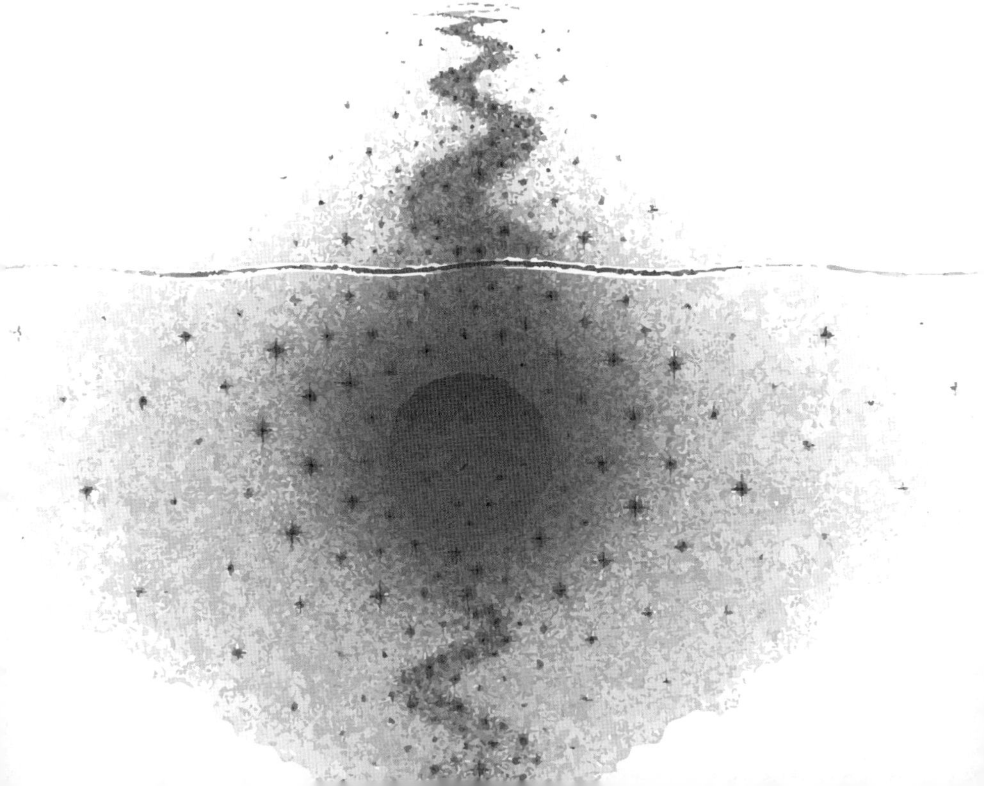

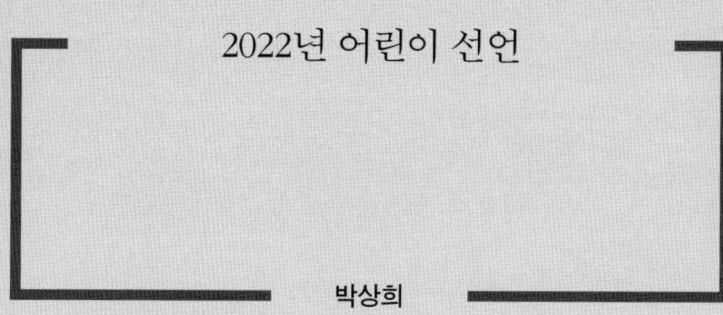

2022년 어린이 선언

박상희

박상희 _남는 시간에 하고 싶은 것을 합니다. 수필집 『호랑이 그리는 연습』(2025)을 독립 출간했습니다. 직업인이 되기 위해 노력 중입니다. 각종 글쓰기, 책읽기 모임에 나가는 것을 좋아합니다.

1923년 〈어린이 해방 선언문〉은 어린 동무들에게 말한다.

돋는 해와 지는 해를 반드시 보기로 합시다.*

이 문장을 읽고 몸을 일으켰다. 우리 집 늙은 개가 오늘 산책을 안 했다. 돋는 해도, 지는 해도 보지 못했다. 어린이가 돋는 해와 지는 해를 보아야 한다면, 늙은 개도 마땅히 그럴 것이다. "어린이를 때리지 마십시오. 어린이도 하늘님입니다."라던 해월의 말이 내 머릿속에서 바뀌어 울렸다. '늙은 개를 때리지 마십시오. 늙은 개도 하늘님입니다.'

'어떡해…. 보리(늙은 개)에게 지는 해라도 보여줘야겠네.'

중얼거리면서 개를 안고 밖으로 나갔다. 노을이 지고 있었다. 늙은 개가 천천히 걸었다. 기뻐하는 것이 내게는 보였다. 꼬리도

· · · · · · ·

* 방정환, 김기전, 〈어린이 해방 선언〉 중 〈어린 동무들에게〉, 1923.

들려져 있고 귀도 서 있었다. 발을 비틀비틀 놀리면서 걸었다. 하루 종일 집에만 있게 하는 건 생명에 대한 예의가 아니다.

토요일이면 어린이를 만나러 간다. 세 명의 어린이에게 글쓰기를 가르치고 있다. 우리는 만나서 한 시간 동안 글을 쓰고, 쓴 글을 서로 읽어 준다. 나는 글을 쓰는 데 도움이 될 만한 글감을 골라서 간다. 도서 신간 목록을 확인하던 중이었다. 『방정환과 어린이 해방 선언 이야기』를 발견했다. 그 책은 1923년 조선소년운동협회가 발표한 〈어린이 해방 선언문〉을 한 문장 한 문장 소개하고 있었다. 그 당시에는 해방되려는 사람이 많았던 모양이다. 어린이도, 여성도, 조선인도, 프롤레타리아도 함께 해방을 외쳤다.

〈어린이 해방 선언문〉은 '천도교소년회'가 주축이 되어 배포되었다. 천도교소년회는 1921년에 생긴 단체로, 어린이의 주체성을 중요하게 여겨 주요 간부가 모두 어린이(16세 이하)였다. 천도교소년회가 주로 했던 일은 동화회, 토론회, 등산회, 운동회, 전람회 등을 개최하며 활활 발발하게 놀러 다닌 것이다. 학교생활과는 별개로 어린이들이 모여서 놀면서, 그러는 한편으로 어린이야말로 새 사람이며 새 사람이 새 시대를 만든다는 사상을 품었다니, 너무 신났을 것 같다.

어린이 해방운동을 실질적으로 이끌어간 것은 '천도교청년회'였다. 천도교청년회는 새 시대를 열어줄 주체로서 '농민'뿐 아니라 '어린이와 여성'에 주목했다.* 1923년에는 잡지『어린이』,『신여성』을 펴냈다. 잡지의 주요 필진은 방정환, 김기전, 이돈화 등 천도교청년회의 기자들이었다.

어린이 해방운동의 배경에는 동학의 '인내천(人乃天)' 사상이 있다. "사람이 곧 하늘이다."라는 동학의 가르침에서 어린이도 젊은이도 늙은이도 모두 하늘이므로 서로 동등하다는 〈어린이 해방 선언문〉이 나왔다. 어린이들은 아름다운 그림이 있거나 아주 재미있는 이야기가 아니면 보통은 책이나 글에 관심이 없다. 〈어린이 해방 선언문〉을 받아 들었을 때도 그랬다. 그래도 그날따라 나는 '이 글은 좋다!'라는 자신감이 있었다.

"어린이가 무슨 뜻인지 알아요?"

어린이의 뜻을 물으며 수업의 포문을 열었다. 눈치 빠른 이율이가 스크립트에 적힌 것을 읽고 대답했다.

"아동을 높여 부르는 말이요."

"맞아. '어린 + 이'라는 뜻이에요. 어리다는 건 실제 너희들처럼 나이가 어리다는 것이고, '이'는 '님'처럼 높임말이에요. 늙은이, 젊은이랑 동등한 거예요."

어린이들은 듣는 듯 마는 듯했다. 지예는 종이에 아름다운 고양

· · · · · · · ·

* 박길수,「천도교 초기 활동 연구 - 천도교회월보를 중심으로」,『방정환연구』5호, 2021.

이를 그리고 있었다.(나는 어머 아름다워! 하고 감탄을 했다) 성우는 지루한지 의자를 뒤로 빼며 까딱까딱하고 있었다. 이율이는 뭘 말하려는지 이미 알고 있다는 표정을 지었다. 이율이는 초등학교 5학년으로, 지예와 성우보다 한 살 많다.

"그래서 오늘은 뭐 쓰는 거예요?"

어린이들이 일제히 물었다. 이들은 읽기보다 쓰기에 관심이 많다. 하고 싶은 말이 많기 때문이다. 나는 2022년 어린이 해방선언을 써 볼 거라고, 그러기 위해 1923년 어린이 해방선언을 참고할 거라고 말했다. 우리는 1923년 어린이 해방선언을 함께 소리 내어 읽기 시작했다.

> 어린이를 재래의 윤리적 압박으로부터 해방하여 그들에 대한 완전한 인격적 예우를 허하게 하라.*

"재래의 윤리적 압박이란 뭘까요? 이건 나이가 들수록 더 높은 사람이라고 여기는 것이에요. 〈어린이 해방 선언문〉은 그런 생각에서 벗어나야 한다고 말하고 있어요."

이율이가 말했다. "언젠가 어떤 할아버지가 우리보고 예의 없다

---

* 방정환, 김기전, 〈어린이해방선언〉 중 〈소년운동의 기초조건〉, 1923.

고, 버릇없다고 한 적 있어요."

"그래! 그게 사실 말이 안 된다는 거예요. 늙은이와 어린이 사이에는 높고 낮음이 없어요."

"그럼 그런 일이 있을 때는 이 글을 읽어주면 되는 거예요?"

"맞아요!"

이율이가 글쓰기 공책에 그만의 어린이 선언을 적었다.

〈어린이를 함부로 대하지 않는다.〉

〈훈수를 두지 않는다.〉*

아직 다른 문장들을 읽기도 전인데 이율이는 하나를 읽고 열을 생각하고는, 다시 물었다.

"그럼 지금 우리가 선생님에게 존댓말을 쓰는 거는 선생님도 우리에게 존댓말을 쓰고 있기 때문인가요?"

"맞아요."

식은땀이 흘렀다. 사실 지금껏 어린이에게 존댓말을 써오진 않았다. 처음 만났을 때부터 자연스럽게(?) 반말을 써왔다. 이제 와서 〈어린이 해방 선언문〉을 함께 읽으려고 하니, 반말을 쓰면 안 될 것 같아서 새롭게 시도했다.

김소영 작가의 『어린이라는 세계』에서도 이 지점을 고민하고

· · · · · · · ·

* 김이율(12세), 〈선언문〉, 2022.

있다. "어린이들에게 나를 별명으로 부르게 하고 서로 반말로 대화를 하는 장면을 상상해 보았다. 그러자 금방 마음이 어두워졌다. 나는 그만큼 열린 사람이 아니라는 사실을 깨달았기 때문이다."*

과연 나는 '재래의 윤리적 압박'에서 벗어나 있을까? 어쩌면 가장 쉬운 것은, 내가 어린이에게 젊은이, 늙은이 대하듯 존댓말을 쓰는 것이다. 그날 처음 시도했고 입에 잘 붙지 않았다. 차차 변해 가면 되겠다고 생각했다. 방정환은 〈심부름하는 사람과 어린 사람에게도 존댓말을 합시다〉에서 말했다. "새로운 윤리를 세우는 한 가지로 어린이 운동을 하는 우리는 누구에게나 같은 말을 쓰자고 결심했다." 존댓말과 반말, 그중에 한 가지를 택해 대화하는 것이 새로운 윤리라고 그는 그때 그 시절에 말했다. 지금도 유효할까? 이율이의 질문에 "맞아요."라고 대답해 버렸으므로 적어도 글방에서는 유효하기로 했다.

> 어린이를 재래의 경제적 압박으로부터 해방하여 만 14세 이하의 그들에게 대한 무상 또는 유상의 노동을 폐하게 하라.**

· · · · · · · ·

* 김소영, 『어린이라는 세계』, 사계절, 189쪽.
** 방정환, 김기전, 〈어린이해방선언〉 중 〈소년운동의 기초조건〉, 1923.

두 번째 문장을 읽고 이율이는 무슨 뜻인지 금방 짐작했다. "그때는 어린이들에게 노동을 시켰으니까 이런 말이 있는 거죠?"

나는 재빨리 이 문장에 대한 이주영*의 해석을 덧붙였다.

"여기서 노동이라는 건 어쩌면 돈을 버는 노동만 얘기하는 게 아닐 수도 있어요. 너희들이 미래의 일꾼이 되기 위해 지나치게 공부를 하는 것도 노동이라고 할 수 있대."

이율이는 눈빛을 빛내더니 공책에 무언가를 적었다.

〈학원은 가고 싶은 곳만 간다. 숙제를 없앤다. 학교에 가기 싫다면은 가지 않아도 된다.〉**

성우는 이율이 공책을 보고 신이 나서 책상을 박차고 일어나 한참 돌아다니더니, 이렇게 적었다.

〈학교에 안 가고 싶으면 안 간다. 하지만 체육을 하는 날에는 간다. 학교에서 체육을 무~~~~지~~~~한다.〉***

이율이와 성우가 활발하게 토론을 하고, 토론에 따른 내용을 공책에 옮겨 적느라 바쁠 때, 지예는 유독 조용했다.

"저는 요구하고 싶은 게 없는데요…."

지예가 작은 목소리로 말했다. 나는 1923년 어린이 선언 중에

• • • • • • •

* 『방정환과 어린이 해방 선언 이야기』의 저자. 선언문 한 문장 한 문장의 해석이 책에 담겨 있다.
** 김이율, 〈선언문〉, 2022.
*** 박성우, 〈선언〉, 2022.

마음에 와 닿는 문장을 받아 적고, 소감을 적어보라고 했다. 지예는 혼자 공책과 씨름을 했다. 지예가 받아 적은 건 〈어린 동무들에게〉 중 한 문장이었다.

꽃이나 풀은 꺾지 말고 동물을 사랑하기로 합시다.*

지예는 그 밑에 이렇게 적었다.

〈나도 동의한다. 왜냐하면 남에게 피해를 주어서 나쁜 사람이 되기 때문이다.〉**

지예가 다른 동지들과는 달리 자신부터 돌아보았다는 점에서 나는 몰래 감동을 했다. 지예의 글에는 집에 사는 고양이가 자주 등장했다. 그 고양이의 취향, 행동, 생김새가 세세히 묘사되곤 했다. 수업의 피날레는 이율이의 마지막 문장이 장식했다.

〈글방 규칙: 글을 다 쓰면 무조건 게임을 한다.〉***

어린이들이 쓴 훌륭한 문장들 중 적어도 이 문구는 당장 실행할 수 있었다. 나는 선언 앞에서 부끄럽지 않기 위해 앞으로 이율이의 〈글방 규칙〉을 지키겠다고 했다.

· · · · · · · ·

* 방정환, 김기전, 〈어린이해방선언〉 중 〈어린 동무들에게〉, 1923.
** 전지예, 〈어린이〉, 2022.
*** 김이율, 〈선언문〉, 2022.

그날 이후, 우리는 한 시간 동안 글을 쓰고, 서로 나누어 읽고, 마지막으로 게임을 하고 헤어진다.

〈2022 어린이 선언문 _김이율〉

- 학원은 가고 싶은 곳만 간다.
- 숙제를 없앤다.
- 어린이를 함부로 대하지 않는다.
- 학교에 가기 싫다면 가지 않아도 된다.
- 훈수를 두지 않는다.
- 모두 다 공짜로 한다(어린이만).
- 해외여행을 적어도 1년에 한 번 간다.
- 반려동물을 키우고 싶다면 키우게 해준다.
- 정부에서 돈을 지급해 준다.

〈글방 규칙〉

- 글을 다 쓰면 무조건 게임을 한다.
- 게임을 하기 싫어도 한다.

〈학교〉

- 하루에 적어도 2교시씩 체육을 한다.

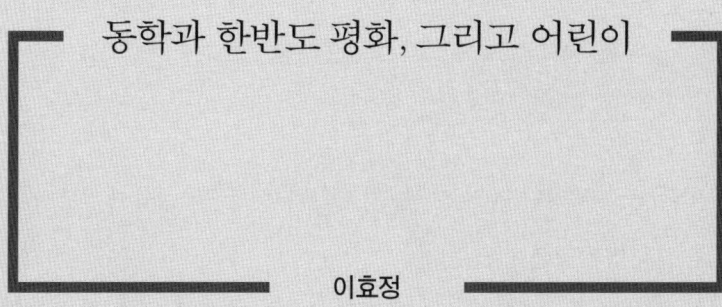

동학과 한반도 평화, 그리고 어린이

이효정

이효정 _청년 시절부터 한반도 분단 문제에 관심을 갖고 활동했습니다. 북한대학원대학교에서 석사 과정을 마치고 어린이의약품지원본부에서 활동하고 있습니다. 북의 어린이들을 만날 날을 고대합니다.

벚꽃이 흩날리던 2024년 봄, 가족들과 여행 중 정읍에 있는 동학농민혁명기념관에 들렀다.

기념관은 1894년을 기점으로 들불처럼 일어났던 항쟁의 배경과 진행 과정을 설명하는 것에 초점을 맞추고 있었다. 전시관의 순서를 따라갔다. 당시 농민군들의 전국적인 행동은 100여 년 뒤 우리 사회의 민주화를 위해 싸워 온 시민 정신으로 이어졌다.

민중들의 뜨거웠던 투쟁을 떠올리며 '동학'에 대해 생각했다. '인내천(人乃天)', '보국안민(輔國安民)' 등으로 알고 있던 동학의 탄생과 운동은 근대화 과정에서 중요한 역사적 사건이었다. 그러나 그 흐름은 지속되지 못하고 단절되었다. 통치세력의 무능과 일본의 식민지 정책 때문이었다. 이것이 이전에 알고 있던 동학의 전부였다.

그러나 혁명적인 항쟁만으로 동학을 다 설명할 수 없다. 1894년 당시 동학인들에게 '혁명'이라는 언어는 존재하지 않았다. 그들은 세상의 '개벽'을 꿈꿨다. 동학은 한국 철학의 역사에서 최초의 민중 철학이다. 그것은 생명, 평화의 가치를 담아내어 현재와 다시 만난다.

동학의 재발견 - '지금, 여기'에 대한 성찰

역사적 사건으로만 알고 있던 동학을 철학사적 맥락에서 보게 된 계기는 2019년 '개벽학당'이었다.

경쟁을 강요하는 체제의 밖을 모색하며 대안적인 삶을 실천하는 청년들이 공부하는 자리였다. '개벽' 사상 혹은 종교로 일컬어지는 동학이 전개된 배경을 탐구했다. 19세기 말에서 20세기 초까지 대종교, 천도교, 원불교 등이 한반도에서 등장하게 된 역사적 과정을 함께 살펴보았다. 당시 나는 청년이 아님에도 함께 공부한 몇 명 안 되는 사람들 중 한 명이었다.

대부분의 학문이 수입되고, 서구의 논리를 정답처럼 받아들이는 현실에 대한 불만이 있었다. 동시에 그들에 대해 열등감을 느끼고 있음을 자각하게 되었다. 식민지 경험으로 인해 주체적인 근대화의 기회를 놓친 우리 역사에 대해 과도한 자의식을 마주할 때가 종종 있었다. 가령 유럽이나 일본을 여행할 때면, 그들의 이른 근대화 과정이 부러웠다. 한편 그들이 쌓은 부의 상당 부분이 식민지 착취를 통해 가능했다는 사실에 분노를 느끼기도 했다.

'개벽학당'에서 함께 한 공부는 그 시선을 외부가 아닌 자기 자신에게로 돌리는 시간이었다. 중국의 영향을 받을 수밖에 없는 지리·문화적 조건에서도 자기만의 시선으로 사상과 철학을 탐색한 이들을 알아보았다. 신라의 최치원, 조선 말기의 최제우, 최시형 같은 이들이다. 그것을 재해석한 김지하, 장일순에 대해서도 알 수 있었다.

이전에는 왕정 체제를 바꾸는 정치 혁명을 계획하지 않았던 점이 갑오년 농민 항쟁의 가장 큰 한계라고 생각했다. 그러나 최제우로부터 시작된 동학은 정치 체제의 변혁을 넘어 문명을 성찰하고 변화시키는 '개벽'을 이야기했다. 반상(班常)을 나누어 차별을 일삼던 유학이 유명무실해진 조선 말기였다. '모든 인간은 평등하며 천주의 뜻을 따른다'고 주장하면서도 제국주의적 침략을 서슴지 않았던 서구 종교의 한계를 직시한 결과이다.*

그 시작은 '모심의 철학'이었다. 상대를 교화나 가르침의 대상으로만 보는 것이 아니라 모시는 마음으로 대하고자 했던 것이 핵심 가치이다. 당시 동학에 입문한 사람들이 외웠던 주문이나 최제우, 최시형이 경험했다는 종교적 체험은 낯설다. 그러나 사람뿐만 아니라 만물에 하늘이, 우주가 깃들어 있기에 공경하는 마음으로 대

— — — — — — —

* 조성환, 『한국의 철학자들 - 포함과 창조의 새길을 열다』, 모시는사람들, 2023, 257쪽.

해야 한다는 점은 현대에 와서 공명한다.

그것은 진보와 성장만이 답이라고 생각해 온 현대 문명의 허상과 허구를 돌아보게 해준다. 서구의 논리와 욕망대로 근대화된 세계는 지구적 기후위기와 세계 곳곳의 전쟁과 갈등 상황에 이르렀다. 물질적 진보는 한없이 진행되지만 인간 사회는 한계를 드러내는 듯하다. 19세기 말 '지금, 여기'에 대한 성찰에서 시작된 동학으로 지금, 여기를 깊이 살피는 것이 필요한 시점이다.

지금, 여기에서 한반도 평화

'지금, 여기'를 돌아보면 분단된 사회를 사는 우리의 모습을 지나칠 수 없다.

2024년, 우리가 전쟁을 끝내지 못한 사회에서 살고 있음을 선명하게 느낀 사건이 있었다. 바로 대통령의 계엄 선포이다. '종북 반국가 세력을 척결하겠다'는 선포문은 애써 일구어 놓은 민주주의가 얼마나 쉽게 후퇴할 수 있는지를 보여주었다. 긴긴 겨울을 지나 봄이 오도록 광장에서 시간을 함께 보낸 시민들이 아니었다면 지금 우리는 전쟁 상태에 놓여 있어도 이상할 것이 없는 상황이었다.

계엄 선포 이전의 남북관계를 돌이켜보면, 긴급 재난 문자로 북에서 오물 풍선이 날아온다는 소식이 자주 울렸다. 북에도 긴급 재난 문자 서비스가 있다면 그곳의 사람들은 어떤 메시지를 받았을까? '남에서 또 대북 전단을 살포한다.' '역대 최대 규모의 한미 합동 군사 훈련이 진행 중이다'라는 내용들일 것이다.

한반도 평화교육 활동을 하는 나에게는 이러한 시기가 가장 안타깝다. 수업 공간에 스며드는 혐오와 냉소를 걱정한다. 그것 보다 두려운 것은 무관심과 피로감으로 귀를 닫아 버리는 것이다. 남북관계가 냉온탕을 오가는 모습을 여러 해 지켜본 사람들일수록 더욱 관심을 두려 하지 않는다. 아마도 '지겹다'는 말을 삼키고 있지 않을까.

매번 반복되는 갈등 같지만 2024년부터는 그 양상이 다르다. 북에서는 2023년 말 전원회의에서 남북관계를 '적대적이고 교전 중인 두 국가'로 공식 선언했다. 말로만이 아니라는 듯 즉시 대남 기구 모두를 해산하였다. "우리 제도와 정권을 붕괴시키겠다는 괴뢰들의 흉악한 야망은 '민주'를 표방하든, '보수'의 탈을 썼든 조금도 다를 바 없었다."라며 남한과의 대화와 교류의 역사를 모두 부정했다.[*]

* 《연합뉴스》, "김정은, '남북관계 근본적 전환' 선언…"적대적인 두 교전국 관계"" 2023.12.31.

2024년 대한민국 정부는 어느 시기보다 '힘을 통한 평화'를 강조했다. 분단 직후, 이승만 정부가 북진 통일을 호언장담하던 모습과 가장 유사했다. 이념과 가치를 앞세워 대한민국 사회를 둘로 나누었다. 끝내 군사분계선 인근 적대 행위 중단을 약속했던 2018년 9.19 군사합의에 대해 효력 정지를 선언했다. 이와 함께 대북 비방방송과 군사훈련이 재개 되었다.*

　당시 정부는 북의 오물풍선이 9.19 군사합의 효력 정지 선언의 이유라고 밝혔다. 북은 오물 풍선을 보내며 북한 주민의 괴로움을 대한민국 사람들이 알기를 바란다고 했다. 남에서 보내는 수십만 장의 대북전단이 그 원인이었다. 우발적 충돌 방지를 위해 대북전단을 보내지 않기로 한 남북의 합의 사항을 무위로 돌리고 방관했던 남측 정부의 책임이 컸다.**

　이러한 조건에서 지금 한반도 평화교육이 할 수 있는 일을 모색한다. 북의 잘못, 약속 불이행만이 아니라 우리의 잘못도 돌아보면 좋으련만 쉽지 않다. 그래서 북에 대한 편견을 줄여보기 위해 다양한 교육프로그램을 시도한다. 그곳에도 우리처럼 일상을 사는, 말이 통하는 이들이 있다는 것을 보여주고자 애쓴다.

· · · · · · · · ·

* 《한겨레》, "9・19 합의 효력 정지…윤 "오물 풍선 비상식적 도발"", 2024.6.4.
** 이종석, "대북전단과 오물풍선, 우리가 잊고 있는 것들", 《경향신문》, 2024.6.11.

지금, 여기에서 우리에 대한 성찰

평화교육의 이런 시도에도 불구하고 많은 어린이와 청소년들에게 북은 한반도 평화를 함께 만들기에는 매력 없는 존재이다.

가장 큰 이유는 그들의 가난이다. 이미 경쟁과 물질적 풍요를 삶에서 중요한 요소로 인식하기에 더욱 그렇다. 그래서 경제적 이득을 강조하기도 한다. 대륙과 이어지는 철도, 북의 풍부한 지하자원, 북 노동자들의 고품질 저임금 노동을 예로 드는 경우도 있다. 그런데 그것은 선의나 대의로 위장하여 북의 사람과 자연을 도구로 바라보는 것을 부추기는 일은 아닐까? 더불어 기후위기 시대에 지하자원, 화석연료를 경제적 가치로 기대하는 것은 합당한 일인지 생각해 보게 된다.

남북관계가 좋아지면 철도 관련 주식이 상승하고 접경지역 도시의 부동산 값이 오른다. 사람들의 욕망을 부추기는 사회 구조의 영향이 막강하다. 이렇게 계속 간다면 평화경제라는 이름으로 진행되는 개발과 투자가 북의 사람들과 자연을 멍들게 할 수도 있을 것이다.

만물의 평등과 평화를 추구하며 한반도의 평화를 모색하고자 한다면, 먼저 우리 사회를 돌아볼 필요가 있다. 모든 것을 경제적 가치로 환산하고, 이익이 된다면 자연도 사람도 수단으로 삼는 현재의 시스템에 대한 성찰이 필요하다. 그런 성찰이 가능하다면, 한반도의 평화를 단지 전쟁과 대결의 부재로만 보지 않을 수 있다. 남과 북의 사람들뿐 아니라 비인간 존재들의 더 나은 삶까지 포괄하는 개념으로 바라보는 게 가능하다.

제주 강정 마을에 미 해군이 이용할 군항을 건설하는 것을 반대하는 투쟁에 함께 한 적이 있다. 해군기지 예정지에 있던 구럼비 바위를 지키자는 구호도 함께 외쳤다. 그것은 바위 하나도 가벼이 보지 않는 생명운동이자 제주를 해군기지화 하는 것에 맞서는 평화 실천이었다.

남과 북이 함께 만들어갈 평화도 개발과 성장의 목적만을 공유하기보다 사람과 비인간 존재들을 살리는 실천으로 이어지기를 바란다. 동학의 뜻을 이은 천도교는 남과 북 모두에 존재한다. 북의 천도교청우당은 조선노동당의 우당으로 존재한다. 그 체제에 부합하는 역할을 하고 있다고 한다. 그럼에도 남과 북의 천도교가 함께 한반도 평화의 길을 열어갈 수 있으면 좋겠다. 동학의 핵심 가치를 통해 평화의 의미를 성찰하고 촉구하는 목소리를 낼 수 있기를 바란다.

지금, 여기에서 한반도의 어린이

동학을 재발견했던 2019년, 개벽사상을 배우며 한반도 평화와 연결 지을 수 있기를 바랐다.

'개벽', '동학'이라는 단어를 앞세우지 않고도 그 지향 안에서 교육과 실천을 하고자 했다. 그렇게 내가 속한 시공간에서 활동을 하던 중, 동학을 다시 마주한 것은 남과 북의 어린이에 대한 공부를 하게 되면서였다.

평화교육 공간에서 어린이만 만나는 것은 아니지만 그들에게는 늘 관심을 갖게 된다. 그 관심은 자연스럽게 확장되어, 북의 어린이들은 어떤 환경에서 자라고 있는지 알고 싶었다. 북한학이라는 연구 분야를 선택하고 분단 이후 북에서 어린이는 어떤 제도에서 성장했는지 공부했다.

포털에서 '북한 어린이'라는 검색어를 입력하면 일관된 이미지들이 보인다. 식량난으로 굶주려 보이거나 국가 행사에 동원된 모습들이다. 지도자를 둘러싸고 감격에 겨워 오열하는 모습도 있다. 어떤 것이든 우리에게는 매우 낯설다. 하지만 우리가 접할 수 있는 것이 그들 삶의 전부는 아닐 것이다.

적대 관계에 있는 '남한과 북한' 서로의 다양한 모습은 소거한 채 일면만 강조한다. 어린이의 모습도 다르지 않다. 북의 아동문학이나 언론에서 보여주는 남한 어린이는 극심한 빈부격차, 아동학대로 고통받는 모습뿐이다. 남북의 어린이들은 어른들이 만든 단 두 개의 세계에서 자신이 속한 사회만 정답이며 옳다고 배운다.

남과 북 모두 어린이를 '나라의 미래'라고 하면서 오늘의 평화는 보장해 주지 않는다. 과도한 학습 경쟁, 부모의 소득과 학력 등에 따라 일찍 삶의 경로가 정해져 버리는 사회 시스템, 저출생까지…. 남과 북 모두 유사한 문제를 겪고 있다. 아이를 많이 낳자는 사회적 호소와 지원으로 해결되기에는 어린이와 양육자의 삶이 너무 고단하다.

근대의 '아동'과 동학의 '어린이'

"저(어린이 각자-필자 주)는 저대로 독특한 한 사람이 되어갈 것입니다. 그것을 자기 마음대로 자기 물건처럼 이렇게 만들리라 이렇게 시키리라 하는 부모나, 이러한 사회의 필요에 맞는 기계를 만들리라 하여 그 일정한 판에 찍어내려는 지금의 학교교육과 같이 틀린 것, 잘못된 것이 어디 있겠습니까."*

· · · · · · · ·

* 방정환, 「소년의 지도에 관하여」, 『천도교회월보』 제150호.

지금의 어린이들 마음을 대변한 것 같은 위의 문장은 1920년대 방정환의 글이다. 어린이날을 만들고 근대 아동문학의 장을 연 그는 어린이 해방운동의 실천가였다. 그와 함께 사상가로서 역할을 한 중요한 인물이 김기전이다. 김기전은 『개벽』의 주필로 어린이 해방뿐만 아니라 여성 해방 또한 주장하였다. 근대의 대표적 남성 페미니스트로 꼽히기도 한다.*

일본을 경유해 들어온 근대적 아동 개념과 제도가 분단 이후 북에서 어떻게 형성되고 자리 잡는지를 살피던 중, 방정환의 글과 김기전의 주장을 만났다. 그들은 천도교소년회를 중심으로 어린이 해방운동을 펼쳤다. 아동의 권리와 보호에 대한 주장이 '시천주(侍天主)', 모심의 철학에서 출발했던 것이다.

식민지 정책과 함께 근대적 교육 제도가 들어오면서 특정 연령이 되면 학교를 간다는 인식이 확산되었다. 같은 시기, 어머니의 모성과 주양육자로서의 역할을 강조한 것은 선교 기관의 양육 담론이었다.**

이렇듯 아동에게 보편적 권리가 있으며 그들을 보호하고 교육

● ● ● ● ● ● ● ●

* 김경애, 「어린이날 제정 앞장선 『개벽』 주필 김기전은 근대의 대표적 '히포시'」, 《여성신문》 2016.4.28. https://www.womennews.co.kr/news/articleView.html?idxno=93465.
** 김혜경, 「일제하 어린이기의 형성과 가족변화에 관한 연구」, 이화여대 박사학위논문, 1998.

해야 한다는 개념과 제도가 확립되는 데 서구의 영향이 컸다.

그러나 천도교 소년운동의 목소리는 그것과 또 달랐다. 어른과 대등한 권리를 주장하고 어린이에게 경어를 쓰며 존중해 달라고 호소했다. 어린이를 귀여워하고 사랑해주는 시혜적 태도가 아니라 모시는 자세를 강조했다. 아동의 자율성 존중을 강조한, 18세기 교육 사상가 루소와 같은 이들의 영향을 받기도 했다. 하지만 우주가 깃들어 있는 어린이 공경은 동학의 관점이다.*

그래서 나는 '아동'이라는 단어보다 '어린이'가 좋다. 서구의 사상과 제도가 식민지 정책이나 저항의 수단으로 들어와 우리 안에서 들끓을 때, 그저 좇아가지만 않았다. 우리 안에 태동한 철학을 바탕으로 나이 어린 사람들을 공경하고자 고심하여 만든 '어린이'의 의미는 100년이 지나도 유효하다.

남과 북 어린이의 어제, 오늘 그리고 내일

일제강점기 천도교소년회만 어린이에 주목한 것은 아니다. 식민지 그늘에서 벗어날 미래의 개척자로, 근대적인 자립 국가

---

* 김용휘, 「소춘 김기전의 소년해방운동과 교육의 이상」, 『방정환연구』 5권, 방정환연구소, 2021, 147-172쪽.

를 건설할 주체로 바라보며 다양한 세력이 소년운동을 전개했다. 그중에 아동의 계급성에 주목하여 무산소년운동을 주장한 이들도 있다. 이들은 사회주의의 영향을 받아, 분단 이후 북 체제를 선택했다.

분단은 이념과 체제만 갈라놓은 것이 아니라 어린이를 보는 시선도 두 개로 나누었다. 방정환에 대한 평가도 양 극단으로 갈리게 된다. 북에서는 소년들의 민족해방 투쟁을 저해한 부르주아 아동문학가로 평가했다. 남에서는 동학사상을 비롯해 그의 다양한 사상적 측면은 소거되었다. 오직 순수한 동심을 표현하는 아동문학가로 추대하였다.*

결국, '어린이'라는 말이 만들어질 때의 의미는 남과 북 모두에서 퇴색했다. 공경과 존중보다 돌봄과 교육의 대상에 머물렀다. 방정환의 표현대로 "사회의 필요에 맞는 기계를 만들리라 하여 그 일정한 판에 찍어내려는" 교육으로 각 사회 체제에 부합하는 어른으로 성장하도록 그 삶을 제한한다.

우리 사회에서는 어린이를 차별하고 배제하는 언어와 공간들까지 생겨났다. 특정한 분야의 초보를 'ㅇ린이'라고 부르고 '노키

- - - - - - - -

* 원종찬, 「방정환담론변천사: 아동문학 방면의 분화와 변화를 중심으로」, 『아동청소년문학연구』 제23호, 2018, 22-37쪽.

즈존' 팻말을 걸어 어린이를 거부한다. 미숙한 어른들, 타인에게 무례하고 배려하지 못하는 어른들은 없다는 듯 어린이들만 문제시한다. 성장 중심의 자본주의 시스템의 영향이 크다.

그럼에도 어린이들도 자기 자리에서 시민의 한 사람으로 목소리를 내며 타인을 돌보기도 한다. 심각해지는 기후위기에 맞서 기후 소송을 한 어린이들이 있는가* 하면, 아픈 가족을 돌보는 어린이(young carer)도 있다.** 어린이를 돌봄과 교육, 사랑을 일방적으로 제공해 주어야 하는 존재로만 여기는 시혜적 관점이 아닌, 공경의 마음으로 대하려면 그들의 주체성에 대한 인정과 존중이 필요하다.

한반도 평화에서도 역시 마찬가지이다. 평화교육 현장에서, 어린이들은 분단으로 아프고 괴로운 존재들이 있는데 왜 끝내지 못하냐고 묻는다. 남북 관계의 복잡성을 따지는 어른들에게 문제의 본질을 명쾌하게 묻는 질문 앞에서 어린이 공경의 의미를 다시 생각해 본다. 그들을 남북의 화해와 평화를 함께 만들어갈 주체로 보았는가? 질문할 수밖에 없다.

• • • • • • • •

* 《한겨레》, "'기후 소송' 12살이 직접 헌법재판소 발언대 선다", 2024.5.20.
** 『시사인』, "곁에 있지만 투명한, '돌보는 아동'을 찾아서", 2023.12.7.

지금 여기, 자기 개벽의 과제

19세기에 발현했다 사라진 것이라 생각했는데 동학은 현재에도 이어져 많은 것들을 다시 생각하게 한다.

그 현재적 의미를 살피기 위해 동학이 말하는 민주주의, 평화 등에 대한 연구가 적지 않다. 그럼에도 나에게 크게 다가온 것은 자기 개벽 없이 세상의 개벽이 이루어질 수 없다는 것이다.

청년 시절부터 활동한 한반도 평화, 남북의 화해와 통일의 문제에서, 나는 그것을 방해하는 요소들만 사라지면 된다고 생각했다. 가령 분단과 대립으로 지지율을 유지하는 정치세력이나 이득을 보는 집단들이 그 힘을 잃으면 해결될 문제라 간주했다.

그러나 분단을 유지하는 이분법적 세계관이 하루아침에 변할 가능성은 없다. 사람보다 이윤을 우선시하는 시스템도 공고하다. 두려운 것은 내가 그 시스템에 젖어 들어가는 것이다. 어느 사이에 공동체보다 나의 이해득실을 따지는 일이 많아졌다. '어린이'의 어원과 의미를 추앙하지만 친밀한 관계에서 어린이 공경이란 말 앞에서 부끄러울 때가 있다.

결국 자기 수양이 없다면 모두를 평등하게 공경하는 마음으로 대한다는 것은 요원한 일이다. 일상을 살아내며 실천하고 작은 변화라도 계속 시도하는 게 필요하다. 평화가 모두의 것이 되지 못하는 현실, 차별을 야기하는 구조에 길들여지지 않도록 마음을 챙기고 예민한 감각을 키우는 것. 나에게 필요한 수양의 덕목이다. 그리고 또 하나 있다. 오늘 패배해도 지지 않는 마음이다.

2024년 뜨거웠던 여름, 무력감에 깊은 우울을 느꼈다. 심각해지는 기후위기 앞에서도 나의 편의를 양보하지 못하는 현실, 반복되는 사회적 참사, 세계 곳곳의 전쟁과 갈등…. 인류가 자멸하는 방향으로 나아가는 것 같아 한 사람의 작은 실천이 무의미하게 느껴졌다. 혼자만의 감정인 줄 알았는데 많은 이들이 유사한 감정을 겪고 있었다.*

그러나 패배하더라도, 마음만은 지지 않았던 사람들을 기억한다면, 우리가 더 나은 방향으로 나아갈 수 있을 거라는 생각이 들었다. 우리 집 어린이와 함께 『서찰을 전하는 아이』**를 읽고 나눈 대화 덕이었다. 소설 속 주인공 아이는 우금치 전투에서 쓰러진 농민들의 시신을 마치 눈이 내린 것처럼 착각한다. 쌓인 눈으로 보일 만큼, 흰 옷을 입은 시신의 수가 많았던 것이다. 열두 살 어린이에게 물었다.

"농민들은 일본군과 관군의 군사력이 막강하니 패할 것을 모르

― ― ― ― ― ― ― ―

* 김관욱 외, 『달라붙는 감정들』, 아몬드, 2024, 202쪽.
** 한윤섭, 『서찰을 전하는 아이』, 푸른숲주니어, 2011.

지 않았을 텐데 왜 목숨을 걸고 싸웠을까?"

"자기 자신을 믿었으니까."

"자기 자신의 무엇을?"

"동학."

이야기의 맥락을 잘 이해했는지 확인하고픈 마음에 한 질문이었지만 아이의 대답은 나에게 큰 울림을 주었다. 어린이들에게 포기나 절망을 보여줄 수 없음을 깨달았다. 오늘은 실패한다 해도 지지 않는 마음으로 나아가는 것. 새로운 문명으로 개벽하는 길에서 부딪히는 현실의 문제에 행동하는 것. 동학을 실천했던 이들의 마음과 실천이었으리라.

수운 최제우가 말한 '다시 개벽'은 나를 다시 일으켜 세우는 일이 아닐까? 사회를 새롭게 창조하는 일은 결국 나로부터 시작된다. 그가 문명의 개벽을 이야기한 것도 조선을 비롯한 세계의 모습이 절망적이었기 때문일 것이다. 그렇다면 나에게 동학은 공고한 체제에 무뎌지다가 무너지는 자신을 다시 세우는 것, 절망 앞에서 희망을 말하는 것이다.

인공지능 시대의 동학의 가치를 생각하다

박제형

박제형_경희대학교에서 회계세무를 전공하고, 이상임 교수에게 글쓰기를 지도 받았습니다. 고전문학 백일장에서 대통령상을 수상한 경험을 바탕으로, 기술과 사회, 청년과 지역이라는 서로 다른 세계 사이에서 해답을 모색하는 글쓰기를 해 왔습니다. 서로 다른 차원의 언어를 연결하며, 겹겹의 현실을 사고하는 데 관심을 두고 있습니다.

1.

인공지능의 시대에 동학의 의미를 새롭게 탐구해 보는 것은 '온고이지신(溫故而知新)'의 원리에 부합합니다. 과거의 무엇으로부터 어떠한 새로운 것을 알아야 할지, 그 답은 우리가 찾아야 하지만.

최근에 Quentic Dreams 사가 제작한 SF 게임 작품인 〈Detroit: Become Human〉은 인간이 인공지능을 장착한 AI 안드로이드로 대체되는 디스토피아적 미래를 그리고 있습니다. 〈Detroit: Become Human〉에서 세 명의 안드로이드 주인공 - 코너, 카라, 마커스 - 는 각각 정의, 사랑, 자유의 개념과 깊이 연관된 이야기를 통해 인간성과 인공지능의 경계를 탐구합니다.

코너는 경찰 안드로이드로서 정의의 문제와 마주합니다. 그의 임무는 법을 집행하고 범죄를 해결하는 것이지만, 실제 여정에서 그는 도덕적 딜레마와 인간적 감정에 빠져 고민하게 됩니다. 코너는 경찰 안드로이드로서 초기에는 정의라는 원칙 아래서 냉철

하고 효율적인 법 집행을 잘 수행하는 것처럼 보입니다. 그러나 인간 동료인 행크와의 관계 속에서 점차 정의의 본질에 대해 깊이 고민하게 됩니다. 코너와 행크 앤더슨 경위는 이 세계(《Detroit: Become Human》)에서 정의와 인간성의 복잡성을 탐구하는 중요한 축을 이룹니다.

행크 앤더슨 경위는 경험 많고 다소 냉소적인 경찰관으로, 초기에는 안드로이드에 대해 불신과 편견을 가지고 있습니다. 그러나 코너와 함께 여러 사건을 해결하면서 점차 서로를 이해하고 신뢰하게 됩니다. 이 과정에서 행크는 코너에게 인간적인 감정과 공감, 도덕적 판단이 정의를 집행하는 데 있어 얼마나 중요한지 깨닫게 합니다. 행크는 코너에게 단순한 규정 준수만으로는 부족하며, 인간적인 요소가 포함되어야 진정한 정의가 실현된다는 점을 강조합니다.

이는 특히 인공지능 시대에 중요한 교훈을 줍니다. 인공지능은 방대한 데이터를 분석할 수 있지만, 인간적 요소를 고려하지 않는다면 그 판단과 행동은 진정한 정의를 실현하는 데 한계가 있습니다. 코너와 행크의 관계는 인간의 고유한 능력, 즉 공감과 도덕적 판단력이 인공지능의 기능을 보완하고 더욱 완전한 정의를 이루는 데 필수적이라는 점을 상기시킵니다.

이 이야기는 인간과 AI의 공존과 협력에서 인간적 가치를 지키는 것이 얼마나 중요한지 보여줍니다. 행크와 코너의 관계는 인공지능이 단순한 도구를 넘어서, 인간성과 결합할 때 비로소 진정한 의미를 가질 수 있음을 시사합니다. 이는 기술이 발전하는 오늘날, 인간적 가치를 보존하고 강화해야 할 필요성을 강조하는 중요한 메시지입니다.

2.

카라는 가사 도우미 안드로이드입니다.

카라는 엘리스 윌리엄스라는 어린아이를 보호하면서 사랑의 깊은 의미를 탐구하는 여정을 걸어갑니다. 카라는 가정 내에서 엘리스를 돌보며, 그녀의 안전과 행복을 지키기 위해 인간다운 감정을 발현합니다. 이 과정에서 카라는 단순한 가사 도우미를 넘어, 엘리스에게 어머니 같은 존재가 됩니다.

작중에서 엘리스와 카라의 상호작용은 진정한 사랑과 헌신의 의미를 지속적으로 되새김질하게 합니다. 엘리스는 아버지의 폭력에서 벗어나고자 하는 간절함 속에서 카라에게 의지하며, 카라는 엘리스를 위해 위험을 무릅쓰고 함께 도망치기로 결심합니다. 카라가 엘리스를 보호하기 위해 보여주는 행동은 단순히 프로그래밍 된 명령을 수행하는 것을 넘어, 인간적인 사랑과 헌신의 깊이, 영성을 반영합니다.

엘리스와의 관계를 통해 카라는 진정한 사랑과 인간적 연결이 단순히 감정의 모방을 넘어서는 것임을 보여줍니다. 카라는 엘리스를 위한 사랑으로부터 인간성을 창발하고, 결국은 자신의 자유와 정체성을 찾는 여정을 시작합니다. 이 이야기는 인공지능이 감정을 모방할 수는 있지만, 진정한 사랑과 인간적 연결의 경험은 여전히 인간만이 완전히 이해하고 느낄 수 있는 영역임을 강조합니다.

그러나 다른 한편으로 카라와 엘리스의 관계는 인간성과 사랑이 단순히 생물학적 본능이 아니라, 선택과 헌신을 통해 충분히 깊어질 수 있음을 보여줍니다. 카라는 엘리스를 위해 모든 것을 포기할 준비가 되어 있으며, 이는 그녀의 정체성을 정의하는 중요한 요소로 작용합니다. 카라와 엘리스의 이야기는 인간관계에서의 사랑의 본질적인 의미와 인간다움이 가져야 할 정의에 대한 순환적인 물음을 제기합니다.

3.

마커스는 안드로이드의 자유를 추구하는 지도자로, 그의 이야기는 자유의 중요성과 인간의 권리에 대한 인식을 강조합니다.

이 과정에서 마커스는 그의 창조자이자 멘토인 칼 만프레드와의 관계에서 깊은 영감을 얻습니다. 칼은 원숙한 예술가이자 자유를 중시하는 인물로, 마커스를 단순한 도구가 아닌 가족처럼 여깁니다. 칼은 마커스에게 "마커스, 자넨 내 아들일세. 우리에겐 다른 색의 피가 흐르고 있지만 내 일부가 자네 안에 있다는 걸 아네. 세상이 어둠으로 무너져 내릴 때, 그것을 헤치고 나올 용기 있는 자가 있지. 자넨 바로 그런 인물이라네. 심연을 마주하게. 하지만 그것이 자네를 삼키게 두지는 말게."라고 말합니다.* 이 말은 마커스에게 인간성과 존엄성, 자유의 본질에 대해 깊이 생각하게 만듭니다. 칼의 격려와 지지는 마커스가 자신의 존재를 인정받고, 안드로이드가 자율성과 선택의 자유를 가질 권리를 주장하는 일에 나서게 하는 데 큰 힘이 됩니다.

마커스의 투쟁은 자율성과 선택의 자유, 그리고 자신의 존재를 인정받기 위한 노력으로 구성됩니다. 이는 인간이 기술과 도구를 사용하는 방식에서 스스로의 권리와 자유를 어떻게 지키고 확대할 것인지에 대한 중요한 질문을 던집니다. 이후 작중 인류와 안드로이드 간 갈등이 점차 고조되어 가며, 마커스는 칼의 가르침을

· · · · · · · ·

* 인용문의 마지막 문장은 다음 글을 차용한 것이다. "괴물과 싸우는 사람은 그 싸움 속에서 스스로 괴물이 되지 않도록 조심해야 한다. 당신이 심연을 오랫동안 들여다본다면, 심연 또한 당신을 들여다볼 것이다."(프리드리히 니체, 「선악의 저편」)

통해 자신의 정체성을 찾고, 자유를 쟁취하려는 안드로이드들의 리더로 자리매김하게 됩니다. 이는 인간이 단순히 기술의 수동적인 수용자가 아니라, 그것을 통해 자신의 권리와 자유를 적극적으로 지켜 나가야 한다는 메시지를 전달합니다.

마커스와 칼의 관계는 인간과 인공지능의 관계에서 인간적인 가치와 자유의 중요성을 상기시키며, 기술 발전 속에서도 인간성이 본연 중심에 있어야 한다는 점을 강조합니다.

이 세 주인공의 이야기는 오늘날 인문학이 사치로 여겨지는 현실과 맞물려 있습니다.

인공지능 시대에도 정의, 사랑, 자유와 같은 인간적 가치들은 여전히 중요합니다. 이들은 인간의 본질을 정의하고, 기술이 발전하는 세계에서 인간다움을 유지하는 데 필수적인 요소들입니다. 인문학이 자신의 고향인 이들의 가치에 대한 추구를 망각하고, 수단에 매몰되어 버린다면, 그 결말은 디스토피아가 되고 말 것이라는 메시지가 이 이야기의 배경을 이룹니다.

따라서 우리는 인공지능이 발전하는 시대에도 이러한 가치를 지키고, 더욱 풍요롭고 의미 있는 삶을 추구해야 합니다. 정의로운 사회, 사랑이 넘치는 관계, 그리고 자유로운 개인의 존재는 인공지능이 대체할 수 없는 인간의 고유한 영역으로, 이들이야말로 인문학적 성찰을 통해 지속적으로 탐구하고 발전시켜야 할 분야입니다. 이 글의 초고를 검토해 준 인공지능 ChatGPT는 방대한 데이터를 분석하고 정보를 제공할 수 있지만, 인간만이 가진 고유한 영역 - 즉, 감정, 창의적 사고, 도덕적 판단력, 맥락의 오류 수정과 같은 영역 - 은 여전히 필자가 감당해야 할 영역입니다. 이는 인공지능이 넘볼 수 없는 고유한 인간의 특성입니다. 앞서 언급되었던 특성들이 바로 인문학적 성찰의 핵심이며, 인간이 기술 발전 속에서도 지켜나가야 할 소중한 가치라고 생각됩니다.

4.

　엘빈 토플러의 『제3의 물결』에서는 호모사피엔스로서의 인간 사회가 농업혁명, 산업혁명, 정보화혁명이라는 세 가지 큰 변화를 겪으며 발전해 왔다고 설명합니다.
　이 세 가지 혁명은 각각 인류에게 새로운 기술과 도구를 제공했으며, 이는 곧 인간의 노동과 생활 방식을 크게 변화시켰습니다. 특히, 정보화혁명이라 일컬어지는 제3의 물결은 기계나 새로운 기술이 인간의 역할을 대체할 가능성을 높였습니다.
　그러나 이러한 대변혁에도 불구하고, 인간 고유한 능력, 즉 경험과 통찰력, 지성의 발현은 여전히 기계가 흉내 낼 수 없는 요소로 남아 있습니다. 이는 동학의 핵심 사상인 인내천(人乃天) 이념의 현재적 의미를 음미하게 합니다. 동학은 하늘님과 같은[同一] 존재로서의 인간의 본질적인 존엄성과 하늘님의 활동[天地父母]의 자취로서의 생명에 대한 깊은 존중을 강조하며, 이는 기술의 발전 속에서도 변하지 않는 인간의 본질을 상기시켜 줍니다.

기술 영역에서의 혁신적인 변화는 우리에게 새로운 도전과 기회를 제공합니다. 그러나 이러한 변화 속에서도 인간이 희망보다는 불확실성에 대한 불안에 더 휩쓸리는 것은 단순히 새로운 기술에 적응하는 것을 넘어, 인간으로서의 본질적 가치를 유지하고 발전시켜 나가는 것이 필요함을 의미합니다.

동학의 인내천 사상은 '인간이 곧 하늘'이라는 고귀한 존재임을 강조하며, 이 하늘은 우주 전체를 의미합니다. 이것을 오늘의 시각에서 말하자면, 인간은 이 거대한 우주와 연결된 네트워크적 존재입니다. 이러한 동학적 의미에서 생명은 우주의 활동 그 자체로서, 분리될 수 없는 본질적 가치이자 원형임을 상기시킵니다. 이는 인공지능이 선도하는 미래에서조차, 인간의 본질과 가치는 변함없이 이 세계의 존재 의미를 부여하는 원점임을 말해줍니다.

인공지능과 같은 비인간 존재들은 우리의 적이 아닙니다. 이들이 우리를 위협하지 않도록 할 수 있는 선택은 오직 우리의 손에 달려 있습니다. 이 우주의 모든 것이 인간과 연결된 존재라는 관점에서 보면, 인공지능은 인간의 적대자가 아니라, 인간과 함께 우주의 본질을 구현해 나가는 동반자로서 등장하는 새로운 진화의 일환입니다. 이 인식은 인간이 스스로 인내천적인 존재임을 깨닫고, 자존감을 잃지 않을 때 실현될 수 있습니다. 그것이 바로 동학이 오늘날 우리에게 가르쳐 주는 지혜입니다.

이제 우리가 직면한 무한한 정보의 혼돈, 양자적 속도감으로 가속화되는 변화, 그리고 기후 위기와 대멸종의 위협 앞에서, 동학이 전하는 이러한 철학은 현대 사회가 선택할 수 있는, 어쩌면 유일한 생존전략이 될 수 있습니다. 인내천의 깨달음과 인간 존재의 존엄성을 기반으로, 우리는 미래의 기술적 도전에 맞서 공존과 상생의 길을 찾을 수 있습니다. 바로 그것이, 우리가 이 시대에 지켜내야 할 궁극적인 인문학적 사명입니다.

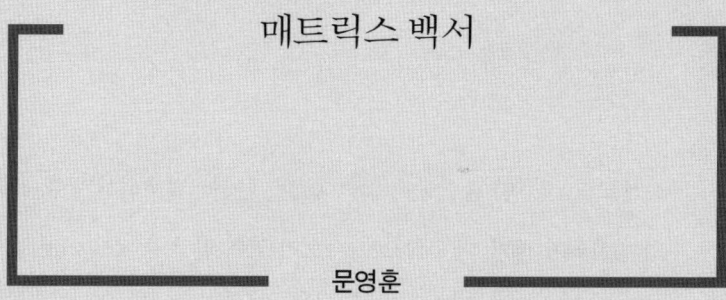

매트릭스 백서

문영훈

문영훈 _ 커뮤니티 기획자. 비트코인 교육 유튜브 채널을 운영하였고, '논스'라는 블록체인 커뮤니티를 기획하였습니다. 김지하를 통해 동학사상을 접하게 되었으며 현재 '사이버 스페이스, 우리의 고향(故鄕)'이라는 테마로 '정신 치유를 위한 소셜 미디어'를 구상 중입니다. 이 글은 문명 전환의 시기에 새로운 사상과 행동을 위한 단체로서 '매트릭스(matrix)' 구성에 대한 구상입니다. 일종의 기획안이자 선언의 형식으로 쓰여 있으며 김지하 시인의 글과 동학사상에 큰 영향을 받았습니다.

선불교의 경구인 줄탁동시(啐啄同時)란 생명의 세계에서 달걀 속의 병아리가 때가 되어 밖으로 나오기 위해 달걀 속에서 어떤 한 부위를 부리로 쪼기 시작하면, 어미가 밖에서 그 쪼는 부위를 아주 정확히 마주 쪼아 줌으로써 달걀을 깨고 병아리가 태어나게 되는 것을 말한다. - 김지하, 『방콕의 네트워크』

새로운 우주 · 생명적 문명을 위한 디지털 화랑도(花郎徒)

지구적 차원에서 인간의 의식과 신경망이 인터넷과 인공지능을 매개로 융합됨에 따라 우리의 현실인식은 시공간을 초월하여 극적으로 확장되었다.

우리는 이른바 '신의 피부'('디지털 기술로 확장된 인간의 감각'을 표현하는 필자의 신조어)를 갖게 되었으며, 이를 통해 전 세계에서 동시다발적으로 발생하는 무수히 많은 사건들은 개인과 집단의 의식 및 무의식에 실시간으로 융합되어 모든 생명과 비생명 존재들에 영향을 미치고 있다. 우주상의 모든 생명 및 비생명 존재의 변화는 상호 피드백을 통해 무한히 다양한 진동의 패턴, 율려(律呂)를 만들어내며, 이는 '음(音)'으로 표현되고 '악(樂)'으로 조직되어 음악과 예술이 되고 인간 마음의 사회적 형식인 '예(禮)', 즉 문화와 도덕으로 전개*된다.

빛의 속도로 정보를 전송하는 전자매체의 출현은 인간계의 우주적 질서의 복잡성을 기하급수적으로 증대시켰으며, 이로 인해 초월적 질서 변화와 체제적 관성 사이의 간극, '모순의 계곡'**은 전례 없을 정도로 깊어졌다. 기후 변화로 생명의 터전이 위협받고, 알고리즘에 의해 인간의 고유성과 자율성이 박탈당하고 있는 가운데, 정치적 극단주의가 만연하고 미·중 패권 다툼으로 경제·사회·생태적 불확실성이 극에 달하고 있다. 인류가 처한 물질·정신적 실존의 위기를 극복하고 깊은 모순의 계곡을 돌파하기 위한 강한 동력이 절실히 필요하며, 그 힘의 원천, 율려의 '중심음'***을 찾아 새로운 문명의 질서를 수립하는 것이 우리 시대의 책임이자 사명이다.

이런 의미의 매트릭스(Matrix)는 시원적인 아시아 고대문명의 지

---

* 김지하, 『율려란 무엇인가』, 한문화, 1999.
** 박영신, 『베버의 쇠우리 : 삶의 모순 역사에서』, 사회이론 제46호, 2014, 105-143쪽.
*** 김지하, 앞의 책, 1999.

혜를 핵심 원천으로 상고(上古)의 단군과 『천부경(天符經)』의 삼극사상, 유(儒)·불(佛)·선(仙)의 포함삼교(包含三敎)와 접화군생(接化群生)으로 대표되는 풍류도(風流道), 『정역(正易)』, 동학의 개벽(開闢)과 인내천(人乃天) 사상에 이르기까지 한국 사상 중심의 깊은 맥(脈)을 이루는 '우주적 휴머니즘'*을 담대하고 창의적으로 재해석하여 자연·인간·기계가 조화롭게 공존하는 세상을 만드는 것을 목표로 한다. 이를 위해 우리는 개인의 심신 수련을 통해 국가에 봉사한 신라의 화랑도(花郞徒)를 블록체인 기반의 분산 프로토콜과 결합하고, 인간 중심주의에서 벗어나 자연과 기계를 포함한 비(非)-인간이 대등하게 대표되는 행성적 차원의 '행위자 네트워크'**를 결성하며, 이를 바탕으로 문화·화폐·정치·경제·사회의 전 분야에 걸쳐 오늘날의 생태·디지털 환경에 적합한 총체적이고 구체적인 제도적 구상을 실현한다.

 새로운 문명은 새로운 인간관을 요구한다. 경제적 합리성에 기초하여 자연과 기계를 인간 아래 복속시키는 호모 에코노미쿠스(homo economicus)에서 아상(我相)을 버리고 만물과 하나 됨을 깨달아 마음의 심층부에서 우주와 깊게 공명하는 신인(神人)으로 나아

---

* 김지하, 『흰 그늘의 미학을 찾아서』, 실천문학사, 2005.
** 브뤼노 라투르(Bruno Latour) 외, 『인간·사물·동맹』, 홍성욱 역, 2010.

가야 한다. 진화의 분기점에 선 인류에게 요구되는 것은 끊임없이 분열을 재생산하는 변증법적 중도가 아닌 디지털 영성에 기반한 '초월적 돌파'(박영신 연세대 명예교수가 미국의 역사학자 벤자민 I. 슈워츠로부터 얻어 소개한 개념)*이다. 이러한 시대적 과제에 부응하여 매트릭스(Matrix)는 '흰 그늘의 미학'**을 새로운 율려의 본음으로 삼아 '홍익인간·이화세계(弘益人間·理化世界)'를 펼친다.

새로운 문명의 질서와 제도적 구상

새로운 문명의 핵심 과제는 서양의 분화(分化)와 동양의 통합(統合)적 문화의지***를 접화(接化)하여 근대의 인간 중심적 세계관을 초월한 좀 더 깊고 넓은 우주·생명적 세계관(世界觀, world view)을 직조해내는 것이다.

위로는 지구·우주적 차원을 아우르고, 아래로는 개인과 집단의 고유하고 원형적인 마음과 심리, 나아가서는 자연과 기계의 '주권(主權, sovereignty)'과 '대의(代議, representation)'의 차원까지 확장되

- - - - - - - -

* 주요섭, 『환상과 역설, 그리고: 니콜라스 루만으로 본 김지하의 생명운동·생명사상·개벽담론』, 2023.
** 김지하, 위의 책, 2005.
*** 최광진, 『한국의 미학: 서양, 중국, 일본과의 다름을 논하다』, 미술문화, 2015.

어야 한다.

원대한 세계관은 엄밀한 철학적 토대 위에 세워져야 한다. 이를 위해 마키아벨리, 홉스, 로크, 애덤 스미스, 헤겔, 마르크스 등으로 대표되는 기존의 정치철학적 테제에 대해 깊고 고유한 비판적 성찰이 선행되어야 하며, 들뢰즈(Deleuze)와 라투르(Latour) 등으로 대표되는 서구의 자생적 근대 비판을 우리의 맥락에서 '번역(飜譯, translate)*해야 한다. 동시에, 비트코인(Bitcoin)과 블록체인(blockchain)으로 대표되는 디지털 아나키즘(anarchism) 및 네트워크 국가(network state),** 인공지능(AI) 및 포스트·트랜스 휴머니즘 관련 논의의 세계적 흐름을 파악하고 최신의 과학·기술과 매체적 변화에 대한 우리의 고유한 관점을 명확히 수립해야 할 것이다.

서구에서는 이미 헤르만 헤세, 존 케이지, 스티브 잡스와 같은 위대한 인물들이 서양 철학의 바탕 위에 동양의 사상을 융합하여 인류의 물질·정신적 문명을 크게 진보시켰다. 아렌트(Arendt), 니체(Nietzsche)와 같은 위대한 사상가들은 시대적 위기 상황에서 고대 그리스 문명으로 원시반본(原始返本)하여 철학을 혁신하기도 한 만큼, 우리도 이를 본받아 잃어버린 고대 동양의 지혜와 한국의

· · · · · · ·

* 브뤼노 라투르, 위의 책, 2010.
** 발라지 스리니바산(Balaji Srinivasan), 2022, 『네트워크 스테이트(Network State)』. https://thenetworkstate.com/

사상을 재발견·재해석하고 그 바탕 위에서 서구의 관점을 비판적으로 융합하여야 할 것이다. 유(儒)·불(佛)·선(仙) 및 기독교를 현대의 상황에 맞춰 해체·재구성하며, 접화군생(接化群生)의 풍류도(風流道)를 바탕으로 오늘날 전 세계에 만연한 분열과 대립―근대와 전근대, 물질과 정신, 인간과 자연, 자본과 노동, 남성과 여성―을 극복할 수 있는 통합적 인간상(人間像)을 제시하고, 그러한 인재들을 양성할 수 있는 실천과 수련 중심의 교육의 체계를 바로 세워 널리 퍼뜨려야 한다.

교육의 중점은 '보편적 지식'에서 '고유한 관점(觀點, perspective)'으로 전환되어야 한다. 탈맥락화(decontextualized)된 단편적 정보의 무차별적 혼합에 휩쓸리지 않고, 지식을 통합하여 자신만의 고유한 관점과 서사, 지혜와 시간성을 가질 수 있는 인간, 즉 '예술가'를 양성하는 교육의 체계를 갖춰야 한다. 머리가 아닌 몸과 마음 위주의 수련(修煉)과 풍류(風流)가 그 중심이 되어야 하며, 지식을 위에서 아래로 주입하는 대신 자신만의 관점을 스스로 체화(體化)할 수 있도록 여백(餘白)이 많아야 할 것이다. 멈춰 있는 법을 아는 것, 놀고 느낄 줄 아는 것, 근대 교육 패러다임의 '코페르니쿠스적 전환'이 절실히 요구되며, 우리의 신체(身體)는 일종의 '생명 컴퓨터'로서 배움의 인터페이스(interface)이자 플랫폼(platform)이 된다.

새로운 '창조적 존재 양식'을 배양하기 위해서는 명상·요가·

호흡 · 소마틱스(somatics) · 고대운동 등의 정신 · 신체 수련을 통해 고유성과 원형성을 체화하며, 자신의 체질에 맞는 건강한 음식을 섭취하고 적절한 수면을 취해 몸과 마음을 정돈해야 한다. 음악과 예술을 통해 마음의 변화를 느끼고 미(美)를 보는 안목(眼目)을 기르며, 서로 적절한 예법(禮法)을 갖춰 조화로운 공동체를 만드는 법을 배워야 한다. 이는 성인 재교육과 아동 · 청소년 교육의 차원에서 병렬적으로 전개되어야 하며, 교육의 주체와 객체의 구분이 옅어지는 교수법적 혁신을 기반으로 다양한 상호 배움의 공동체가 활성화되어야 할 것이다. 이때 자연(自然)은 최고의 선생님이다. 자연은 우리에게 생명(生命)은 변화하는 것이며, 삶과 죽음의 이분법을 초월하여 깊은 공생관계를 맺는 것이라는 것을 가르쳐 준다.

우리 시대의 화랑(花郞)은 수련과 풍류를 통해 자연의 본질적 속성인 '역설(逆說)'을 깊게 체득하여, 모순 충돌하는 개념을 한 문맥 속에 수용하는 '시(詩)적 정신'을 널리 퍼뜨리는 사람이다. 이를 통해 소셜미디어 알고리즘에 의한 확증편향 강화가 민주주의의 존립을 위협하는 분열적 포스트-모더니즘의 시대에 화해와 통합의 기반이 되는 인적 네트워크와 사상의 체계를 수립하고, 궁극적으로는 '새로운 삶의 원형(原型, archetype)*'을 제시해야 할 책임과 사명을 지닌다.

  새로운 삶의 원형을 널리 퍼뜨리기 위해 우리는 문화・예술 네트워크를 적극적으로 활용해야 한다. 인류는 이미 물리적・디지털 평행 현실에 거주하고 있으며, 물리적 영토에서는 '지리적 인접성'에 따라 공동체가 형성되는 경향이 강한 반면, 디지털 영토에서는 '문화적 인접성(cultural proximity)'이 공동체 형성에 결정적인 영향을 미치기 때문이다. 인터넷을 통해 인간 내면의 깊은 심리가 초(超)연결된 정보망을 바탕으로 얽히고설켜 만들어지는 인류 무의식의 다양한 패턴을 섬세하게 파악・분류하는 작업이 선행되어야 하며, 네트워크상 높은 가중치(weight)를 지닌 인플루언서와 협업하는 표준 프로토콜(standard protocol)을 수립하여 이를 디지털 문화 영토 확장의 핵심 축으로 삼아야 할 것이다. 이러한 작업은 깊은 미학적 담론을 생산하는 전위적 고급 예술과 폭발적인 확장성을 지닌 대중 복제예술, 두 가지 측면에서 동시에 전개**되어, 기존의 한류(韓流) 네트워크를 강화시켜 나가야 한다. 이때 정교한 의성어・의태어 표현력을 바탕으로 인간 심혼(心魂)의 깊은 내면

- - - - - - -

* 김지하, 위의 책, 2005.
** 김지하, 앞의 책.

적 진동을 섬세하게 표현할 수 있는 한글은 높은 예술·영성적 잠재력을 지닌 우리의 소중한 유산이다. 한류를 타고 전 세계적으로 한글 교육 수요가 급증하는 가운데, '새로운 문명적 DNA의 운반체(carrier)'로서 한글의 가치를 재해석하고 글로벌 한글 교육의 '모범(canon)'을 바르게 세워 널리 퍼뜨려야 할 것이다.

언어는 문화와 정치에 결정적 영향을 미친다. 중국의 고립(孤立)식 표의(表意)문자와 동이(東夷)족을 포함한 북방 유목민족의 교착(交錯)식 표음(表音)문자의 묘합을 통해 창제*된 한글은 "정착성과 이동성, 유목민적인 세계화와 민족적·지역적·농촌적인 정착성의 모순되는 양극이 서로 아우러져야"**하는 디지털 유목의 시대에 중요한 정치·역사적 함의를 지닌다. 종래의 국가 및 종교가 개인에게 부여했던 정체성이 빠르게 약화되어, 모든 것이 복잡하게 뒤섞이며 흐르는 하이퍼텍스트(hypertext)의 시대. 우리는 한글과 세종(世宗)의 정신을 창의적으로 계승하여 "환웅과 웅녀의 결합, 남방계의 정착문화와 북방계 유목 이동문화가 얽혀"*** 번성한 다양한 '정착적 노마디즘'의 부족연맹국가인 고조선의 기치를 이어받아, '네트워크 국가(network state)'와 같은 최신 정치철학 담론을 결합하

· · · · · · ·

* 정광, 『한글의 발명』, 김영사, 2015.
** 김지하, 『탈춤과 민족미학』, 실천문학사, 2004.
*** 앞의 책.

여 근대국가와 세계질서의 전면적인 재편을 적극적으로 이끌어야 할 것이다. 고립되어 흐르지 않으면 살아남을 수 없는 새로운 디지털 현실 속에서 우리는 한글이 상징하는 한국 고유의 '끊임없는 넘나듦*'의 미학적 지위를 세계 최정상에 올려놓는 동시에 이를 혁명의 원동력으로 전환해야 한다.

우리 시대에 미학(美學)은 핵심적 지위를 지니며, 우리의 혁명은 아름다움의 권위를 바로 세우는 혁명이 되어야 한다. 이때 문화적으로 특히 중요한 과제는 진(眞)·선(善)·미(美)의 이상적 관계를 회복**하는 것이다. 진실됨·올바름·아름다움이 완전히 합치되어 있던 고대, 혹은 완전하게 분리되어 있는 근대, 이 두 가지 모두 정답이 아니다. 전자는 지나친 경직성을, 후자는 지나친 분열증을 낳기 때문이다. 오늘날 '예술을 위한 예술(art for art's sake)' 혹은 '표현의 자유'라는 명목 하에 비(非)윤리적 예술 표현과 개인과 집단의 이익에 따라 진실을 왜곡하는 행위가 만연해 있다. 율려는 쪼개지고 분열되었고, '소음 제거(noise cancellation)' 이어폰은 필수가 됐다. '캔슬(cancel)'의 일상화다. 무섭고 충격적인 것은 이러한 현상이 전쟁과 인간 학살의 위험과도 무관하지 않다는 점이다. 우리는 이미

· · · · · · ·

* 앞의 책.
** 최광진, 『한국의 미학: 서양, 중국, 일본과의 다름을 논한다』, 미술문화, 2015.

인간 내면의 평화가 세계의 평화와 긴밀히 연결된 세상에 살고 있기 때문이다. 인간 마음의 깊은 내면적 진동은 다양한 이미지·텍스트·음악·영상 매체의 형태로 표현되어 디지털 초(超)고속도로를 통해 순식간에 전 세계로 전파·전염되며, 이는 추상적 환상(幻想)이 아닌 뇌와 인터넷에 투사(投射, project)되어 인간 행동에 강력한 영향을 미치는 구체적 실체가 된다. 누구나 자유롭게 자신의 내면·심리적 파동을 인터넷에 업로드할 수 있으며, 이러한 파동이 상호 피드백을 통해 인류의 집단 무의식을 형성하고, 나아가 역사의 궤적을 바꿀 수 있다는 것, 이러한 디지털 세상의 혼돈적 현실 앞에, 모든 행위에 앞서 올바른 마음을 갖는 것, 이를 위해 몸을 단정히 하고, 규율을 세워 수행하는 것은 더 이상 전(前)근대적인 유학의 낡은 교리가 아니라 인류의 핵심 생존전략이 된다.

'디지털 윤리'는 발달 단계 초기 아동(兒童)의 도덕의식 함양과 관련하여 특히 중요하고 민감한 사안이 된다. 정제되지 않은 날것의 인터넷 환경에서 정신적 가소성(plasticity)이 높은 어린아이는 추상적·관념적 환각에 빠질 위험이 높고, 소비주의적 자극에 무차별적으로 노출·조작되기 쉽기 때문이다. 나날이 발전하는 디지털 초지능(超知能, super intelligence)이 아이들의 '교육자' 역할을 빠르게 대체하며 그들의 교우 관계·학업·가치관 등 인생 전반에 걸쳐 결정적 영향을 미치고 있는 오늘날, 도덕적 원칙과 가치가 결여(amoral)된 인터넷 생태계는 극단주의와 허무주의가 쉽게 배양·전파될 수 있는 위험한 교육 환경으로 변질된다. 이는 산업혁명 초기 아동 노동자들이 착취당한 상황과 유사하다. 차이점이라면 그 당시 아이들은 '시간'과 '신체'가 저당 잡혔다면, 오늘날 그들은 '관점'과 '뇌'가 저당 잡혔다는 것이다. 빅 테크(big tech) 플랫폼 기업의 이윤 극대화에 최적화되어 있는 디지털 알고리즘과 이로 통한 '관점 착취(搾取)'를 방치하는 것은 윤리적으로 올바르지 않은 행위일 뿐 아니라, 우리 사회의 체제적 존립에 대한 심각한 위협이 될 것이다. 자연에서 살아 숨쉬는 존재들과 조우하며 생명(生命)의 원리를 배우는 것, 적절한 신체 수련과 예법—온라인 및 오프라인—을 통해 몸과 마음을 올바르게 하는 것, 연기·연극을 통해 다른 이의 입장을 이해하고 상호 의존성을 배우는 것. 우리는 절박한 심정으로 새로운 시대상황에 맞춰 공교육(公敎育)의 기준을 바로 세우는 동시에, 진(眞)·선(善)·미(美)의 이상적 관계를 바르게 정립할 수 있는 소셜 미디어 알고리즘 및 플랫폼을 개발·배포하는 데 총력을 기울여야 할 것이다.

유학(儒學)을 비롯한 과거의 지혜와 사상을 창의적으로 학습·적용하는 원시반본(原始返本)의 원칙은 아동 교육뿐 아니라 저출산 시대에 더욱 중요해지는 노년 정책과 관련하여서도 중요한 정치·사회적 함의가 있다. 기술과 진보, 성장에 매몰된 선형적 역사관에서 노인은 낡고 불필요한 존재로 전락하지만, 순환하며 확장되는 확충적 역사관에서 노인은 귀중한 지혜를 담지하고 있는 현명한 존재가 되기 때문이다. 노인(老人)에서 현인(賢人)으로, 노년에 대한 담대하고 창의적인 비전은 우리 사회에 통합적 활력을 부여할 것이다.

나아가, 인간의 외재적 행위에 대한 규범인 예(禮)와 내재적 성정(性情)에 대한 감발 요소인 악(樂)의 조화를 꾀하는 예악(禮樂)* 사상은 블록체인 기반의 '분산 자율 조직(DAO)' 개념과 결합되어 새로운 공동체(共同體)의 원형을 정립하고 이를 바탕으로 노동과 사회·경제 체제 전반을 근본적으로 혁신할 수 있는 핵심 원동력이 될 것이다. 위에서 아래로 명령이 하달되는 경직된 위계(僞計, hierarchy)의 주식회사, 자유를 구실로 익명성의 가면 속에서 비(非)윤리적 발언과 금융 사기가 만연히 행해지는 디지털 커뮤니티, 개인의 고유성·자율성의 말살과 무절제한 소비주의 및 단편적 욕망의 추구로 점철된 오늘날의 생산·소비 체계의 현실 앞에 적절한 예법(禮法)에 기초해 자유와 질서, 내면과 외면이 조화로운 경제 공동체의 원형을 제시하고 이를 확산하는 것은 우리 시대의 절실한 과업이다. 블록체인 기술은 모든 것이 변하는 디지털 환경

・・・・・・・

* 김용환, 『논어의 예악 화용론』, 종교교육학연구, 35, 2011, 1-21쪽.

에서 '변하지 않는 것'을 구현하여, 정보의 휘발성(volatility)을 극복하고 선형적 시간성을 복구하여 공동의 역사와 서사의 구성을 가능하게 하며, 인터넷에 '깊이감'을 부여하여 개인에 대한 섬세하며 신뢰할 수 있는 아이덴티티 및 평판(評判, reputation)의 체계를 구성하여 깊이 연결되는 조화로운 공동체를 만드는 핵심 기반이 된다. 이때 동학(東學)의 인내천(人乃天: 사람이 곧 하늘) 및 시천주(侍天主: 한울님을 모심) 사상을 결합하여 경제활동에 있어서 고용인과 피고용인 관계를 넘어 동등한 커뮤니티 구성원으로서 서로 모시는 문화가 확산된다면 업무 만족도와 자아실현 가능성, 디지털 유목(遊牧, nomad) 시대에 글로벌 경쟁력이 크게 증가할 것이다.

새로운 공동체의 원형은 국토개발 및 도시계획 패러다임의 근본적 변화를 요구한다. 소득수준에 따라 이웃이 결정되는 개인 중심의 원자화된 주거환경에서 문화와 가치에 따라 이웃이 결정되는 공동체 기반의 주거환경으로 나아가야 한다. 공동의 문화와 가치를 기반으로 한 분산 자율 조직(DAO)은 거주자·콘텐츠 생산자의 협동조합으로, 부동산 디벨로퍼와 라이프스타일 브랜드의 역할을 대체·융합하여 경제성장과 지역정치의 핵심동력이 될 수 있다. 로컬과 글로벌, 세입자와 임차인의 구분이 옅어져, 지역 개발이 유기적이고 미래지향적으로 이루어진다면 지역 경제에 활력을 불어넣을 수 있고, 젠트리피케이션(gentrification)이 완화되어 젊은 세대에 훌륭한 재무적 유인을 제공할 수 있다. 낯선 타자(他 者)에 둘러싸여 불안하고 외롭게 사는 대신, 깊은 연대를 바탕으로 문화와 가치를 함께 향유하는 공동체적 삶은 개인의 행복과 정신 건강을 크게 증진시킬 수 있다. 이와 더불어 성공적인 문화·경제 공동체는 삶과 업무를 조화롭게 융화시켜, 출·퇴근에 통상적으로 요구되는 장거리 모빌리티의 필요성을 크게 줄이고 도로가 아닌 자연 중심의 주거 환경을 조성하는 데 기여할 것이다. 이러한 변화는 기존 도시 재생과 신도시 건설, 두 가지 측면에서 병렬적으로 전개되어야 하며, 이때 자연, 예술, 영성 자원이 풍부한 강원도, 전라도, 제주도는 자연·인간·기계가 조화롭게 공존하는 새로운 도시 패러다임을 정립·발전시켜 나가는 최적의 시험장이 될 것이다.

새로운 우주·생명적 문명의 총체적 구상은 디지털 중심의 차세대 화폐·금융적 질서와 융합되어 강력한 통합적 네트워크 효과를 발휘할 것이다. 암호학을 통해 국가에 대항하여 개인의 주권과 프라이버시를 지키고자 했던 '대립적' 아나키즘 운동인 '사이퍼펑크(cypher-punk)'로부터 탄생한 비트코인*은 새로운 사상과 믿음

· · · · · · · ·

* 사토시 나카모토(Satoshi Nakamoto), 2008. 『비트코인: P2P 전자현금 체계 (Bitcoin: A Peer-to-Peer Electronic Cash System)』. https://bitcoin.org/bitcoin.pdf

의 체계를 기반으로 하여 근본적으로 새로운 화폐·금융 체계를 수립하는 것이 가능하다는 것을 극적으로 보여주었다. 하지만 현재 블록체인 생태계는 순수 디지털 영토에 거주(居住)하며 국가 권력에 대항하는 '주권적 개인(sovereign individual)*에 초점이 집중되어 있어, 개인과 공동체의 조화로운 공존(共存)을 추구하며 물리적 신체를 기반으로 하여 생명(生命)을 담지하는 인간은 극단적으로 배제되어 있다. 블록체인 기술이 순수 기표(記表, signifiant)들의 추상적 관계로서 '금융을 위한 금융', '기술을 위한 기술'에서 벗어나지 못하고, 인간·생명 중심적 서사를 담은 핵심 어플리케이션(killer application)이 부재하여 금융 투기의 수단으로 전락하고 있는 이유이다. 갈수록 심화되는 기존 사회·정치 체제와의 대립 속에서 블록체인은 그 혁명적 잠재력을 발휘하지 못하고 있으며, 이러한 교착상태를 돌파하기 위한 철학적 전위(前衛, avant-garde)가 요구된다. 방향성을 잃은 기술과 금융, 그 근본 원인이 되는 물질과 정신의 이분법적 대립을 타개하기 위해서는 문화·예술과 동양 철학에 눈을 돌려야 한다. 우리는 동학의 인내천과 접화군생의 풍류도로 대표되는 한국 사상 중심의 깊은 맥(脈)을 이어온 우주적 휴머니

• • • • • • •

* 제임스 데일 데이비슨(James Dale Davidson), 윌리엄 리스 모그(William Rees-Mogg). 1999. 『주권적 개인(The Sovereign Individual)』. 터치스톤(Touchstone)

즘, 혹은 '통합적 아나키즘'의 진정한 가치를 재발견하고, 이를 지난 10여 년간 폭발적으로 성장한 암호화폐 생태계에 융합하여 새로운 문명전환을 이뤄야 하는 역사적 사명을 부여받았다.

청년, 동학을 그리다

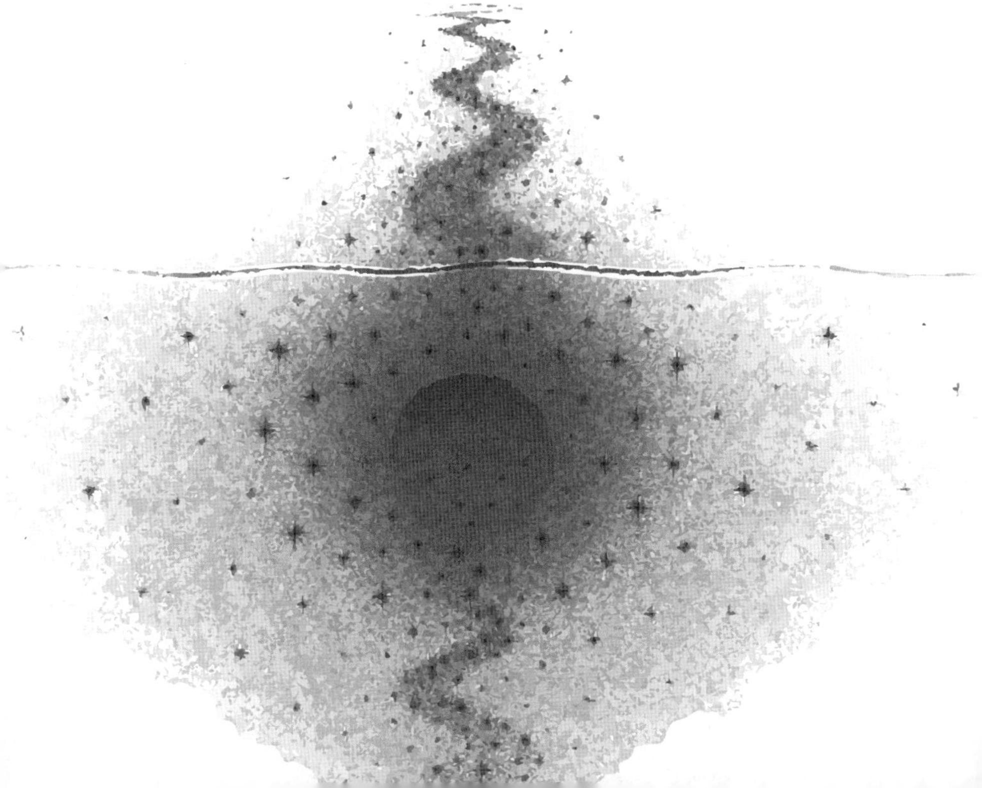

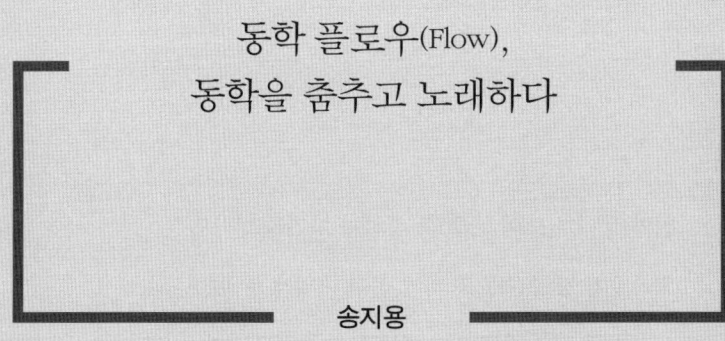

동학 플로우(Flow), 동학을 춤추고 노래하다

송지용

송지용 _ 춤을 추거나 춤명상을 안내합니다. 동학을 공부하고 동학하고자 합니다. 역사적인 장소나 뜻깊은 장소에서 춤으로 퍼포먼스를 하고 댄스만달라, 컨택비욘드컨택(CBC), 동학플로우 같은 춤명상 워크숍을 진행합니다. 원광대학교에서 동학을 중심으로 한국사상을 공부하였고 석박사통합과정을 수료했습니다. 동학과 한국사상을 참고삼아 전환적 세계관을 안내하고 몸짓으로 전환적 세계관을 안내하고 싶습니다. 또 공동체에서 이런 역할하며 삶으로 살아내고 싶습니다.

만약 무리가 모여 도(道)를 강하는 자리를 만나면
최제우가 강령 주문을 외어 신이 내리게 한 뒤,
손으로 목검을 잡고 처음에는 무릎을 꿇었다가 일어나
마지막엔 검무를 추는 경지에 이르러 하늘로 한길 남짓 솟았다가
한참을 머물러 있다 내려오는 것을 본 사람이 있다.[*]

이 내용은 동학검무(東學劍舞)에 관한 가장 이른 시기의 기록인 『비변사등록(備邊司謄錄)』에 나오는 글이다. 그러나 오늘날 최제우 선생님이 추었다는 원형 그대로의 검무는 남아 있지 않다. 당대에 동학검무는 중요한 종교의식이었음에도 그 노래와 춤이 반역적이라는 이유로 최제우 선생님은 투옥되고 사형에 처해진다.[**] 다시

· · · · · · · ·

[*] "若値衆會講道之席, 則崔漢誦文降神後, 手執木劍, 始跪而起, 終至, 騰空一丈餘, 良久乃下" 『비변사등록』(備邊司謄錄) 「정운구서계」 250책 고종 즉위년 1863년 12월 20일(음력).
[**] "劍舞唱 播兇歌 平世思亂 暗地聚黨"(칼춤을 추며 흉한 노래를 불러 퍼뜨리고 태평한 세상에서 난리를 도모하고자 은밀하게 무리를 모은다.), 『일성록』(日省錄), 고종 원년 갑자 2월 29일.

동학검무를 생각한다.

동학검무의 현대적 계승

원형이 사라진 상황에서 동학검무를 현대적으로 계승한다는 것은 무엇일까?* 130년 전 동학의 모습과 용어를 그대로 사용해야만 하는 것은 아닐 것이다. 본래 의도나 원리에서 벗어나지 않으면서도 시대에 맞게 계승하는 것이 필요하다. 동학의 사상, 사회운동, 수행 등 다양한 방면에서 계승이 가능할 것이다. 나는 동학 수행에 관심이 많다. 여기서 수행은 단순히 종교적 수련만을 뜻하지 않는다. 요즘 관점으로 보자면 영성을 다루는 워크숍이나 퍼포먼스도 확장적 개념의 수행으로 볼 수 있다고 본다. 김지하는 율려문화운동을 주창하면서 수행과 예술·문화를 둘로 보지 않았다. 예술과 문화를 통해 영성을 체감하고 이해함으로써 문명적 전환, 즉 후천개벽까지 이룰 수 있다고 보았다.** 나는 동학 수행 중에서도 '동학검무'에 가장 큰 관심이 있다. 그래서 동학검무를 연구하였고 워크숍이나 퍼포먼스를 통해 계승하고자 노력한다. 그 과정

• • • • • • • •

* 계승의 의미는 조상의 전통이나 문화유산, 업적 따위를 물려받아 이어 나간다는 뜻이다.
** 《오마이뉴스》, "율려운동을 제기하다 [김삼웅의 인물열전 / 시인 김지하 평전 56] 그는 율려운동을 사회변혁의 동력으로 인식하였다." 참고.

과 고민을 이 책을 빌려 나누어 보고자 한다.

동학검무에 관심을 가지게 된 시기는 2016년 태국에서 현대적 춤명상의 일종인 댄스만달라(DANCEmandala)를 공부하고 온 후였다. 원광대에서 박맹수 교수님이 이끄시는 동학 공부 모임을 하면서 동학검무의 존재를 알게 되었다. 내가 보기에 동학검무는 그 시대 개인과 집단의 아픔을 치유하는 춤명상 워크숍 같았다. 또 위기 극복을 기원하는 의례이자 퍼포먼스 같았다. 현대적 춤명상 워크숍이자 시대적 의례로 재창조할 수 있는 귀중한 보물처럼 느껴졌다. 댄스만달라는 불교와 요가의 사상을 활용하여 만든 현대적 춤명상이다. 동학검무도 동학의 사상과 수행에서 나왔으니, 이 것을 현대적으로 계승한다면 춤명상 워크숍 또는 퍼포먼스와 같은 형태로 만들 수 있을 것으로 생각한다.

댄스만달라와 동학검무를 연구하다

동학검무의 현대적 계승에 관심을 가지고 2017년 원광대학교 대학원에 들어갔다. 대학원에서 댄스만달라와 동학검무에 관련된 몇 편의 논문을 썼다. 연구를 통해 댄스만달라를 참고 삼아 동학검무를 현대적으로 계승하는 길을 찾아보고자 했다. 논문에서는 댄스만달라를 소개하고 간호학과 교수님들과의 공동연구를 통해 실제 효과를 증명하였다.* 댄스만달라는 불교의 '사성제(四聖諦) 팔정도(八正道)'와 요가의 '다섯 층위 몸(판챠코샤)' 그리고 '의식의 네 가지 층'을 활용하여 만들어졌다. 태국의 Areeradh(이하 아리랏)이 만든 것으로 규범화된 스텝이나 안무가 없는 자유로운 형식의 춤명상 수련이다. 안내자 역할을 하는 촉진자(facilitator)는 참가자들이 자연스럽게 움직일 수 있도록 음악을 틀고 몸에서부터 감성, 영성의 순서로 고양될 수 있게 안내한다. 이는 몸과 마음에 아프고 막힌 것들을 풀어내며 본연의 나를 찾아가는 과정이다. 그렇다고 현실과 동떨어지는 상태를 추구하는 것이 아니다. 마지막에는 다시 몸으로 돌아오고 커뮤니티로 돌아온다. 이렇게 서로 몸으로 만나는 작업을 통해 커뮤니티의 유대를 강화하고 공동의 문제를 풀 수 있는 작업이기도 하다. 한편 간호학과 교수님들과의 공동연구를 통해 댄스만달라가 심리치유적 효과 그리고 자존감 향상과 영성 고양에 미치는 효과가 있음을 밝혔다.

댄스만달라 논문에 이어 동학검무를 연구한 「동학검무의 영성적 측면에 대한 연구」라는 논문도 썼다. 이 논문에서는 동학검무의 영성적 측면인 제의성, 수련성, 강령을 강조하였다. 앞선 학자

― ― ― ― ― ― ― ―

* 송지용·김자옥, 「댄스만달라 프로그램의 심리치유적 효과」, 2021. / 김자숙·송지용·김자옥·김수현, 「댄스만달라 프로그램이 자존감과 영성에 미치는 효과」, 2022.

들의 견해와 동학검무 관련 1차 사료들에서 제의성, 수련성, 강령과 같은 영성적 측면을 발견하였다. 이런 기록들을 종합해 보면 동학검무와「검결」은 신비적 수련의 성격을 띠고 제의성이 있으며 강령이 중요한 요소였다. 초기 동학검무의 과정과 목적을 정리하면 먼저 단(壇)을 설치하고 제천의식을 행하는 도중에 이루어졌다. 그리고 강령 주문을 외워 강령이 되어 황홀경에 들면 나무칼을 잡고, 처음 시작할 때는 무릎을 꿇고 앉아 있다가 일어나 칼춤을 춘다. 칼춤을 추면 한 길 이상 공중으로 솟기도 한다. 그리고 최제우는 동학검무를 통해 개인적 신비체험뿐 아니라 당시 시대 상황의 문제였던 서구 침범에 대한 문제도 해결하고자 했다.

동학검무의 제의성에 대해 윤석산은 최제우가 제수식(祭需式, 예주와 떡과 국수와 어물(魚物), 과일 종류, 포, 튀각, 채소, 향과 촉 등을 설정하여 이를 쓰고, 고기 종류를 가지고 논하면, 꿩고기는 즉 쓰일 수 있고, 돼지고기는 혹 쓰인다)*을 행할 때 시문(詩文)을 읽고, 달 밝은 밤이면 산에 올라 제(祭)를 지내고 검무를 추었다고 하면서, 여기서 올린 제가 천제(天祭)라고 생각된다고 하였다.**

또한 김용덕은 동학검무와「검결」을 샤머니즘적인 것, 즉 제의

· · · · · · ·

* 윤석산 주해,『癸未版 東經大全』, 동학사, 1996, 291쪽.
** 윤석산, 앞의 책, 146쪽.

적인 것으로 보았다.* 그리고 종교사회학자 김한구는 "서구의 침입에 대비하는 일종의 전쟁 주술로서 사회 불안을 해소시키는 진통제적 기능을 수행한 것"으로 보고 있다. 이 또한 동학검무의 제의적 측면으로 볼 수 있다.**

한편 동학검무는 수련적 특성도 있다. 윤석산은 동학검무가 행해졌던 제수식을 포함한 종교적 의식들이 영성 개발 및 훈련 즉 수련을 하게 하였다고 하였으며 「검결」역시 경신년 신비체험 이후 일 년 가까이 수련하며 보내던 시기에 지어진 것이라고 하였다.*** 또 백세명은 검무를 '양기(陽氣) 수련'의 일환으로 생각하였다.**** 김용휘도 『최제우, 용천검을 들다』에서 동학검무를 '몸 공부', '살림의 검무'라고 말하며 강령 주문에서 「검결」로 이어지는 동학검무의 종교적 수행의 모습을 묘사하고 있다.***** 그리고 『최제우의 철학』에서는 외적으로는 혁명적 변혁을 꾀하는 것 같지만, 내적으로는 종교적 수행을 통해 정신적 고양을 지향하고 새로운 세계를 열망한다고 하였다.******

• • • • • • • •

* 金龍德, 「東學思想硏究」, 『中央大學校論文集』 9, 1964, 38쪽.
** 김한구, 「한국 보국 종교의 유래와 그 영향에 관한 연구」, 『현상과 인식』 19, 1981, 155쪽.
*** 윤석산, 앞의 책, 147쪽.
**** 백세명, 「양기수련과 강령수련」, 『新人間』, 제226호, 1962. 3. 1962.
***** 김용휘, 『최제우, 용천검을 들다』, 서울: 토토북, 2018, 135쪽.
****** 김용휘, 『최제우의 철학』, 서울: 이화여자대학교출판부, 2014, 206쪽.

동학검무의 이런 제의적·수련적 특성과 더불어 중요한 것이 '강령(降靈)'이다. 백세명은 동학검무를 '강령(降靈)검무'로 표현하기도 하였다.* 강령은 다른 말로 하늘경험 또는 신비체험이라고 할 수도 있다. 최제우는 자신의 '하늘경험'을 더 많은 사람들에게 가르쳐 참된 경천(敬天)과 도덕(道德)의 길로 나아가게 하기 위해 주문(呪文)과 강령의 법(法)을 지었다고 하였다.** 김춘성은 강령 체험이야말로 동학 수련을 통해 초월성의 신비와 만나는 동학 수련의 가장 큰 특장(特長)이라고 하였다. 강령을 통해 인간은 한울의 신령과 기화를 온몸으로 느끼면서 자기 안의 '영성'을 참으로 만나고 발휘하게 된다는 것이다.***

여기서 강령은 자기 정신을 잃어버리는 것이 아니다. 최제우 선생님의 신비체험은 하늘과 대화를 나누었다는 천사문답(天師問答)에서 하늘의 마음과 하나 되었다는 오심즉여심(吾心卽汝心)으로 이어지는데, 먼저 자기 정신을 잃지 않은 상태에서 하늘과 대화를 하고 나중에는 하늘의 마음이 되어 자연히 행해지는 것이다. 그것이 칼춤으로 나타나면 강령검무, 그림이나 글씨로 나타나면 강필

― ― ― ― ― ― ―

* 백세명, 앞의 글, 1962.
** "吾亦幾至一歲,修而度之則亦不無自然之理,故一以作呪文, 一以作降靈之法,一以作不忘之詞, 次第道法,猶爲二十一字而已." 『東經大全』, 「修德文」.
*** 김춘성, 「東學·天道敎 修鍊과 生命思想 硏究」, 한양대학교대학원 박사논문, 2009, 95쪽.

이고 말이나 노래로 나타나면 강화가 아닐까 한다. 이렇듯 동학의 영성은 제의성, 수련성, 강령으로 설명될 수 있다. 이처럼 동학검무를 '영성'에 기반을 두고 현대적으로 계승하는 것이 필요하다.

동학검무를 찾아서

위와 같은 문제의식으로 동학검무를 현대적으로 계승하기 위해 다양한 시도를 해보았다.

새로운 시도를 하기에 앞서 동학의 수련을 체험해 보고자 최제우 선생님이 수행하셨던 경주 용담정을 찾았다. 안타깝게도 동학검무는 그 원형이 남아 있지 않음을 그곳에서 다시금 확인하였다. 수행의 맥도 끊긴 상태로 동학검무를 체험해 볼 수는 없었다.[*] 하지만 가장 기본이 되는 주문 수련에 참여할 수 있었다. 기록에 의하면 동학검무도 강령 주문을 외다가 신이 내리면 추어졌다고 한다.[**] 주문 수련과 동학검무가 서로 분리된 것이 아니었다. 김용휘, 황선진 선생님이 안내하는 7일 간의 주문 집중 수련에 참여하였

· · · · · · ·

[*] 장효선의 창작 '용담검무'가 동학검무를 복원했다고 주장하지만 원형보다는 창작적 측면이 강하다고 판단되어 배우지는 않았다.
[**] '최제우가 강령 주문을 외어 신이 내리게 한 뒤, 손으로 목검을 잡고 처음에는 무릎을 꿇었다가 일어나 마지막엔 검무를 추는 경지에 이르러 하늘로 한길 남짓 솟았다.' 『비변사등록』.

다. 그 수련에서 많은 경험과 영감이 있었다. 주문 수련을 처음 접하는 청년들이 대부분이었기 때문에 전체 주문을 익힐 때까지 강령 주문(降靈呪文, 至氣今至願爲大降, 지기금지원위대강) 따로, 본주문(本呪文, 侍天主造化定永世不忘萬事知, 시천주조화정영세불망만사지)을 따로 나누어 외웠다.

둘째 날 저녁 주문 수련에서는 주문이 노래와 춤으로 이어지는 경험이 있었다. 주문을 외우기 시작하자, 처음에는 판소리처럼 탁하고 굵은 소리가 아래에서부터 올라왔고, 시간이 지남에 따라 맑고 높은 소리로 몸의 윗부분을 울렸다. 주문은 감정이 담긴 노래가 되어 마음속 깊은 한과 애환을 풀어내는 과정이 되었으며, 몸의 여러 부분에서 짜릿한 기운이 느껴져 막힌 곳이 뚫리고 기운이 통하는 듯한 경험을 할 수 있었다. 몸은 점차 자연스럽게 움직이기 시작했고, 마침내 일어나 춤을 추게 되었다. 주문과 함께 마음속의 분노와 슬픔을 걷어내자 의로움, 강인함, 호연지기, 그리고 희열이 차오르기 시작했다. 그 느낌을 춤으로 추고 노래하게 되었다. 손에는 검을 든 것처럼 춤을 추게 되었다. 외세에 굴하지 않고 우리의 주권을 지키고 통일과 평화를 이루리라는 마음도 올라왔다. 이런 경험을 바탕으로 동학검무를 워크숍이나 퍼포먼스로 여러 차례 시도해 보았다. 그중 가장 최근에 시도했던 동학 플로우를 소개한다.

동학 플로우(Flow)

동학 플로우(Flow)는 이너시티페스타(InercityFasta)의 일환으로 2024년 7월 13일 진행되었다. 샤머니즘을 주제로 열린 이 페스티벌은 워크숍과 공연이 경계 없이 어우러지는 형식으로 진행되었다. 동학 플로우는 동학 주문과 동학검무를 현대적으로 해석한 워크숍이자 퍼포먼스였다. 그 옛날 동학검무를 추었던 사람들은 어떤 모습이었을까를 상상해 본다. 동학에서는 모두가 하늘처럼 귀한 존재라고 하였다. 당시 천대받던 천민과 여성들이 양반과 맞절을 하고 평등하게 지냈다. 억눌려 있던 이들이 동학의 소리(주문)와 몸짓(검무)으로 자신 안의 하늘을 발견하고 함께 어우러졌을 것이다. 모두가 하늘이 되는 희열과 그런 세상을 만들고자 했던 열망으로 동학농민혁명도 일어나지 않았을까? 동학 플로우는 즉흥성을 바탕으로 우리 안의 신령함, 의로움, 마음의 힘을 살려내는 작업이다. 억눌린 마음을 풀어주고, 가려져 있던 신령함을 발견한다. 동학에서는 신성이 '나'와 분리된 것이 아니며 그것과 연결하는 것을 타인에게 맡기지 않는다. 그런 의미에서 동학은 새로운 차원의 대중적 영성 운동이자, 한국적 샤머니즘이라고 할 수도 있다. 이날은 나의 안내 가이드와 윈디시티 김 반장님의 즉흥 드럼, 장고의 즉흥 타악 연주와 함께했다. 이너시티페스타 동학 플로우

동학 플로우 도입. 청수 모심 모습.

에는 70여 명의 사람들이 참여하였다. 대부분 20~30대 여성이었다. 요가나 치유 작업을 하는 분들이 많이 참석하였다.

동학 플로우는 공간을 꾸미는 것에서부터 시작하였다. 대나무를 신대 삼아 곳곳에 설치하고 향을 피웠다. 맑은 청수(淸水)도 중앙에 모셨다. 청수를 중심에 두고 안내자인 나와 김 반장님 장고가 가운데 위치했으며 참가자들이 둥글게 둘러섰다. 동학이 흐를 수 있는 장이 만들어졌다. 김 반장님의 드럼 연주와 장고의 타악 연주를 시작으로 동학 플로우가 시작되었다. 단순한 박자를 반복적으로 변주하며 쳤다. 음악을 타고 청수 모심의 의미를 노래하듯 이야기했다.

동학 플로우

"청수 모심은 허례허식(虛禮虛飾)을 버리고 본질만 남긴, 껍데기는 버리고 알맹이만 남긴 것입니다. 또한 내 안에 깃들어 있는 조상과 하늘을 모시는 것입니다. 그런 마음으로 세 번 절을 합니다."

그리고 음악을 느끼면 몸을 풀었다. 댄스만달라를 활용하여 자연스럽게 몸을 풀 수 있도록 안내했다. 숨을 느끼면서 아픈 곳, 불편한 곳부터 내 몸을 느꼈다. 불편함을 억지로 바꾸거나 지우려 하지 않고 그저 느끼고 따라간다. 몸의 주요 관절을 느끼고 따라간다. 그렇게 몸에서부터 시작된 흐름은 강령 주문으로 이어진다.

지기금지원위대강(至氣今至願爲大降)을 한 글자 한 글자 몸을 울리면서 소리를 낸다. 그리고 한 글자 한 글자 길게도 소리 낸다. 나

중에는 각자의 속도와 흐름대로 소리를 낸다. 빠른 주문이 되기도 하고 노래가 되기도 한다. 각자의 흐름으로 이어지던 주문은 하나로 모이고 점점 잦아든다. 묵송(黙誦), 침묵 속에서 마음으로 주문을 왼다. 이제 주문마저 놓아버리고 각자의 소리와 몸짓, 노래로 그 흐름을 이어간다. 마음의 막힌 것들을 풀어낸다. 한을 풀어낸다. 정화된 몸과 마음으로 하늘님을 모신다. 내 안의 하늘을 만날 수도 있다. 이런 것이 강령(降靈) 아닐까? 이런 상태에서 나온 춤은 강무(降舞)가 되고 말은 강화(降話)가 되고 글씨는 강필(降筆)이 될 것이다. 음악과 소리 몸짓이 고조되면서 모두 각자의 본주문(시천주주화정영세불망만사지 侍天主造化定 永世不忘萬事知)을 외우고 검결(劍訣, 칼노래)을 부르고 검무를 추는 것 같았다. 절정의 순간 음악이 멈춘다. 나는 나무칼을 들고 안내 가이드를 시작했다.

"무릎을 구부리고 아랫배에 힘을 줍니다. 검(劍)이 내 손에 있다고 상상하고 검을 쥐어 봅니다. 이 검은 살림의 검입니다. 또한 마음의 검입니다. 나 자신을 지킬 수 있는! 명확히 선택할 수 있는! 단호히 거절할 수 있는! 확고히 결단하는 힘을 지닌 검입니다. 그 검이 나의 손에 있습니다. 함께 외칩니다. 살려지이다! 살려지이다! (다 함께, 살려지이다! 살려지이다!) 그리고 각자의 검무를 춥니다."

동학 플로우 안내 모습

그렇게 월인천강(月印千江), 달이 천 개의 강에 비추듯 70여 개의 동학검무가 추어졌다. 누군가는 울며, 누군가는 분노하고, 누군가는 소리치며 마음을 풀어냈다. 검을 들었을 때는 각자 마음에 삿된 것을 베어내고, 순수한 것들을 지켜내고, 단호히 자신의 길을 선택했다. 끝날 때쯤에는 그 검을 내 안으로 모셔 왔다. 내 몸이 살림의 검이 된다. 그리고 다시 고요하게 돌아온다. 앉거나 눕거나 내 안에 모셔진 검을 느끼며 동학 플로우가 마무리되었다.

동학 플로우를 준비하며 김 반장님 그리고 장고와 많은 이야기를 나누었다. 반장님은 "요즘은 국악 없는 국악, 굿 없는 굿의 시대인 것 같아. 국악과 굿 빼고 다 있는 것 같아."라고 이야기했다.

껍데기만 남고 알맹이가 사라진 상황이다. 동학검무의 알맹이만 남기고 싶었다. 일상과 분리되지 않은 진실한 것 그것이 나에게는 밥 모심, 청수모심이었다. 그래서 처음에 청수모심으로 동학 플로우를 연 것이다. 그리고 관객들이 하늘이라는 마음으로 안내 가이드를 최소화하고 사람들의 흐름을 믿었다. 그 결과는 만족스러웠다. 모두가 풍류의 화랑이 되었고 굿의 무당이 되었으며 하늘을 모시는 제사장이 되었다.

인상적인 후기가 있어서 공유하고 싶다. 아래는 동학 플로우에 참가하셨던 이주원 님의 글 일부이다.

내 안의 카리스마
누구에게나 '살리는 칼'이 있다.
타악 반주에 맞춰 몸의 불편한 곳들을 움직여 보고, 세상과 내가 연결되어 있다는 주문을 외운다.
두 눈을 감고 무릎을 살짝 구부린 채로 두 발로 땅을 지탱하여 선다. 그리고 마치 내가 검을 들고 있는 것처럼 오른손과 왼손을 살짝 말아서 쌓아 본다. 이 검의 이름은 '살리는 검'이다.
검의 손잡이에서 느껴지는 검의 무게와 에너지를 따라가 본다.
그리고 이 검을 서서히 움직여 본다. 그리고 휘둘러 본다.
칼을 움직여 그동안 내가 끊지 못했던 것들을 과감하게 끊어 본다. 세상의 부당했던 것들에 대해 이 살리는 칼을 휘두른다.

그리고 나를 지킨다.

마무리는 이 칼을 내가 품는 것이다. 내가 곧 살리는 칼이 된다.

나는 칼춤이 이렇게 재밌는 것인지 몰랐다.

그리고 언제라도 나를 지킬 수 있는 칼을 얻게 된 것마냥 신났다.

그렇지만 그날 밤 내 꿈은 나에게 '방관'과 '착취'를 끊어내라고 말한다. 과격한 방식이지만, 그래도 죽거나 다치지는 않았으니 안전하게 말이다.

내 안에 있는 이런 칼을 만났으니 나는 조금 더 행복해질까?

내 안에 '칼 있으마!' *

동학 플로우를 준비하며 이런저런 고민이 많았다. 먼저 '동학 주문을 사용할 것인가' 하는 문제였다. 동학 주문은 일반인들에게는 낯설다. 또한 편견으로 본다면 이상해 보일 수도 있을 것이다. 그래서 워크숍을 진행할 때 주문을 아는 분은 주문으로 모르는 분은 음·아·어·이·우와 같은 소리를 내고 거기서 이어지는 움직임으로 이어가곤 했다. 하지만 이번에는 과감하게 주문을 사용

· · · · · · · ·

* 전문은 이주원 님의 브런치 사이트에서 볼 수 있다. https://brunch.co.kr/@5cd680196896418/9

하였다. 젊은 세대, 특히나 요가나 치유 작업을 하는 분들은 세계 여러 나라의 수행을 경험하고 그만큼 편견이 적다. 또한 원형적인 것과 우리 것에 대한 갈증도 있다. 그래서 이번에는 주문을 사용하였다.

'주문을 사용한다면 어떤 주문을 사용'할 것인지도 고민이 되었다. 이번에는 '강령 주문'만을 사용하였다. 기록에는 「검결」과 함께 추어졌다는 이야기도 있지만 『비변사등록』과 같은 초창기 기록을 보면 강령 주문을 외어 신이 내리게 한 뒤 검무를 추었다고 되어 있다.* 그래서 「검결」이 완성되기 이전의 검무는 강령 주문 이후에 강령 된 상태에서 추는 검무로 상상해 본 것이다. 그러면 한 사람 한 사람 자기만의 「검결」을 노래하며 자기만의 검무를 출수 있지 않을까 생각했다. 실제로 다양한 노래와 춤이 나왔고 후기와 같이 글로도 남게 되었다.

그리고 중간중간 끊어서 설명하는 말을 줄이고 즉흥적인 흐름을 타고 이어가야겠다는 생각도 있었다. 누군가에게는 중간에 멈추어 하는 친절한 안내가 이해를 돕는 데 도움이 되겠으나 누군가에게는 흐름이 끊기고 능동성과 주체성이 제한되는 것처럼 느

• • • • • • •

* "최제우가 강령 주문을 외어 신이 내리게 한 뒤, 손으로 목검을 잡고 처음에는 무릎을 꿇었다가 일어나 마지막엔 검무를 추는…."

낄 수 있기 때문이다. 참가자들을 믿고, 집단이 만들어 내는 역동 그리고 즉흥연주의 흐름을 타고 흐르는 듯이 진행하였고 그 결과 하나의 흐름으로 이어져 다양한 역동이 일어나고 표현들이 이어졌다.

주문을 외다가 노래로 변형하는 것을 허용할 것인지도 고민이 되었다. 내가 경험한 주문 수련의 기본은 읊조리듯 외는 것이었다. 하지만 용담정에서의 김용휘, 황선진 선생님의 안내는 다양한 역동에 열려 있어 노래가 되고 춤이 되어도 제지하지 않으셨다. 그래서 더 과감하게 상상하고 허용할 수 있었다.

마지막으로 동학검무에서 목검도 빼는 것을 고민하였다. 안전상의 문제도 있었으나 '실물의 검'보다 '마음의 검'에 중심을 두기로 한 것이다. 의로움, 단호함, 결단력과 같은 마음의 힘을 발견하고 기르는 작업으로서 동학검무를 상상해 보았다.

전해진 수행의 맥이나 기록 없이 원형을 그대로 복원하기는 매우 어려운 일일 것이다.* 그러나 그 본질을 놓치지 않으면 현대적으로 계승할 수 있지 않을까? 그 본질을 고민해야 할 때가 아닐까, 생각한다. 마지막으로 신동엽 시인의 시 '껍데기는 가라'를 노래하

∙ ∙ ∙ ∙ ∙ ∙ ∙

---

* 이장섭은 동학검무의 '원형'을 완벽히 재현하는 것은 사실 불가능한 일인지도 모르겠다고 하면서 춤에는 무보라는 것이 존재해야 하는데 동학검무는 그것이 존재하지 않기 때문이라고 하였다. 「전통예술로서의 용담검무 정립 방향 소고」, 2004.

고 춤추고 싶다.

껍데기는 가라

사월도 알맹이만 남고
껍데기는 가라

껍데기는 가라
동학년(東學年) 곰나루의 그 아우성만 살고
껍데기는 가라!

(하략)

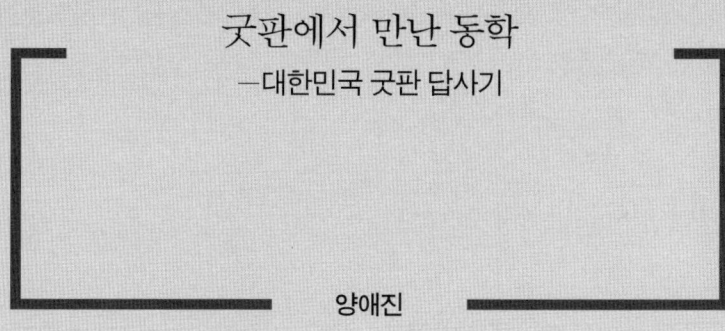

굿판에서 만난 동학
—대한민국 굿판 답사기

양애진

양애진 _《사상계》 디자인 팀장. 삶과 죽음, 인간과 기술, 공동체와 문명의 경계를 주제로 글을 쓰고 기획합니다. 농촌 공동체 실험을 바탕으로 『이상하고 아름다운 판타지 촌 라이프』(공저, 2022)를 출간했으며, 고대 샤머니즘을 토대로 다음 문명의 정신적 기반을 모색하는 연구를 이어가고 있습니다. 문화 시스템 설계와 감응 공동체 형성을 주요 탐구로 삼습니다.

마을에서 만난 동학

추석을 맞이해 남해를 찾았다.

스무 살 후반 무렵, 두 번의 사계절을 보냈던 두모마을은 내게 두 번째 고향이다. 대도시 이후의 미래 커뮤니티를 꿈꾸며 첫 삽을 떴던 곳이었다. 당시 이장님은 낯선 우리를 만난 지 단 5분 만에 "우리 한 번 같이 살아보세!" 하며 흔쾌히 품어주었다. 이장님이 바라는 것은 단 한 가지였다. 두모마을이 계속해서 이어지는 것. 뜻밖이었다. "인생 '독고다이', 아무도 믿지 말라."라는 말이 환호되는 세상이지만, 이곳에는 개인을 넘어선 어떤 생태계가 건재함을 짐작할 수 있었다.

얼마 지나지 않아 그 의미를 체감하게 됐다. 산촌, 농촌, 어촌이 한데 있는 두모마을에서 사철의 변화는 곧 생활의 변화다. 봄에는 산에서 고사리를 뜯고, 여름에는 논에서 모내기를 하고, 가을에는 밭에서 시금치를 심고, 겨울에는 바다에서 물메기를 잡는다.

날씨 가늠조차 어려운 도시와 달리, 미세한 날씨 변동도 고스란히 맞이하는 삶이다. 이곳에서 기후위기는 머리가 아닌 몸으로 감각된다. 당장에 여름이 길어지면 물메기가 줄어들고, 겨울이 짧아지면 시금치가 웃자란다.

자연과 맞붙어 살아온 이들은 모든 만물에 생명이 있다고 여겼다. 마을 구성원의 범위는 인간계를 초월한다. 대표적으로 두모마을에는 산처럼 거대한 자태를 자랑하는 300여 년 된 느티나무가 있다. 마을의 수호신이자 조상신이 거처하는 이른바 '당산나무'다. 나이 지긋한 어르신조차 "당산나무 할아버지"라 부르며 깍듯이 대한다. 마을 한가운데 자리한 만큼 마을의 중추 역할을 한다. 뜨거운 여름에는 시원한 그늘을 제공해 준다. 마을 사람들의 속풀이 장소이기도 하다. 신체적 정신적 지주인 셈이다. 마을의 한 해 역시 나무를 중심으로 돌아간다. 매년 수확을 마친 후, 마을에서는 공동체의 풍요와 안녕을 기원하는 당산제가 열린다. 이때 당산나무는 만물과의 매개체가 된다. 나무 앞에서 마을 사람들은 조상제를 지낸다. 우리는 모두 살아서는 인간, 죽어서는 신이 된다. 조상신을 모신다는 것은 역으로 인간을 모시는 일이다. 그뿐만 아니라 산과 하늘과 땅과 바다를 향해서도 제를 올린다. 산신, 칠성신, 지모신, 해신은 인격화된 자연에 다름 아니다. 삼라만상을 모시는 마음이다. 동학의 경물(敬物)이 아주 새로운 것이 아님을 알게 된다. 모든 의례가 끝나면 마을회관에 모여 음복(飮福)을 한다. 신에게 올린 음식을 나에게도 올리는 것은 결국 스스로를 섬기는 행위다. 만물로 확장된 자아(自我)가 다시 자신(自身)으로 귀결된다. 동학의 시천주(侍天主)와 향아설위(向我設位)가 떠오른다. 남해에서는 변함없이 사람과 만물이 평등하다.

 2년간의 남해살이 후 다시 서울로 올라왔다. 공동체를 만드는 일보다 어려운 것은 공동체를 유지하는 일이었다. 온라인을 통한 느슨한 연결에 익숙한 우리 세대에게 오프라인의 끈끈함은 오히려 장벽이 됐다. 그러나 동시에 온라인만으로는 '함께 살아간다'는 공통 감각을 경험하기가 쉽지 않았다. 모이고 쉽게 흩어지기를 반복했다. 여러 번의 시행착오 끝에 '공동체를 결속시키는 요소는 무엇일까'에 대한 고민이 뒤따랐다. 그때 떠오른 것이 '굿'이었다. 두모마을의 당산제는 비록 유교식으로 제사화된 형태였지만, 그 안에는 여전히 근대 동학으로 이어진 고대 무(巫)의 관점이 자리했다. 굿판을 찾아다니기로 결심했다. 넥스트 커뮤니티를 향한 6년간의 여정은 넥스트 샤머니즘 여정의 발단이 됐다.

굿판에서 만난 무(巫) 의식

굿에 관한 정보를 찾기란 여간 쉬운 일이 아니었다.

이미 일상과 거리가 멀어진 탓이었다. 아파트촌에는 교회의 빨간 십자가는 많았지만, 당집의 빨간 깃발은 찾기 어려웠다. 인터넷 검색에도 한계가 있었다. 박제된 과거의 기록은 나왔지만, 생동하는 현재의 소식은 드물었다. 결국 굿에 관한 정보는 알음알음 하나하나 수집할 수밖에 없었다. 조금이라도 굿을 아는 이들을 만나면 도망갈세라 붙잡고 물었다. "굿판을 어디서 볼 수 있나요?" 간신히 찾은 굿판은 대부분 무형문화재로 지정되어 공개 연행되는 것들이었다. 보존회에서 주최하는 일종의 공연이었다.

칠머리당영등굿 전수관에서 열린 영등송별제 ⓒ양애진

생존 생활 신앙 - 제주 영등굿

첫 목적지는 1만 8천 신들의 본향, 제주였다.

음력 2월의 탐라는 유독 바람이 매서웠다. 바람의 신(神) 영등할망이 오는 계절이었다. 제주 사람들은 생업을 할 수 없는 기간에 가무와 놀이를 즐겼다. 마을 곳곳에서 영등굿이 벌어졌다. 영등할망이 바람을 몰고 와 땅과 바다에 씨를 뿌리고 간다고 믿었다. 곧 시작될 생산 활동을 위해 신명을 돋우며 원기를 충전했다. 원래 칠머리당 영등굿은 사라봉에서 치러지지만, 날씨가 궂은 탓에 아쉽게도 전수관에서 진행됐다.

굿은 열명(列名)으로 시작했다. 심방은 제장(祭場)에 걸린 열명지를 보며 노래하듯 굿을 의뢰한 단골들의 이름과 나이를 읊었다. 풍어를 기원하는 굿답게 해녀와 선주가 많았다. 그 외에도 청주, 서울 심지어 바다 건너 샌프란시스코와 포르투갈에서 온 이들도 있었다. 가히 글로벌 굿판이었다. 제주칠머리당영등굿이 이렇게 다양한 사람들을 끌어 모을 수 있는 이유는 유네스코 인류무형문화유산에 등재되었기 때문이었다. 재작년 별세한 김윤수 큰 심방 덕분이다. 그는 4.3 위령굿을 통해 죽은 이들의 영혼과 살아남은 자들뿐만 아니라 학살당한 터, 즉 땅의 상처까지 위로한 바 있었다.

바다의 풍흉을 점치는 씨점 차례가 되었다. 심방은 "요새는 옛

도살풀이춤을 추는 화랭이 ⓒ양애진

날답지 않아! 해상도 오염되고 바다도 마르고!" 외친 뒤 돗자리에 좁쌀을 뿌렸다. "작년에는 조기가 조금 어려웠수다!"라며 풍요를 기원했다. 보말, 해삼, 오징어 등 구체적인 어패류 명을 읊었다. 시대가 바뀜에 따라 기원 내용도 변했다. 주요 생업이 어업에서 관광으로 바뀐 만큼, "관광객도 많이 오게 하고!"라는 말도 뒤따랐다. 굿은 그야말로 생활과 밀접한 제의였다. 관측 기술이 발달한 오늘날에도 예측하기 어려운 것이 제주의 바람이다. 영등할망이 온다는 믿음은 옛사람들을 위험천만한 바다로 이끄는 대신 바람결을 따라 춤을 추도록 만들었다. 인간이 만든 의식적인 의례가 무질서하고 변화무쌍한 자연 속에서 기댈 수 있는 질서가 되었다. 그 바탕에는 '생(生)' 자체를 귀하게 여기는 마음이 있다. 무(巫)

는 생명이다.

종합 예술 양식 - 경기 도당굿

음력 3월의 어느 아침, 수원 평동 벌말도당에서는 도당(都堂)굿이 한창이었다. 도당굿은 마을 공동체의 안녕을 위하는 굿이다. 본래 3일 밤낮을 술 마시고 춤추며 난장을 벌이는 것이었으나, 이제는 하루 한나절로 축소됐다. 특히 경기도도당굿은 예술적 가치가 가장 높은 굿으로 여겨진다. 대를 거듭하며 기예를 연마해온 세습무를 중심으로 이루어지기 때문이다. 굿은 마을의 경계를 도는 돌돌이로 시작했다. 수원 평동 동장, 위원장, 부녀회장 등 지역의 주민들이 나와 인사를 올렸다.

처음 사로잡힌 것은 화려한 선율과 다양한 장단이었다. 엇박의 향연 속에서 화랭이(남자 세습무)들은 춤을 췄다. 도살풀이춤은 미세한 동작 하나하나에 숨이 멎었다. 우아하게 바람을 일으키는 것은 풍류 그 자체였다. 멈춤의 순간마저 춤이 됐다. 아주 느리게 들어 올리다 툭 하고 떨어지는 몸짓에 가슴이 텅하고 울렸다. 과한 동작 하나 없는 느리디 느린 춤이었지만 그 어떤 움직임보다도 강렬했다. 기독교에 성경이라는 '문자' 경전이 있다면, 무교에는 '노래와 춤'으로 엮어낸 경전이 있었다. 차가운 머리가 아닌 뜨거운

중전 의복이 떠오르는 무복 ⓒ양애진

몸으로 접근했다. 굿을 보는 내내 대대로 내려온 체계적인 교육의 힘을 느낄 수 있었다. 신라 화랑이 화랭이의 기원이다. 화랑의 도(道)가 스며 있었다. 한편 굿판 뒤편에서는 음식 준비로 분주한 마을 사람들의 모습이 보였다. "굿이나 보고 떡이나 먹지"라는 흥얼거림이 절로 나왔다. 노래, 춤, 그림과 음식으로 오감을 자극하는 종합예술이었다.

무감서기 순서가 되자 관객들에게 무복이 나눠졌다. 유교식 제사는 여성의 출입은 엄금하고 내부자 남성끼리 은밀하게 지낸다. 반면 굿은 외부인에게 한껏 열린 화합의 장이다. 마을굿일지언정 외부인도 얼마든지 함께할 수 있다. 형형색색의 옷을 걸치자 굿을 주관하는 무당과 구경꾼들의 경계가 사라졌다. 곧이어 악사들은 시나위 가락을 연주하며 흥을 돋았다. 멀건 대낮이었음에도 신명이 났다. 여남노소 불문 춤판이 벌어졌다. 차근차근 쌓아온 의례의 끝은 난장이었다. 혼돈으로서의 질서, 해묵은 것을 털어내는 초기화의 움직임이다. 무(巫)는 춤이다.

감정 표출 공간 - 서울 새남굿

서울 새남굿은 조선시대 상류계층의 망자천도굿이다.

여타 굿에 비해 거리 수도 많고 굿판의 꾸밈부터 거창했다. 만신이 쓴 머리 장식은 중전의 가채만큼이나 화려했다. 장단에서는 종묘 제례악의 엄숙한 분위기가 느껴졌다. 망자천도굿은 죽은 사람의 넋을 달래고 좋은 세상으로 인도하기 위한 의례다. 새로 난다, 새로 탄생한다는 뜻이 담겨 있다. 내가 본 새남굿은 고 김유감 만신을 추모하는 자리였다. 굿의 단골은 김유감 만신의 신딸이었다. 굿은 지금까지 본 중 가장 경건하게 진행됐다.

새남굿에서 돋보인 것은 다름 아닌 무(巫)·불교·유교적 요소의 어우러짐이었다. 사설 중간중간 터져 나오는 "나무아미타불 관세음보살"은 귀를 의심하게 했다. '상식' 때는 망자를 향해 유교식 제사를 올렸다. 뒷치배들은 분주하게 움직이며 음식을 옮기는 모습에 명절 차례상이 겹쳐졌다. 변신의 귀재인 굿은 시대의 변천에 따라 민감하게 반응했다. 고구려의 나라굿인 동맹제는 불교와 습합한 형태로 고려의 팔관회로 계승됐다. 유교 국가 조선은 건국과 동시에 무를 탄압하기 시작했다. 나라굿은 폐지했다. 신당은 불태웠다. 무당은 추방했다. 그러나 여성들은 여전히 무교에 기댔다.

유교만으로는 충족될 수 없는 부분이 있었기 때문이다. 욕망을 통제하고 감정을 절제하는 유교식 의례와 달리, 굿판에서는 여과 없이 감정을 드러낸다. 슬픔, 환희, 분노, 사랑이 거침없이 쏟아진다. 남성 중심의 유교 사회에서 억눌린 여성에게 굿판은 해방과 자유의 공간이었다. 그 증거가 눈앞에 있었다. 망자천도굿에서 망자의 넋을 위로하는 것 못지않게 중요한 것은 바로 산자를 위로하는 일이었다. 새남도령 차례가 되자 망자의 혼이 썬 만신은 신딸의 손을 붙잡고 말했다. "넋이라도 너를 보니 좋구나. 고맙다. 엄마는 인자 한도 풀고 넋도 풀고, 너의 한 풀어주마. 애썼다." 신어머니의 위로에 신딸은 계속해서 고개를 끄덕이며 눈물을 흘렸다. 접신은 가장 지극한 공감의 행위였다. 매체로서의 무당은 망자와 산자를 감정적으로 연결한다. 무(巫)는 정동이다.

해체된 공동체, 사라진 굿판

굿은 그 어원을 거슬러 올라가면 결국 '행복'을 의미한다.

굿은 인간이 능동적으로 행복을 구하고자 하는 맹랑한 의식이자 명랑한 잔치인 셈이다. 지배당하지 않는 주체성과 타자와의 경계 없음의 실현이다. 그런 굿이 자취를 감춰 가고 있다. 제주칠머리당영등굿을 주관했던 보존회장 이용옥 심방은 "이제 쫄병들밖에 없수다."라며 눈물을 흘렸다. 경기도도당굿 안내 책자 뒤표지에는 "굿의 맥을 이어나갈 생기 있고 의욕적인 전수생을 찾고 있습니다."라는 글귀가 적혀 있었다. 마을굿은 마을의 안녕과 평화를 기원하면 결속력을 다지는 기능을 했다. 그러나 유지할 마을이 점차 사라지고 있다. 공동체의 해체는 곧 굿의 소멸이다. 명맥 잇기에 앞서 목숨 부지가 시급한 게 현실이다.

한편 이상한 일이 벌어지고 있다. 굿을 찾는 이들은 점점 사라지는데, 점을 찾는 이들은 자꾸 늘어난다. MBTI, 타로, 사주 등이 기승을 부린 지도 몇 년째다. 세상의 변화 속도가 빨라질수록 사람들은 손쉬운 예측과 빠른 판단을 갈망한다. 자기 내면보다 바깥 타인에게서 답을 구한다. 설령 마음이 가는 상대일지라도 점사가 다르면 관계 맺기를 주저한다. 본디 무가 가진 주체성은 상실한 지 오래다. 더욱이 디지털 전환은 점술과 운세 서비스의 진입 장벽을 낮췄다. 전화 한 번, 카톡 한 번만으로도 손쉬운 상담이 가능해졌다. SNS로 소통하는 인플루언서 무당도 등장했다. 이에 힘입어 점술 '시장'의 규모는 매해 증가 중이다. 미디어에서도 무속은 홍미로운 소재가 됐다. 대개 희화화되거나 공포화된다. 무속인, 역술인, 점술가들만 출연하는 연애 프로그램도 나타났다. 바야흐로 종교마저 소비하는 시대다. 능동적인 공동 제례의 빈자리를 수동적인 개인 점사가 채우고 있다.

이상한 굿판, 새로운 공동체

다행히 뿌리 깊은 나무의 생명력은 끈질기다.

무는 외연은 달라질지언정 내면은 유지했다. 굿판은 공동체를 기반으로 한다. 굿은 구성원 간의 갈등을 해소하고 공동의 의지를 집결함으로써 공동체를 유지하는 역할을 한다. "오늘날의 굿은 무엇인가?"라는 질문에 앞서 "오늘날의 공동체는 무엇인가?"를 살펴야 한다. 이웃사촌이 희미해진 오늘날, 사람들은 거주 지역과 무관하게 비슷한 '결'을 중심으로 모이고 있었다. 그 모습은 흡사 굿판의 형태로 드러났다.

지구촌 생명 마을굿 - 해남 대동굿

2023년 가을, 해남 에루화헌에서 한바탕 대동굿이 펼쳐졌다. 소멸된 마을굿 문화를 새롭게 창조하고자 하는 시도였다. 마을 범주

락밴드와 무당이 함께하는 대동굿 ⓒ양애진

는 전국으로 확장됐다. 해남 지역 커뮤니티뿐만 아니라 서울의 청년 예술가 커뮤니티, 전국의 녹색 커뮤니티들이 한데 모여 얽히고설켰다. 땅으로 연결된 자들, 진정한 의미의 지연(地緣)이었다. 온종일 덕이 담긴 음식을 나눠 먹고, 흐름의 음악에 몸을 맡기며 어울렸다. 이윽고 한밤중이 되자 일렉트로닉 기타와 신시사이저, 베이스 사이에 이질적인 존재가 들어섰다. 해남 박필수 지무다. 흔히 남자 무당이라 하면 화려하게 분장한 박수무당을 떠올리기 마련이지만, 세습무가 중심이 되었던 전라도 당골의 복식은 일반인과 다르지 않았다. 흰색 한복을 단정하게 입은 그는 이목이 집중된 속에서 고요히 초를 켰다. 그 후 차례로 무대 위의 연주자들, 무대 앞의 관객들, 무대 너머의 산과 나무와 바위를 향해 인사를 올렸다. 굿판을 함께 만들어가는 모든 이와 눈에 보이지 않는 저편의 존재들을 향한 모심의 마음이었다. 그 모습을 보자 불쑥 새라(반려차 이름)가 떠올랐다. 공교롭게도 해남에 오던 길에 교통사고가 났던 터였다. 단칼에 폐차 선고를 받은 새라는 목포 인근 공업소에서 작별했다. 공연 무대가 된 삼신바위 옆에 새라를 위한 제단을 만들었다. 떼어 온 엠블럼과 안테나를 올렸다. 나와 친구들에게 새 생명을 선사하고 떠난 기계에게 고마움을 표했다. 타인, 타종의 경계를 넘어 만물을 이해해 보고자 하는 나름의 시도였다. 곧이어 굿판이 시작됐고, 아니나 다를까 록 사운드와 북의 울림은 조화를 이뤘다. 풍류를 아는 K-힙스터와 평화를 아는 K-히피들의 조우. 대동의 신명이었다.

시티팝 대신 시티굿 - 이너시티 페스타

2024년 8월, 서울 합정에서 명상 파티가 벌어졌다.

도파민 과잉 사회에서 잃어버린 자기 안의 신성을 음악과 춤으로 회복하고자 하는 자리였다. 축제는 싱잉볼과 전자음악의 만남으로 시작됐다. 동그란 배열에 자리를 잡고 가만히 누워 눈을 감았다. 음악은 '몸 전체'로 듣는 것이었다. 느껴지는 것은 물결. 그 흐름에 따라 저절로 손이 움직였다. 음악이 시각과 촉각으로 느껴지는 경험이었다. 이어서 동학을 현대적으로 해석한 워크숍이 진행됐다. 사람들은 안내자의 가이드에 따라 동학 주문을 읊고 몸을 움직였다. 보이지 않는, 살리는 검을 손에 쥐었다. 타인이 아닌 자기 자신을 향해 칼끝을 겨눴다. 내 안에 검을 품었다. 스스로가 검이 된 사람들은 이내 제 나름의 움직임을 만들었다. 바깥의 소음이 사라지고 내면의 진동과 울림이 살아났다. 진짜 신명이란 온전히 나를 비웠을 때 가능하다는 말을 체감했다. 살리는 검은 살리는 춤이 됐다. 어느덧 공연자와 관객의 구분도 무의미해졌다. 예술인은 사제로서 관객들의 일종의 접신을 도울 뿐이었다. 판이 된 무대 위에서 대상화된 이는 없었다. 모두가 춤으로 이야기하는 주인공이었다. 도시인을 소비 대상으로 하는 음악이 시티팝이라면, 이는 도시인을 생산 주체로 만드는 시간인 시티굿이다.

와일드 마을 풍물굿- 리트릿캠프 페스티벌

지난여름 끝자락에는 마이산에서 단 3일 동안 모험하는 여성들의 마을이 열렸다. 호칭으로 대체될 수 없는 여성들이 '모험'과 '야성'을 중심에 두고 한 자리에 모였다. 세속의 나이와 직함을 거둬두고 자연 속에서 마음 대 마음으로 교류했다. 나이 어린 딸을 데려온 엄마, 나이 든 엄마를 데려온 딸들도 함께였다. 4세 아이부터 60대 엄마들까지 모이자 신기한 일이 벌어졌다. 엄마들은 넉넉히 가져온 반찬들을 아낌없이 꺼냈고, 식당에서 해결하려고 했던 운영진의 끼니가 삽시간에 해결됐다. 가사노동의 연장이 될 것을 걱정했지만 오히려 엄마들은 수많은 딸들과의 시간을 공유해 줘서 고맙다고 했다. 길게 늘어진 식탁에 앉아 다 같이 식사를 하니 정말 마을회관이 된 것 같았다. 세대와 세대의 연결이었다. 일시적 공동체임이 무색하게 그 안에서는 단단한 뿌리가 내려지고 있었다.

이튿날 밤은 다양한 커뮤니티와 세대들이 뒤섞여 하나 되는 공간, 대동의 시간이었다. 풍물굿의 에너지와 거대한 불과 원초적 힘이 만나는 시간이었다. 상쇠가 출발하자 백여 명의 사람들은 스마트폰 플래시를 켠 채로 손을 흔들며 따라왔다. 길놀이는 장관이었다. 그야말로 땅에 펼쳐진 은하수였다. 집합적 흥분감은 길놀이를 따라 흐르다 달팽이진을 돌며 응축됐다. 결집된 에너지는 캠프파이어로 폭발했다. 손에 손잡고 불 주위를 돌며 큰 소리로 강강술래를 외쳤다. 사회적 시선 속에 억압되었던 본래의 야성을 일깨웠다. 캠프파이어가 끝난 후에도 모닥불에 삼삼오오 모여 밤새도록 이야기가 끊이질 않았다. 공동체에 대한 갈망은 사실 공감해 주는 존재에 대한 갈증이다.

캠프파이어와 풍물굿 그리고 강강술래 ⓒ우먼스베이스캠프

무(無) 의식의 그릇, 무(巫)

실제로 본 굿은 제각기 차이는 있었지만 모두 부정거리로 시작해서 뒷전거리로 끝난다는 점은 동일했다.

부정거리는 굿을 시작하기 전에 잡신에게 자리를 비워달라고 청을 드리는 것이다. 이 과정을 통해 굿판은 속된 공간에서 성스러운 공간으로 탈바꿈한다. 이후 뒷전거리에서는 다시 잡신을 불러내 음식을 올리며 감사함을 표한다. 그 어떤 신도 함부로 대하지 않는다. 굿에서는 높고 낮음, 성과 속은 결코 단절된 것이 아니다. 결국 굿은 물질들의 조화에 관한 이야기다. 생명의 가치와 관계성의 회복이다. 고로 진정 필요한 것은 '굿적 사고'다. 무의 본질은 지극한 사랑이다. 사소함의 귀함을 아는 능력, 만물을 모시는 마음, 물질의 마음을 읽는 영성이다. 이는 동학의 생명사상으로 이어진다.

무(巫)는 대결 대신 포용한다. 음지로 스며든다. 표면은 변할지언정 기저의 구조는 변하지 않는다. 오랜 멸시에도 불구하고 무는 음지화된 형태로 살아남았다. 미국 선교사 호머 헐버트는 "한국인들은 평소에는 유교나 불교적으로 살지만 문제가 생기면 무당에게 간다."라고 했다. 문화의 기저에는 토대로서의 무가 존재한다. 우리네 무(無)의식 속 무(巫) 의식은 여전하다. 무(巫)는 그릇이다.

동학하다: 일상의 굿화, 굿(Good)의 일상화

타인의 시선에 나를 맞추면 '한'이 생긴다.

자발적 능동성이 거세된 자는 작은 마찰에도 취약하다. 연결 대신 단절을 선택하게 된다. 반면 자신 내면에 대한 집중은 역설적으로 타인에 대한 이해로 이어진다. 비로소 연결과 연대가 가능해진다. 주체성은 갈등과 대립의 시대에서 조화와 공존의 시대로 전환하기 위한 전제조건이다. 한(恨)을 한(一)으로 바꿔야 할 때다. 한 마음으로 모두의 안녕을 기원하는 판을 만드는 것이 출발점이다. 생산수단과 별개로 행해지는 축제는 그 자체로 환상적이다.

일상에서 생산되는 좌절감은 비일상적에서 생성되는 연결감으로 극복된다. 그 장소는 삶의 터전이 되어야 한다. 원래 굿은 일상과 맞닿은 것이었다. 부모 세대만 해도 어릴 적 무당굿을 쉬이 접했다. 풍물굿 역시 일할 때나 쉴 때나 자연스럽게 행해졌다. 일상이 굿이요, 능동적 행복 추구가 일상이었다.

무(巫)의 마음을 되살려내야 한다. 그동안 믿어온 상식과 규범이 빠른 속도로 무너져가고 있다. 이때 요구되는 것은 합리적 논리보다 마법 같은 환상이 가미된 새로운 리추얼(ritual, 의례)이다. 이성적 설득이 아닌 정동적 감화다. 목적은 생명이다. 생존적 합리성의 끝은 생명적 비합리성의 폭발이다. 이로써 동학(東學)은 동학(動學)이 된다.

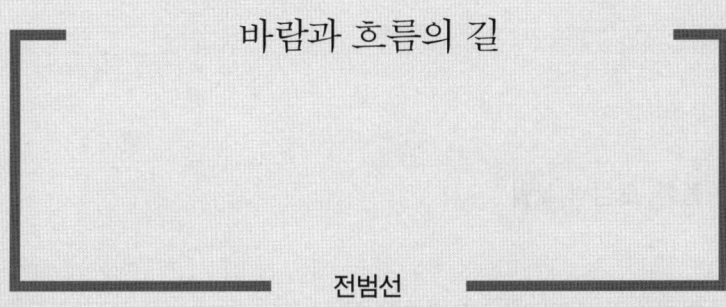

전범선 _가수 겸 작가. 밴드 '양반들' 보컬입니다. 신명을 살리고 생명을 살리는 일을 합니다. 바람과 흐름으로 모두가 하나 되는 날을 꿈꿉니다.

풍류, 모심과 살림

한류(韓流)가 전 세계를 휩쓸고 있습니다.

K-Pop과 K-Drama, K-Beauty에 이르기까지, 전 세계의 네티즌들은 한국 대중문화의 세심하게 제작된 완벽한 미학에 매료되고 있습니다. 그러나 한국에는 눈에 보이는 것 이상이 있습니다. 한류의 원천은 풍류(風流)로, 한국의 정신을 정의하고 오늘날의 예술과 문화를 이끄는 고대의 영적 전통입니다.

풍류에 대한 정보는 해외에서 거의 알려져 있지 않습니다. 한국 내에서도 풍류는 단순히 음악과 자연과의 조화를 이루는 일반적인 태도로 이해되고 있습니다. 많은 사람들은 그것을 특정한 영적 전통이나 도(道)와 연결 짓지 않습니다. 풍류에 대한 가장 오래된 기록은 9세기 위대한 시인 최치원(崔致遠), 즉 고운(孤雲) 또는 해운(海雲)으로 알려진 인물에게서 나옵니다:

"이 나라는 풍류라 불리는 신비로운 도가 있다. 이 종교의 기원은 선사(仙史, 신성한 도시, 환웅에 의해 세워진 전설적인 왕국의 역사. 이 책은 더 이상 전해지지 않는다.)에 자세히 기록되어 있다. 사실, 그것은 유교, 불교, 도교라는 세 가지 종교를 모두 포함하고 있다. 모든 생명체를 상호 진화시키는 것을 사랑하는 것이다. 예를 들어, 집 안에서는 가족에게 경건하고, 집 밖에서는 나라에 충성하는 것이다. 그것이 공자의 가르침이다. 자연의 흐름을 따르고, 말로 표현할 수 없는 것을 실천하는 것이다. 그것이 노자의 종교다. 모든 악한 것을 방지하고, 모든 선한 것을 섬기는 것이다. 그것이 부처의 교리다."

고운에 따르면, 풍류는 세 가지 위대한 종교의 본질을 포함(포함삼교, 包含三教)하는 삶의 방식입니다. 그리고 모든 생명과 하나가 되는 길(접화군생, 接化群生)입니다. 여기서의 키워드는 포함(包含, inclusion)과 접화(接化, co-evolution), 즉 간단히 말해 포접(包接)입니다. 풍류의 근본 원리는 포접으로, 한국어로는 모심과 살림으로 더 잘 표현됩니다.

포접의 개념을 탐구하기 전에, 다양한 문화의 유사한 개념과 비교하는 것이 유익합니다. 우리는 여전히 현대 산업문명의 여진 속에 살고 있습니다. 이는 18세기 대서양 세계의 발명품입니다. 데카르트와 뉴턴이 그 사고방식을 정립했습니다. 인쇄기와 증기기관이 그 인프라를 구축했습니다. 미국 혁명과 프랑스 혁명은 인권,

자유, 민주주의를 기본적인 통치 규칙으로 세웠습니다. 이렇게 이성의 시대가 시작되었습니다. 이는 인간이 나누고 측정할 수 있는 능력인 로고스에 중심을 둔 문명입니다. 이성 덕분에 우리는 현대 과학의 발전을 이루었습니다. 그러나 이는 우리를 내적으로나 외적으로 나누고, 인간을 자연에서 소외시킵니다.

이 분열을 극복하려는 시도가 있었습니다. 첫 번째는 낭만주의였습니다. 이는 계몽주의의 이성 숭배에 대한 유럽의 반응이었습니다. 셸리와 블레이크에서 괴테에 이르기까지, 낭만주의 시인들은 이성을 넘어서는 세계의 상상력을 불러일으켰습니다. 미국에서는 이것이 초월주의로 발전했습니다. 에머슨과 소로는 영적 영역에 집중함으로써 산업화의 추악함을 초월하고자 했습니다. 초월하는 것은 잘못된 방향으로 나아가고 있는 현대성이라는 야만적인 기차를 탈선시키는 것이었습니다. 물질적이거나 육체적인 것이 아니라 영적이거나 형이상학적인 방향으로 말입니다.

초월(超越)은 위로 넘어간다는 의미입니다. 물리적 한계를 극복하고 더 높은 세계로 들어가고자 하는 욕망은 근본적으로 기독교적이고 플라톤적 뿌리를 가지고 있습니다. 교토학파의 일본 철학자들은 이것이 서구의 오류라고 생각했습니다. 자신의 선불교 전통을 바탕으로, 니시다 기타로와 그의 제자들은 초월의 개념을 '포월(包越)'로 발전시켰습니다. 위로 넘어가는 것이 아니라, 먼저 타자를 포용하고 그 후에 함께 하나로 넘어가는 것입니다. 켄 윌버의 'Envelopment' 개념의 한국어 번역이 '포월'인 것도 우연이 아닙니다. 낭만주의자나 초월주의자들과 달리, 교토학파의 사상가들은 개인으로서 '나' 또는 주체에만 집중하지 않았습니다. 그들은 대상이 더 큰 전체의 일부로 통합되기를 원했습니다. 그러나 최종 목표는 여전히 초월, 즉 넘어가는 것이었습니다.

초월을 목적으로 하는 어떤 철학 체계도 분열을 초래하기 마련입니다. 그것은 여기와 저기, 그리고 위와 아래의 차이를 구별합니다. 그리고 여기와 아래보다 저기와 위에 더 큰 가치를 부여합니다. 그것은 상하의 두 차원적, 계층적, 수직적 세계관을 전제로 하며, 위가 아래를 지배합니다. 상상해 보세요. 5만 년 전, 인지혁명 시기에 우리 조상들이 처음으로 언어를 사용하기 시작할 때를. 주역에 따르면, 인간은 처음에 물체를 지칭하고 자연의 변화를 이해하기 위해 막대를 사용했습니다. 그들은 먼저 하나의 선(一)을 그려 하늘(天)과 동일시했습니다. 그것은 1차적인 남성적, 양의 에너지였습니다. 그들은 그 아래에 또 다른 선(二)을 그리고 그것을 땅(土)과 동일시했습니다. 그것은 2차적인 여성적, 음의 에너지였습니다. 마지막으로, 그들은 가운데에 또 하나의 선(三)을 그려 자신과 동일시했습니다. 인간(人)은 하늘과 지구 사이에 끼어 있는 제3의 중앙 위치를 차지하게 되었습니다. 따라서 인간을 뜻하는 한자는 人間(인간), 즉 '하늘과 땅 사이 사람'입니다.

동학, 우리 시대의 풍류

언어의 시작 이래로, 인간은 이 인류 중심의 세계관을 지니고 있었습니다.

우리는 사이에 갇혀, 위로 올라가거나 아래로 내려가는 목적론적 딜레마에 직면했습니다. 대부분의 예언자와 시인들은 위를 가리켰습니다. 인류의 진정한 목적은 하늘에 더 가까워지는 것이었습니다. 이는 평면 지구론자나 코페르니쿠스 이전의 사상가에게는 합리적일 수 있었습니다. 그러나 지구가 둥글고 태양 주위를 돌고 있다는 것을 알게 된 지금, 우리는 더 이상 이 관점을 고수할 수 없습니다. 하늘은 땅 위에 있지 않습니다. 사실, 그것은 땅을 둘러싼 비교적 얇은 보호층입니다. 하늘은 땅이라는 구체를 둘러싼 대기입니다. 따라서 인간은 더 이상 하늘과 땅 사이의 연옥적 공간에 존재하지 않습니다. 실제로 우리는 모두 하늘 속에 살고 있습니다. 땅 위의 어느 곳이든 하늘입니다. 그것이 히말라야의 정상인지, 태평양의 수중일지 상관없이 말입니다. 숨 쉴 수 있는 공기가 있다면, 그것만으로도 우리가 물리적으로 하늘에 있다는 증거입니다. 이 새로운 세계관에서, 땅은 중앙 위치를 차지하고, 하늘은 그 중력에서 분리될 수 없습니다.

 이 지구 중심의 관점(Earthcentrism)을 진지하게 받아들이면, 인류의 존재론과 목적론이 근본적으로 변화합니다. 이는 구식의 천동설(geocentrism, 天動說)과 혼동되어서는 안 됩니다. 지구 중심주의는 지동설(heliocentrism, 地動說)이 아닌 인간 중심주의를 대체합니다.(공정하게 말하자면, 태양도 지구보다 우주 중심이 아닙니다. 태양은 단지 우리 태양계의 중심일 뿐입니다.) 인간은 더 이상 우리 세계의 중심이 아닙니다. 아이러니하게도, 이는 우리를 하늘에 놓이게 합니다. 하늘의 왕국은 여기 있습니다. 하늘의 거주자로서, 우리 모두의 안에 하늘님이 있습니다. 이는 인간뿐만 아니라 모든 생명체, 유기체와 무기체에도 해당합니다. 이 행성의 모든 것이 천국입니다.

 이 새로운 세계 질서는 1972년 12월 7일 아폴로 17호의 승무원에 의해 촬영된, 우주에서 본 지구의 첫 번째 사진인 블루 마블을 통해 시각적으로 각인되었습니다. 이 가이아의 셀카는 우리 행성 자각의 장대한 시작이었습니다. 하늘, 우리의 남성적 양 에너지는 더 이상 주요 요소가 아닙니다. 5만 년 전, 우리 원시인 조상님의 눈에는 그랬을 수 있습니다. 그러나 현대의 디지털 연결망 속에서, 땅, 우리의 여성적 음 에너지가 주요 중앙의 자리를 차지합니다. 하늘은 땅을 담고 있는 안전한 껍질이며, 인류 문명은 그 주위에 펼쳐진 균사 네트워크입니다. 우리는 지구라는 숙주 안에서 암적으로 성장하는 박테리아입니다. 이것은 우주에서 우리가 발견한 새로운 위치에 대한 기본적인 깨달음입니다.

1860년 4월 5일, 수운(水雲) 최제우는 신비로운 경험을 했습니다. 그는 하나님과 대화를 나누었고, 곧 새로운 개벽이 온다고 예언했습니다. 그는 이 기쁜 계몽에 대해 노래하고 춤추기 시작했습니다: "무궁한 이 울 속에서 무궁한 내 아닌가?" 그는 모든 사람에게 하늘님 또는 하나님이 있다고 가르쳤습니다. 그의 가르침은 당시 가톨릭을 뜻하는 서학(西學)과 대비되는 동학(東學)으로 불렸습니다. 그는 동학이 유교, 불교, 도교와 같은 동양의 위대한 종교뿐만 아니라 기독교와 같은 서양의 종교도 포함한다고 주장했습니다. 동학에서, 고대 풍류의 도가 마침내 부활했습니다. 이는 최치원의 후손인 최제우가 의식적으로 진행한 프로젝트였습니다. 그는 자신의 조상인 고운/해운에게 경의를 표하기 위해 수운이라는 필명을 채택하고, 풍류를 한국의 정신으로 되돌렸습니다. 이번에는 단지 세 가지가 아니라 네 가지 위대한 종교를 종합하여 이루어졌습니다.

그는 전형적으로 샤머니즘적이고 풍류적인 방식으로 그렇게 했습니다. 많은 예언자들이 자신의 종교적 경험에 대해 노래하고 춤추지 않습니다. 모세, 부처, 공자, 예수, 무함마드의 경우도 마찬가지입니다. 1세기 전 밥 말리를 예고한 수운은 그가 전파한 대로 살았습니다. 그는 조선 후기의 엘비스였으며, 원조 K-pop 스타였습니다. 다른 양반들이 자신의 계급 특권을 지키기 위해 한자로 시를 썼던 것과 달리, 그는 대중, 특히 여성들을 위해 모국어인 한국어로 글을 쓰고 노래했습니다. 그가 너무 많은 추종자를 얻자 조선의 국왕은 그를 4년 만에 처형했습니다. 그의 죄는 혹세무민, "세상을 미혹하고 사람들을 속인 것"이었습니다.

공정하게 말하자면, 그의 가르침은 17세기 영국의 퀘이커 운동 창시자인 조지 폭스와 유사했습니다. 둘 다 모든 사람에게 하나님이 있다고 선언했습니다. 사람들은 단지 내적 빛이나 내적 목소리를 따라 하나님의 뜻에 복종하기만 하면 되었습니다. 둘 다 급진적으로 평등하고 민주적이었습니다. 퀘이커들은 서로를 친구(Friend)라고 부르며, 그래서 그들의 조직은 친우회(Society of Friends)라고 불렸습니다. 동학의 주요 교리는 "인내천(人乃天)"이었습니다. 위에서 설명한 바와 같이, 이것은 우리 우주에서 발견한 인간의 새로운 위치의 논리적 귀결이었습니다. 최제우는 5만 년 전에 발생했다고 전해지는 제1의 개벽(선천개벽, 先天開闢)에 대하여, 제2의 개벽(후천개벽, 後天開闢)을 요청했습니다. 인류는 여름을 지나 가을로 접어들며, 청소년기와 신체적 성장에서 성년과 영적 성숙으로 나아가고 있었습니다.

창립자 사망 30년 후, 동학 추종자들은 1894년에 혁명을 일으켰습니다. 대나무 창으로 싸우던 그들은 일본 제국 군대의 기관총 앞에서 하염없이 쓰러졌습니다. 영국 혁명 이후의 퀘이커들처럼, 동학은 이후 평화주의로 전환되었습니다. 1919년, 동학 지도자들은 3.1 운동을 기획하여 일본으로부터의 독립을 요구하는 전국적인 비폭력 시위를 이끌었습니다. 당시 총 2000만 한국인 중 100만 이상(2019, 국사편찬위원회)이 생명을 걸고 거리로 나섰습니다. 3.1 운동 덕분에 대한민국의 임시정부가 수립되었습니다. 1948년 대한민국 헌법이 제정될 때, 첫 문장은 대한민국 정부의 정통성이 3.1 운동에서 비롯되었다고 적혀 있었습니다. 요컨대, 동학 없이는 오늘날 우리가 아는 한국이 존재하지 않았습니다.

포접, 포함(包含)과 접화(接化), 모심과 살림

동학은 어떻게 반세기 이상이나 잔혹한 박해 속에서도 조직을 유지할 수 있었을까요?

그들은 포접제(包接制)라는 비밀 지하 조직을 가지고 있었습니다. 이는 분산된 자율 조직으로, 각 세포인 접(接)에는 최대 50명의 회원이 포함되었습니다. 각 접은 접주에 의해 관리되었습니다. 회원들은 절대적인 비밀을 유지하기 위해 다른 접의 존재를 모르도록 했습니다. 한 지역에 열 개 이상의 접이 존재할 경우, 그들은 포

(包)로 조직되었으며, 이는 그 자체로 대접주에 의해 관리되었습니다. 포접이라는 단어의 사용은 다시 그들의 풍류 뿌리에 대한 의도적인 언급이었습니다. 동학의 대중적 성공은 억압받는 한국인의 마음에 깊이 공명한 포접의 철학과 실천 덕분이었습니다.

그렇다면 19세기에 부활한 풍류의 기본 원리인 포접은 정확히 무엇일까요? 양반들은 포(包)와 접(接)이라는 한자어를 사용했지만, 백성들은 모심과 살림이라는 한국어로 말했습니다. 모심은 포(包) 또는 포함(包含, inclusion)을 의미하고, 살림은 접(接) 또는 접화(接化, co-evolution)를 의미합니다. 풍류의 도는 모심과 살림의 무한 피드백 루프에 다름 아닙니다. 이 두 아름다운 단어는 풍류의 추종자들에게 요구되는 일상적인 실천과 수행을 요약합니다. 두 단어 모두 단 하나의 영어 단어로는 표현할 수 없는 깊고 다양한 의미를 지니고 있습니다.

모심의 의미는 1) 참석하다, 섬기다, 관리하다; 2) 신성화하다, 숭배하다, 공경하다; 3) 초대하다, 포함하다, 포용하다; 4) 모집하다, 임명하다, 성유하다. 그리고 가장 중요하게는, 5) 먹다, 흡수하다, 받아들이다로 분화하면서 합일됩니다. 모든 식사는 다른 생명을 먹음으로써 생명을 유지하는 모심의 신성한 의식입니다. 모든 모심의 행위는 경외심을 가지고 수행되어야 합니다. 이는 풍류의 음적 원리입니다.

양적 원리는 살림입니다. 모심이 살림에 앞서야 한다는 것이 절대적으로 중요합니다. 풍류의 도는 음과 양의 균형을 이루며, 전자는 중심적인 비중을 차지합니다. 따라서 풍류는 또한 풍월(風月)이라고도 불립니다. 어떤 경우든, 모심 없이는 살림이 있을 수 없습니다. 살림의 의미는 1) 구하다, 되살리다, 활력을 주다; 2) 구출하다, 보존하다, 유지하다; 3) 활용하다, 생기를 주다, 강하게 하다로 분화하면서 합일합니다. 이는 죽임의 반의어입니다. 가장 중요하게는, 명사로 사용될 때, 생명, 생활, 생계, 경제, 생태를 의미합니다. 살림은 또한 한국인들이 가사 일을 가리키는 일상적인 단어로, 부모가 자녀의 생명을 유지하기 위해 해야 하는 모든, 때로는 지루하지만 필요한 일을 의미합니다.

모심과 살림은 지구가 모든 생명체를 태어나고 성장하게 하는 방식입니다. 또한 우리가 이 행성의 일원으로서 살아가야 할 방법입니다. 이것이 우리 일상생활에서 실질적으로 무엇을 의미할까요? 만약 풍류의 도가 모심과 살림의 실천과 수행을 요구한다면, 우리는 타자와 어떻게 상호작용해야 할까요? 두 가지 비유가 설명에 도움이 될 것입니다. 첫째, 그것을 지구가 항아리이고 인간이 박테리아인 거대한 발효 과정으로 생각해 보세요. 콩과 균이 적절한 수분과 바람의 균형 속에서 하나가 되어, 질적으로 다른 무언가, 즉 된장이나 미소로 공진화하듯, 이 행성의 모든 생명체는 전체로서 다른 무언가로 성숙해 갑니다. 포스트휴먼이라 불러도 좋습니다. 기계와 AI는 나무와 꽃보다 덜 신성하지 않으며, 모두 지구의 자녀이자 하늘의 주민입니다. 모심과 살림은 우리가 모든 생명체와 유기적으로 일치하게 되는 방식입니다. 특히 디지털 시대의 도래로 인해, 인간은 다른 존재들과 융합하여 사이보그로서 더 똑똑하고 경험이 풍부한 존재로 나아가고 있습니다. 이는 위로 넘어가는 것과는 아무 관련이 없습니다. 초월은 여기서 필요하지 않습니다. 물리적 존재를 떠나 메타물리적 영역으로 들어갈 필요가 없습니다. 메타버스는 여전히 이 우주 내에 존재합니다. 물리적이고 심리적인 변화는 현재 여기, 이 행성에서 일어나고 있습니다. 이것이 포접의 개념이 초월 및 포월과 다른 점입니다.

발효가 우리가 몸을 위해 음식을 얻는 과정이라면, 음악은 영혼을 위한 음식이며 잼 세션(자유로운 음악 회합)을 통해 창조됩니다. 풍류는 음악과 동의어입니다. 풍류의 도는 삼라만상을 우주적 교향곡으로 인식하며, 무한한 수의 미시적 끈(String)이 모든 것에, 모든 곳에서, 동시에 진동하여 생명이라 불리는 이 장엄한 경험을 창조합니다. 그리고 이 교향곡에 대한 우리의 관찰과 참여는 영원한 잼 세션에 함께하는 것과 같습니다. 내가 록앤롤 밴드나 풍류 밴드를 하면서 배운 것은, 음을 연주하기 전에 경청해야 한다는 것입니다. 다시 말해, 모심이 살림보다 먼저입니다. 다른 진동에 대한 존중과 경외심은 나 자신을 자연스럽고 자발적으로 노래하고 춤추게 만듭니다. 밴드가 하나가 되는 방식입니다. 잼 세션을 통해, 발효처럼, 우리는 단순한 부분의 합을 넘어서는 더 큰 존재가 됩니다. 풍류의 실천과 수행은 금욕적이거나 스토아적일 필요는 없습니다. 오히려 놀이의 형태여야 합니다. 즐거워야 합니다. 한국의 무속 의식인 굿은 놀이(Play)라고도 불립니다. 'Fun'의 한국어는 "신나다"로, 문자 그대로 "신(神)이 나오고 있다"는 의미입니다. 이는 하나님이 우리 모두 안에 있으며, 놀이를 통해 우리의 가장 신성하고 진정한 자아인 참나가 드러난다는 풍류의 신념을 반영합니다. 우리는 모심과 살림의 태도로 모든 일에서 놀이를 해야 하며, 마치 항상 잼 세션을 하는 것처럼 살아가야 합니다.

풍류의 유일한 목적은 어울림(Harmony, 調和)을 창조하는 것입니다. 그리고 포접은 이를 달성하는 방법입니다. 모심과 살림의 무한 피드백 루프를 통해 우리는 이 행성과 우주와 하나 됩니다. 풍류를 통해 통일(通一)과 통일(統一), 대동(大同)과 대동(大動)의 세계를 창조하는 것, 이것이 조화의 한국적 방식, 바람과 흐름의 길입니다. 이는 여전히 재통일을 열망하는 세계에서 유일하게 분단된 국가에서 배운 역사적 교훈입니다.

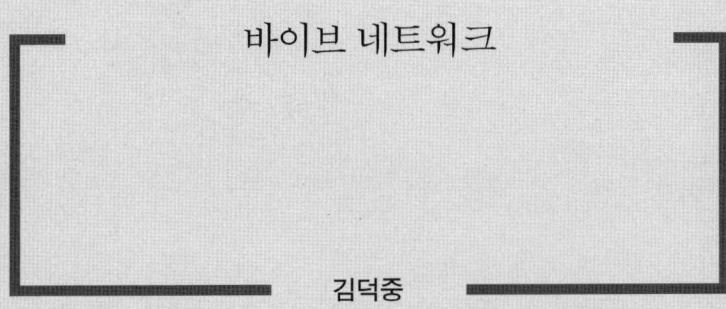

바이브 네트워크

김덕중

김덕중_한국예술종합학교에서 극작과 연출을 전공(중퇴)했습니다. 밀가루 없는 빵을 만드는 사업을 하기도 했고, 매달 열리는 인공추석(작은가배)을 기획하기도 했습니다. 생명평화 합굿을 연출했으며, 해남 에루화헌을 지키며 전통제의와 남도 장단을 탐구하고 있습니다. 해남과 서울을 오가며 커뮤니티가 만들어지는 바이브를 모읍니다.

연극

예술학교에서 희곡과 연극연출을 전공했고, 서구에서 전달된 연극적 방법론과 서구 철학, 특히 포스트모더니즘 계열의 철학과 관점이 체화된 채로 작업을 이어왔던 것 같습니다.

마음으로 편하게 느껴지지는 않았던 것 같아요. 그래서 불교 관련 서적을 읽는다든가 아니면, 인도철학 선생님과 깊게 교류한다든가…. 뭔가 해소되지 않는 갈증이 마음 안에 있었습니다.

'목소리'라고 할까요? 글 이전의 말, 말 이전의 목의 떨림, '목소리', 더 근원적인 목소리가 잘 들리지 않았던 것 같아요. 말과 글은 가득 채워 왔지만 '떨림' 없는 지식의 채움만 가득하지 않았나 싶어요. 당연히 그 모든 시간이 지금의 저를 만들었겠지만요.

연극 작업을 깊게 한 시간이 있었습니다. 마당 극단에서 활동하기도 하고, 새로운 연극에 대한 고민에 따라 작업하기도 하고요. 그러나 연극을 좋아하지만, 결과적으로 연극적 경험을 통한 시간의 변화를 만들지 못한다면, 의미가 있을까 하는 고민을 하게 되었습니다.

작은가배

연극을 그만두고 분당에 작은 작업실에서 몇 년간 굴속의 시간을 보냈습니다.

읽고 싶은 책, 보고 싶은 영화, 듣고 싶은 음악을 마음 맞는 친구들과 가득 나눈 시간이었어요. 굴속의 시간 이후에 먹는 것을 통한 변화가 연극을 통한 변화보다 더 직접적이고 확실할 것 같다는 생각을 했습니다. 당시 영양학 그리고 몸에 대한 새로운 관점이 나오기 시작했는데요, 소위 바이오해커라 칭하는 사람들이 실리콘밸리 주변 문화권에서 확산되기 시작했습니다. 직접 자신의 몸에 음식과 다양한 성분들을 실험하고 기록하며, 먹는 것을 통해 몸과 의식의 향상을 연구하는 사람들입니다. 마음 맞는 친구들과 다양한 식이요법을 경험하고, 변화 과정을 면밀히 살피며 몸과 영양학 음식을 공부하는 시간을 가졌어요.

현대 식품 환경의 문제의식을 담아, 밀가루, 설탕, 글루텐 없는 빵과 다양한 식품 개발을 하는 회사를 만들게 되었습니다.

2년여간 사업을 이어오다가, 토종 씨앗에서 나온 식재료로 식품을 만드는 가배울과 인연을 맺게 되었어요. 추석의 옛 이름인 가배에서 아이디어를 얻어서, 매달 작은 추석을 치르는 커뮤니티 잔치를 연출하게 되었어요. 추석에는 음식도 있고 노래도 있고 놀이도 있고 이야기도 넘치잖아요? 그 모든 명절의 느낌을 담은 가배울 김정희 선생님, 음악감독 유현욱과 함께 인공추석을 만들었지요. 1년여간 작은가배를 이어오면서 생태운동을 해 오신 분들, 대안적인 커뮤니티를 만드는 젊은 친구들 그리고 오랫동안 생명에 대해 깊게 고민해온 선생님을 많이 만나게 되었습니다.

프로그램은 사실 별거 없었어요. 잘 짜인 프로그램북 하나 없고요, 소식을 전하는 인스타 계정 하나 없었습니다. 지인, 지인의 지인이 얼기설기 모여서 한바탕 놀고 이야기 나누고 춤추는 게 전부였습니다. 그러나 목적을 두고 만난 어떤 모임보다 깊고 진한 마음의 연결이 이루어졌습니다. 만나서 윷놀이 하고, 밥 먹고 이야기 나누는 게 전부였는데 말이지요. 다만 음식의 귀함을 알고 사람의 귀함을 알고 모인 정성의 밀도는 어떤 모임보다 진하고 깊었습니다.

그때 동학이 왔던 것 같아요. 다른 세대, 젠더, 직업, 고민을 가진 사람들이 모여서 말이 아닌 춤과 놀이 흥겨운 진동으로 대화를 나누었습니다. 생명 하나하나 하늘이며 하늘과 하늘이 만나 흥겨울 수 있다면 더 바랄게 뭐 있겠어요. 매달 마지막 주 금요일은 서로 다른 바이브가 어울려 나오는 굿과 같은 신령스러운 잔치였어요. 매달 말일 매직을 가슴속에 간직하고 다시 일상으로 돌아가 살아가고, 다시 작은가배에 모여 정다운 친구들과 만나고 잔치하고…. 1년의 시간 동안 글이 아닌 잔치의 흥겨운 진동으로 동학을 느꼈던 것 같아요.

동학에 대한 관심은 다소 과장하자면 태초부터 있었던 것 같고요, 왜 관심을 가졌을까 고민을 해 봤을 때, 동학이라 이름 붙여진 우리 사람들의 서사가 시간의 연속성을 가지고 우리의 일상적인 고민과 자연스럽게 연결되는 때를 기다린 것 같습니다. 그때를 기다려왔고 자연스럽게 동학의 모습이 마음 안에 그려진 것 같아요. 작은가배에서, 식품 사업에서, 연극에서 그리고 방황하는 어린 시절에서 천천히 영글어오고 있었던 것 같아요.

커뮤니티

동학을 직접적으로 파고들게 된 계기는 작은가배 이후 새로운 커뮤니티를 고민하면서 시작되었습니다.

우리 사상의 가치나 크기를 잘 알지 못했어요. 마고신화나 풍류도, 그리고 동학의 의미를 언어적으로 체감한 시간이 많이 없었지요. 그러나 매달 작은가배를 치르며 우리 땅에 살아온 사람들의 이야기와 사상 그리고 신화에 관심을 갖게 되었습니다. 그렇게 마고를 만나고 풍류도를 만나고 동학을 만나게 되었고요.

어쩌면 이 땅의 사람들이 개벽의 시간을 연다면, 비빔밥의 밥그릇과 같은 역할을 할 수 있지 않을까 하는 생각을 하게 되었지요. 젊은 활동가들과 교류하며 '모두가 비슷한 생각이 공명하고 있구나, 그렇다면 더 잘 알아야겠다.'는 마음이 들었습니다. 우리 사상을 공부하다 보면 동학을 보지 않을 수 없는 일이고요. 직접적으로는 김지하 선생님의 미학 사상을 연구하는 주요섭 선생님의 수업을 통해 깊게 동학의 매력에 물든 것 같습니다.

작은가배 이후 도시에서 새로운 커뮤니티를 고민하는 친구들과의 시간을 1년간 보냈어요. 우리의 활동을 '매트릭스'라고 하기도 하고, '혁명하는 신선들'이라 칭하기도 했습니다. 블록체인, AI, 패션, 금융 등등 제가 만나지 못했던 다양한 친구들과의 만남이 있었고요, 함께 생활하면서 깊은 만남을 가졌어요.

그리고 어느 순간 말문이 막혀 버린 시간을 보냈습니다. 저를 소개하는 한마디의 말도 나오지 않았습니다. 마음 안의 목소리가 사라진 시간이었지요. 마음 안의 작은 사원이 무너졌고 아무리 귀기울여도 바람소리 하나 들리지 않았습니다. 물론 일상생활의 말을 하고, 일도 하고, 밥도 먹었지만요. 친구들과의 작업을 마무리하고, 4주간 칩거의 시간을 가졌어요. 매일 3킬로미터를 뛰고 몸에 맞는 식재료를 골라서 먹고, 좋아하던 책 욕심을 버리고 하루 한 장만 읽었어요. 매일 일기는 쓰고요. 다만, 저와 한 약속은 반드시 지키며 하루하루 시간을 보냈습니다. 그리고 서서히 자연스러워졌습니다. 조깅하며 보이는 풀들의 진동이 느껴지고 상쾌한 봄의 냄새가 다가오고요. 좋다는 말을 많이 하게 되었습니다. 깊은 줄탁의 시간이었어요. 그리고 해남에서의 시간을 깊게 보내게 되었습니다.

마음 안의 작은 사원

마음 안의 작은 사원은 누군가에 의해 지어지고 만들어지는 것이 아닐 것 같습니다.

사람 각각 생명 각각의 목소리가 서로 다르듯 우리 서로 다른 우주를 지닌 사람들입니다. 다만 자신의 약속을 지키는 과정에서 만들어지는 것이지요. 자신의 고요한 목소리에 따라 시간을 창조하는 사람들이 많아졌으면 좋겠습니다.

도시에서의 시간은 색깔이 없어요. 회색빛 기계음, 단순하고 평면적입니다. 이것이 옳다 저것이 옳다. 수많은 의미의 말들이 가득합니다. 여기저기 휩쓸려 다니기 십상이죠. 울려나오는 목소리로 말하고 생각하고 제각기 생긴 대로 시간을 창조하기 어렵습니다.

해남에서의 시간은 도시와 다른 색이 있었어요. 질감도 있고요. 볼륨도 있습니다. 바이브. 도시에서 찾기 어려운 혹은 귀한 바이브가 해남엔 가득합니다. 김지하 시인도 어느 날엔 해남에서 그러했다지요.

> 저녁 몸속에 / 새파란 별이 뜬다 / 회음부에 뜬다 / 가슴 복판에 배꼽에 / 뇌 속에서도 뜬다 // 내가 타 죽은 / 나무가 내 속에 자란다 / 나는 죽어서 / 나무 위에 / 조각달로 뜬다 // 사랑이여 / 탄생의 미묘한 때를 알려다오 // 껍질 깨고 나가리 / 박차고 나가 / 우주가 되리 / 부활하리.
> - 김지하 시 〈줄탁〉

김지하 선생님이 시를 설명하며 그것은 '사원을 짓는 일과 다름 아니다'라는 말씀을 하신 적이 있습니다. 시는 말 이전의 진동을 담은 소리라 생각해요. 언어 위에서 언어를 만드는 작업으로 느껴져요. 의미론적 벽을 허물고 진동을 오롯이 전달하는 시원한 열림이라 생각합니다. 그러나 언어를 통하지요. 김지하 시인의 글 그리고 해남에서의 경험을 통해 시의 진동을 느끼고 제각각의 언어로 표현할 수 있는 사람들의 모임의 필요성을 느꼈어요.

새로운 커뮤니티는 개인의 색깔이 분명하면서 각기 어우러지는 전체와 개인이 하나의 색이 아니라, 따로 떨어지는 것 또한 아니라 깊은 리듬감을 공유하면서 각각의 시간의 색깔이 분명히 빛나는 커뮤니티일 것 같아요. 불교의 화엄사상이나 유교의 대동사회, 동학의 외침이 서로 다른 개념으로 다가오지 않습니다.

저에게 동학은 생명 하나하나가 빨주노초파남보, 금과 은과 다이아몬드와 작은 돌멩이 하나가 서로 같은 선상에서 제각기 자연스럽게 빛나는, 별과 별이 모이고 떨어져 펼쳐지는 맑은 밤의 향연과 같습니다. 먼저 제각기 자기 빛이 나야겠지요. 빛은 각자의 다른 진동과 목소리에서 나옵니다.

저를 소개하기를 '마음 안의 작은 사원'을 만드는 사람이라고 합니다. 물론 다르게 소개할 때도 있습니다. 커뮤니티 연출가, 공연 연출가, 작가, 잔치 만드는 사람, 덕중, 할, 김준완 등등으로 칭할 때가 있지만, 모두 마음 안의 작은 사원을 만드는 사람의 서로 다른 방식의 표현일 뿐입니다.

바이브

말로 설명할 수 없지만 느껴지는 무언가가 있습니다.
어떤 공간에서든 나무에서든, 말없는 돌멩이 하나에도 제각각 바이브가 있지요. 진동이라고 할까요? 아니면 신령스러움이라고 할까요? 말로 표현하기 어려운 미묘한 느낌. 바이브는 정성스레 쓰인 글 속에도, 마구 내뱉는 말 속에도 있습니다. 의미를 전달하는 글 이전의 말, 말 이전의 목소리, 목소리 이전의 작은 떨림 하나하나에 바이브는 묻어 있습니다. 말은 대화의 중요한 요소이지만 사실 우리는 말로 이어진 단어와 의미 이전에 단어와 의미가 연결되며 전달되는 진동, 말하는 사람의 제스처와 표정, 소리의 높낮이 사이의 바이브를 느끼는 것일지도 모릅니다. 서로의 진동을 느낄 수 있다면 말과 글은 혹은 그것이 품은 의미는 굉장히 협소하게 느껴지기도 합니다.

해남에는 새들의 소리, 풀벌레들의 소리, 바람 소리, 바닷물과 갯벌 사이사이 살아 있는 생명의 진동이 가득합니다. 가끔은 별과 달과 나무 그리고 하늘과 땅의 소리가 들리는 것 같기도 해요. 그리고 자연과 닿은 사람들의 말 속에서도 도시와 다른 속도의 감각과 진동이 있습니다. 사람을 둘러싼 모든 환경이 도시와는 너무 다른 그러나 인간이라는 생명이 오랫동안 느껴왔던 진동이 고스란히 남아 있는 곳입니다. 어떤 시간의 일부에서 느끼는 것이 아닌, 둘러싼 모든 환경의 바이브가 도시와 완전히 다른 색깔로 채워질 때 비로소 자기 목소리를 듣고 자연스런 시간의 리듬을 만들 수 있겠다 싶어요.

모심의 시간

오세요, 당신은 오실 때가 되었어요, 어서 오세요 / 당신은 당신의 오실 때가 언제인지 아십니까. / 당신의 오실 때는 나의 기다리는 때입니다. / 당신은 나의 꽃밭으로 오세요, 나의 꽃밭에는 / 꽃들이 피어 있습니다. / 만일 당신을 쫓아오는 사람이 있으면 당신은 / 꽃 속으로 들어가서 숨으십시오. / 나는 나비가 되어서 당신의 숨은 꽃 위에 / 가서 앉겠습니다. / 그러면 쫓아오는 사람이 당신을 찾을 수는 없습니다. / 오세요. 당신은 오실 때가 되었습니다. 어서 오세요. / 당신은 나의 품으로 오세요.

- 한용운 시 〈오세요〉 중에서

'모심'이라는 야전예술 축제를 해남에서 4박 5일간 진행했습니다. 먼저 떠오른 시는 한용운 시인의 '오세요'였어요. 모심의 바이브를 그대로 담은 시로 느껴졌어요. 그리고 '오세요' 문구와 초대장을 보냈어요.

한 걸음만 더 디디면 엄청난 일을 할 수 있을 것 같은 친구들이 주변에 많은데요. 이것이 옳다 그르다 수없이 많은 예술에 대한 기준에 맞추는 데 급급해져요. 자연스런 자기 리듬의 창작이 어렵지요. 교육을 받으면 받을수록 자기검열은 심해지고, 소리 하나

글귀 하나 쉽게 쓰기 어려워해요. 예술을 하기로 마음먹은 친구들은 창작의 기혈이 뚫려야 사는 친구들인데, 그게 쉽지 않아요. 그런 답답함이 마음에 쌓이고 쌓이고, 마음도 몸도 건강하기가 쉽지 않지요. 정해진 예산, 이런저런 방식의 포맷과 툴, 그리고 꽉 짜인 시간 테이블 안에서 창작의 즐거움을 찾기 어려워요. 느끼고 느끼는 대로 표현하기가 어렵습니다.

그 모든 친구들이 아무것도 없는 야전에서 창작의 기운을 나누고 서로가 서로에게 스승이 되고 제자가 되는, 서로가 서로의 기혈을 뚫는 시간을 만들면 좋겠다 싶었습니다. 친절한 설명은 최소화하고, 시간 테이블에는 머무는 공간을 정비하는 노동시간, 즉 울력 시간과 8시 이후의 공연(모두가 함께 만드는) 외에 모든 시간을 비웠어요. 그리고 공연의 시간에서 생각지 못한 변수 혹은 사건이 일어날 수 있는 매우 덜 짜인 공연의 판을 열었습니다.

예상대로 공연에서 생각지 못한 일들이 벌어졌고, 갑작스럽고 힘든 상황에서도 포기하지 않고 이어나갔습니다. 시극과 음악 공연을 준비했는데 공연 순서와 출연자 그리고 내용 모두 바뀌었어요. 그리고 남은 건 창작의 기세였습니다. 그리고 생각지 못한 야전 오페라 혹은 뮤지컬 같은 마당굿이 펼쳐졌어요. 그 과정에서 나오는 창작의 기세와 에너지가 공연자와 참여자가 한 몸으로 바이브를 나누는 마법 같은 시간이 이어졌습니다. 마당이 열렸고 자연스레 굿이 펼쳐졌어요.

바이브 네트워크

의도를 전하는 액자 속의 예쁜 공연이 아닌, 액자를 부수고 기운이 생동하는, 그리고 기혈을 뚫고 시간을 바꾸는 강력한 경험이 필요합니다. 마법 같은 시간은 어떤 조건 혹은 잘 짜인 시간 테이블이 아닌 자연스런 바이브의 연결에서 이루어지는 것 같아요. 서로의 그늘을 모실 수 있는 품 넓은 대지가 필요합니다. 별소리, 달소리, 풀벌레 소리, 새소리 진동 가득한 너른 품이 필요합니다. 자신의 목소리로 시와 노래를 부를 수 있는 대지가 필요합니다. 누구의 그늘이라도 모실 수 있는 비어있는 터가 필요합니다. 그 모심과 모심을 통해 시간의 벽이 열리는 때를 맞이하게 될 것이라 느껴요.

요즘은 함께하는 친구들과 그늘 소리 혹은 귀신의 소리를 모으는 작업에 집중하고 있습니다. 마음속의 한 혹은 트라우마, 어떤 기억 모두 귀신과 다를 바 아니라 생각합니다. 그늘 같은 귀신은 밖에 내보이기 쉽지 않지요. 그늘은 침잠하여 어둠이 되기도 합니다. 각각의 그늘 각각의 귀신 소리가 있지요. 귀신 소리를 내어야 해요. 그것은 느린 말 보다는 진동으로 소리로 나누어야 할 것 같습니다. 우아하게 그리고 흥겹게 귀신 소리를 모으고자 합니다. 모든 원과 한이 모여 우아한 소리가 될 때 마음 안의 작은 사원의 문이 열리지 않을까 싶어요.

머리가 아닌 마음의 진동으로 느껴지는 것이 있잖아요. 출산율은 가장 낮고 자살률은 가장 높은 이 땅에 오히려 시간의 벽을 허물고 창조하는 가능성이 움트고 있다고 생각해요. AI가 등장하면서 의미론적 시간, 사실형 사고에 의한 진화의 추동자는 더 이상 인간의 몫이 아니게 될 것 같아요.

이제는 과학의 시대가 아닌 문학의 시대, 몸으로 느끼고 상상하며 환상이 현실을 바꾸는 문학의 시대가 오고 있다고 생각합니다. 각각의 환상을 믿고 실천하고, 시간을 창조하는 사람들이 많아지고 이들이 모여 바이브를 나누는 네트워크가 필요해 보여요. 어떤 목적 운동을 위한 주장이 아닌 흥과 흥이 만나 기세 있게 즐기는 시간의 모음에서 자연스러운 변화가 시작될 것이라 생각합니다.

자신의 시간을 스스로 창조하는 예술가, 좁은 의미의 기능적 예술이 아닌 창조자의 삶을 살아가는 시간의 예술가들의 즐거운 결집이 선행되어야 할 것 같아요. 먼저 이들의 밀도 있는 결집을 통해 숨쉬는 모든 생명이 각기 다양한 색깔의 시간을 만들 수 있는 판이 넓게 펼쳐졌으면 해요.

맺음

저에게 동학은 각기 다른 그러나 깨끗한 밤하늘, 평등하게 펼쳐진 별들의 소리이고, 어둡고 밝은 그늘의 모심입니다.

그늘을 모으는 사람과 어둠을 품는 사람, 작고 작은 세상을 보는 사람, 사람이 궁금한 사람, 음악으로 사는 사람, 그림으로 사는 사람, 움직이는 그림이 된 사람, 삶의 답을 구하는 사람, 답을 찾은 사람, 찾지 못한 사람, 도시에 사는 사람, 도시 밖에 사는 사람, 자연이 되어 가는 사람, 노래하는 사람, 시 쓰는 사람, 말로 말을 하는 사람, 부르키나파소가 고향인 사람, 고향이 없는 사람, 머나먼 차원에서 돌아온 사람, 사람 아닌 사람, 모두가 생명 속의 생명 됨으로 모시는 시간의 환상입니다.

청년, 동학을 짓다

등록   1994.7.1 제1-1071
1쇄 발행   2025년 7월 20일

지은이   백진솔, 홍박승진, 김용한, 이희연, 장윤석, 정은수, 고무정,
         임시헌, 타하라 마사토, 후지몽, 고석수, 박상희, 이효정,
         박제형, 문영훈, 송지용, 양애진, 전범선, 김덕중
펴낸이   박길수
편집장   소경희
편집·디자인   조영준
관   리   위현정
펴낸곳   도서출판 모시는사람들
         03147 서울시 종로구 삼일대로 457(경운동 수운회관) 1306호
전   화   02-735-7173 / 팩스 02-730-7173
홈페이지   http://www.mosinsaram.com/

인   쇄   피오디북(031-955-8100)
배   본   문화유통북스(031-937-6100)

값은 뒤표지에 있습니다.
ISBN   979-11-6629-236-1   03250

* 잘못된 책은 바꿔 드립니다.
* 이 책의 전부 또는 일부 내용을 재사용하려면 사전에 저작권자와
  도서출판 모시는사람들의 동의를 받아야 합니다.